约阿西姆 · 赫尔曼教授

约阿西姆 · 赫尔曼教授，1933 年 1 月出生于德国柏林。1953–1957 年先后就读于海德堡大学、瑞士巴塞尔大学以及德国弗莱堡大学，攻读法学和哲学专业，获德国弗莱堡大学法学博士学位；1959–1960 年，就读于美国路易斯安那州杜兰大学法学院，获美国杜兰大学普通法法学硕士学位。

1960–1970 年，任德国弗莱堡马克斯普朗克研究所外国刑法与国际刑法助理研究员。1970 年，通过德国国家教授资格考试。1970–1972 年任弗莱堡大学、慕尼黑大学高级讲师，讲授德国刑法和刑事诉讼法学、比较刑法学和比较刑事诉讼法学。1972–2001 年，任德国奥格斯堡大学刑法与刑事诉讼法学教授。1975–1977 年，任德国奥格斯堡大学法学院院长。1985 –1987 年，任奥格斯堡大学副校长。自 2001 年起，在德国奥格斯堡任执业律师。

曾在美国弗吉尼亚州夏洛特斯维尔法学院、美国芝加哥大学法学院、美国密歇根大学安娜堡分校法学院、美国宾夕法尼亚州匹兹堡大学法学院、美国弗吉尼亚大学法学院、美国加利福尼亚大学戴维斯分校法学院、美国印第安纳州法官中心法官研修项目担任客座教授。曾任日本东京大学法学院、日本东京早稻田大学、韩国首尔国立大学、南非共和国比勒陀利亚南非大学法学院、波兰华沙大学、土耳其伊兹密尔省多库兹爱吕尔大学客座教授。并任中国北京大学、中国政法大学以及北京政法职业学院客座教授。自 1990 年起，在由欧洲委员会、美国司法部、美国律师公会、隶属于美国律师公会的中欧和东欧法律协会、总部位于英国伦敦的国际律师协会、其他非政府组织以及德国学术交流中心组织的法律改革访问之旅中担任法律咨询专家。其中曾于 1990 年、1993 年、1994 年、2006 年、2007 年、2009 年，到访中国，担任中国刑法改革和刑事诉讼法改革咨询专家；还到访过捷克斯洛伐克、保加利亚、罗马尼亚、阿尔巴尼亚、匈牙利、捷克共和国、斯洛伐克共和国、克罗地亚、亚美尼亚共和国、摩洛哥共和国、格鲁吉亚共和国、吉尔吉斯斯坦共和国、安哥拉、喀麦隆等国家，担任这些国家刑法、刑事诉讼法、警察法、警察组织法改革以及法院和监狱改革的咨询专家。

赫尔曼教授的主要研究领域是：刑法学和刑事诉讼法学；法律制度比较法学。尤其是对欧洲大陆各国法律制度、英美法律制度、前社会主义国家法律制度、伊斯兰教国家法律制度以及中国法律制度，开展比较法学领域的研究。已公开出版专著、合著 5 部；参撰著作 27 部；公开发表学术论文 67 篇；撰写法院判决评论 3 篇；撰写书评 31 篇。

跨文化视域下的刑事法学

——约阿西姆·赫尔曼八秩华诞纪念文集

Strafrechtwissenschaft im interkulturellen Horizont

Festschrift für Prof. Dr. Joachim Herrmann zum 80. Geburstag

Criminal Jurisprudence in Intercultural Perspective

Festschrift in honor of Prof. Dr. Joachim Herrmann's 80th Birthday

颜九红◎主编 Edited by Jiuhong Yan
Herausgegeben von Jiuhong Yan

中国检察出版社
CHINA PROCURATORIAL PRESS

★ 情系中国刑事法改革 ★

约阿西姆·赫尔曼

1990年夏，我接受北京大学法学院（时称法律系）之邀，首次到访中国北京。在福特基金会东亚研究基金的资助下，我有幸先后在北京大学和人民大会堂为中国刑事法领域的学者和立法者举办学术讲座。当时，中国正在筹划刑事诉讼法改革和刑法改革，非常需要比较法方面的意见和建议。我的西方同仁听闻我接受邀请的消息，甚为不解，质问我“怎能为一个社会主义制度而卖力”。我的对答直截了当：我毕生致力于比较法研究，从未停歇；为了推动遵循法治、保障人权、顺应经济自由的新法成功制定，我愿随时效力，竭尽所能；倘能以我长期的研究经验，推动中国的刑事立法在保障人权方面，再进一步，我将此生无憾。令人欣慰的是，20世纪90年代中后期，中国的《刑事诉讼法》和《刑法》相继进行了重大修改，在人权保障方面有了令人瞩目的进步。

还记得1990年夏日的北京，暑热袭人，我的年轻同仁、北京大学王世洲教授，时刻伴我左右，如影随形，不仅为我所有的讲座进行口译，而且尽其所能，倾力相助，无微不至，如同树荫遮挡酷暑。自那以后，我与北京大学、中国政法大学等中国著名高等学府一直保持着紧密的联系，学术往来，寒暑相续。后来，我又有幸担任北京政法职业学院（前身是北京政法管理干部学院）的客座教授，并与北京政法职业学院一直保持着学术联系。地遥路远，岁月悠悠，但是，载满信谊的函件总是如期而至。不论是信函、传真还是电子邮件，彼此通信，简叙详述，从未中断。我的中国同仁不断提出各种各样的法律学术问题，我总是竭尽全力，详细作答。我还邀请年轻的中国同仁到我任职的德国奥格斯堡大学攻读学位、访学和工作。北京大学的王世洲教授和中国政法大学的岳礼玲教授，在我的推荐和帮助之下，都成功获得了著名的德国洪堡奖学金的研究资助，他们现在都已成长为中国优秀的学者。如果不是因为德语是一门很难掌握的语言，而且德国洪堡奖学金要求申请者须具备良好的德语运用能力，或许我还可以推荐和帮助更多的中国学者获得洪堡奖学金。

1990 年以后，我又多次访问北京。1993 年，我受中国政法大学之邀，再次来到北京，与中国政法大学的刑事诉讼法学者共同起草《中国刑事诉讼法修改草案》。其后，我还多次受邀参加在中国举办的刑事诉讼法国际学术研讨会。我在大会上发表演讲，同与会学者进行学术交流，也在会下与中国学者进行广泛的交流。每次讨论，总有热情的论战，总有激烈的交锋，中国学者对法律进步的追求、对探讨法学的激情，总是令我深为感怀。我最近一次访问北京是在 2009 年，王世洲教授邀请我参加他举办的研讨会，就传统社会主义刑法理论与现代德国刑法理论进行比较。在研讨会期间，我极力说服王世洲教授以及其他参会的学者：一个具有灵活性并不断调整改进的现代德国刑法理论，在处理现实中大量复杂多样的犯罪问题时，比起与 20 世纪上半叶的德国具有某些相似性的苏联和中国的传统刑法理论，可能更加得心应手。随后，王世洲教授使用英文出版了《中国刑法》（*China Criminal Law*）一书，对此予以认同。

我的学术研究生涯，从未离开比较法学。尤其是刑事法领域的比较法学研究，对于我而言，有着神奇的魅力，引领我走向与一国又一国的学术交流之路。除了与中国学者进行广泛交流以外，我还到访过美国、日本以及南非，在这些国家的多所大学中担任客座教授。我曾在芝加哥大学、密歇根大学、加利福尼亚大学戴维斯分校等讲授比较法学课程，我也曾在日本东京大学和早稻田大学举办比较刑事司法制度研究班。

我的学术论著，也大多关注比较法学研究领域。就不同国家的法律制度进行比较，总是意趣横生，学无止境。比较法学的诸多研究一向表明，如要解决一国出现的所有法律问题，仅仅依靠该国的国内法，恐难达到。在刑事司法制度方面，近来似乎尤其如此。刑事司法所面对的，常常是处于社会底层、贫苦无依的公民，世界各国，概莫能外。但是，各国在重新安排其刑事司法活动，以及在法院、检察院和警察机关之间重新分配权力方面，皆有不同；而各国在以保障公民权利来重新制衡公共权力方面，亦多取不同的路径。比较之下，可为镜鉴。

收录于这一文集中的论文共有13篇，它们分别译自我的英文撰述或者德文撰述。这些论文的中文译文，都是近20年发表在中国的法学期刊和著作之中的。北京政法职业学院教授颜九红博士将所有这些我以中文发表的论文全部收集起来，编撰在一起，或许易于中国学者进行研究之用吧。这些论文，大多直接论及中国法律在进一步改革中必须直面的问题，也有的论文间接论及中国问题，还有的论文，既论及中国，也提及东欧前社会主义国家的法律问题。由于我经常受邀为东欧前社会主义国家的法律改革委员会撰写法律改革草案，因此，对于这些国家的法律问题有所了解，而这些国家在法律变革时选择的改革路径，或许存在一些启示，可以为中国的法律改革，提供参考。他国针对自身问题业已推出的行之有效的法律举措，可能有益于中国在寻找解决方案时做孰优孰劣的比较。

数十年以来，中国的经济、政治和社会生活发生了巨大的变化。中国立法机关制定的大量法律，以及其他机关颁布的难以胜数的法律文件，无疑为中国的巨变，奠定了重要的法律基础。尽管如此，历史反复证明的经验，这里仍需提及，那就是，一个新的法律秩序的建立，从不是一蹴而就的；新的法律秩序的建设进程，不仅旷日持久，而且常常伴随着高度的政治敏感性。因此，长远谋划，脚踏实地，周密设计，审慎有度，十分必要。如果有时这一进程并不总能与社会的进步和发展相契合，也不必忧心忡忡。在一个急剧变革的时代，更需要一种坚韧不拔的毅力，更需要一种百折不回的信心，持续不懈地对既有法律予以修改、调整、再修改、再调整，才能适应变革的社会对法律变革的强烈要求。

在刑事实体法和刑事程序法领域，变革的要求更加强烈。不论何时何地，刑事司法制度对犯罪控制效果和犯罪控制效率的追求，都必须受制于法治原则以及保障人权的要求。后者对前者的制衡及其再相制衡，一向是刑事法律改革的关键。这一文集收录的论文所展示的外国法律改革的诸多举措，或许有益于中国法律的改革抉择，有益于找到社会各方都容易接受的解决方案。文中或许可见对于中国法律的批评和建议，但是，必须说明的是，这些批评的唯一目的，仅仅在于促使中国读者对中国既有法律换角度思考，以便从更宽广的视野提出更优方案，推动中国法律改革更能恪守宪法原则，更能遵循国际标准。

在行将结束这篇导言之际，我谨向颜九红教授致以诚挚的谢意。没有她独具慧眼的搜集编订，没有她坚持不懈的努力工作，这本文集将无法问世。颜九红教授是一位优秀学者，也是我数十年的学术合作伙伴，她不仅为我的多篇论文提供笔译，为我的多次演讲提供口译，而且还为我提供了大量极有价值的中国法律信息，为我的学术论文提出宝贵的修改意见。尽管我与她相距遥远，远隔七个时区，但是，她迅捷的回复和成效显著的工作，时常使我萌生她近在隔壁办公之感。当然，文集中收录的论文如有错讹与不足，文责全在己身。

我还必须特别感谢我的同仁和挚友王世洲教授。自我 1990 年首次访问北京开始，王世洲教授就一直是我最真诚、最热情、最率直的友人，他一直为我提供全方位的、最值得信赖的帮助，不论是在学术上还是在生活中。自那时至今，我在中国法律领域的所有工作，在各个方面，都有他陪伴我、鼓励我，砥砺我前行不辍。

最后，我衷心感谢为这本文集的出版提供资助的北京政法职业学院，也衷心感谢中国检察出版社和编辑史朝霞女士为出版我的文集而付出的努力。

约阿西姆·赫尔曼

2013 年 10 月于德国奥格斯堡

颜九红　译

★ 献给中国刑事法学的诤友赫尔曼教授 ★

王世洲

“诤友”是一个典型的中国词，在英文与德文中，似乎还没有一个专门的词可以用来表述这样一种朋友：充满友爱与热忱，但是又对问题与缺点直言不讳，看到就说，毫无顾忌。在平等的朋友关系中，诤友是真心希望朋友好的，希望朋友与自己一样好，甚至希望朋友比自己还要好。赫尔曼教授就是这样一个人。

这本论文集收集了赫尔曼教授撰写并翻译为中文的论文。从数量上说，赫尔曼教授应当是迄今为止专业论文被翻译成中文最多的一位外国刑事法学者。赫尔曼教授的这些论文，从一个重要的侧面反映了过去20多年来中国刑事法制建设曾经以及一直关注的一些重点问题，今天，这些论文仍然对我国的刑事法学理论研究与实践工作具有很高的学术价值。这本论文集把这些论文收集在一起发表，还具有庆贺的意思。2013年是赫尔曼教授的八十大寿之年，谨以此书向赫尔曼教授恭祝八秩华诞，高度评价他对中国人民的友好情谊，衷心感谢他对中国刑事法制建设所作的贡献。

我应当是中国刑事法学界中最早认识赫尔曼教授的人。1990 年夏初，为了支持正在大规模展开的中国刑法改革工作，赫尔曼教授顶住当时国际上对中国的种种责难与偏见，应北京大学法律系的邀请来到中国，接受中国立法机关在刑法方面的咨询，我负责接待了他。在那以后，赫尔曼教授先后近 10 次访问中国，是为中国刑法与刑事诉讼法的改革都提供过咨询意见的唯一一位外国专家。赫尔曼教授由此与中国刑事法学界结下了不解之缘。

在20世纪90年代初期，中国刑事法学界通过最早的开放，已经从日本文献以及我国台湾学者的文献中知道，德国刑事法律科学在当今世界刑事法发展中处于重要的领先地位。然而，由于语言所限，我国与德国的刑事法学交流一直无法开展。问题不仅在于中国学者不懂德语，而且在于德国学者不懂英语。赫尔曼教授恰恰是一位英语流利且又精通比较法的德国学者。他成为最早为中国学者开启德国刑事法科学殿堂大门的一位德国学者。

在德国刑事法学界，赫尔曼教授属于老资格一代的学者。他1959年在弗莱堡大学获得法学博士学位之后，曾经作为美国富布莱特学者，去美国从事过学习与研究。后来，赫尔曼教授又作为著名德国刑法学家耶赛克教授的助手，在著名的弗莱堡马普外国刑法与国际刑法研究所（以下简称马普刑法研究所）进行研究工作。在1970年通过教授资格论文之后，他先在慕尼黑大学，后在奥格斯堡大学法律系担任教授。在行政方面，赫尔曼教授曾经担任过奥格斯堡大学副校长、该校外事办主任以及该校的法律系主任。但是，赫尔曼教授的国际声誉是在比较法方面建立起来的。他多次访问美国，进行讲学与研究工作。另外，他还与日本、南非、印度、波兰、英国、欧盟、捷克、保加利亚、罗马尼亚、阿尔巴尼亚、匈牙利、斯洛文尼亚、克罗地亚、亚美尼亚、摩洛哥、格鲁吉亚、吉尔吉克斯坦、安哥拉、喀麦隆、俄罗斯、土耳其等国家与组织的学者建立了联系。德国刑事法学界本来就有从事比较法研究的悠久传统。早在19世纪末期，在当时酝酿的刑法改革初期，著名德国刑法学家李斯特教授就组织了对当时世界包括中国在内的20多个国家刑法的介绍与比较研究，开创了近代刑法比较研究的新风气。在20世纪初期，在德国法学会决定支持当时的德国刑法改革之后，全德国的刑法学者在1902年至1909年期间，共同完成了总共达16卷之巨的“德国与外国刑法比较”的巨大研究工程。这部著作后来作为1927年刑法草案的附录，以“外国立法机关在刑事政策中处理的重要问题”为题提交给了国会。[①] 赫尔曼教授继承了德国刑法学界的这一优良传统，对德国与美国

① 参见拙作：《联邦德国刑法改革研究》，载《外国法译评》1997年第2期。

以及欧洲许多国家的刑事司法制度进行了比较研究，并且在国际刊物上发表了大量的论文，从而为自己赢得了很高的国际学术声誉。

在近代西方国家的法治发展与法学进步中，德国应当属于一个后来居上者。在19世纪初期，当法国已经制定出《法国民法典》与《法国刑法典》这样彪炳千秋的法典时，德国仍然处于四分五裂的邦国时期。然而，德国法学家勤奋学习、努力钻研，终于在19世纪站到了世界刑法发展的前沿。刑法学家费尔巴哈在19世纪初提出的“法无明文规定不为罪、法无明文规定不处罚”的经典表述，犯罪学家与刑法学家李斯特在19世纪末期提出的“教育刑”思想，刑法学家宾丁等人在19世纪末期20世纪初期总结出来的犯罪构成理论，都已经成为世界刑法理论中的瑰宝。到了20世纪，德国刑法学家更是执世界刑法学发展之牛耳：韦尔策尔的“目的行为论”、耶赛克的“社会行为论”、罗克辛的“客观归责理论”，一直引领着当今世界刑法学发展的主要方向。德国刑法科学的蓬勃发展，来自德国刑法学者对学术孜孜不倦的认真追求。学术，作为一个整体来说，代表着一个国家或者一个民族的知识界在国际科学进步与社会发展中的水平。学术水平的高低，决定着一个国家在世界民族之林中的地位。学术水平的提高，只能依靠这个国家中的法学家、科学家以及各个部门的专家长期艰苦的努力。在长期的努力过程中，任何在学术问题面前的“情面”、“照顾”、“圆滑”，都只能起到阻碍学术进步的速度与质量的负面作用，至少，这种对待学术问题的人情世故如果得到制度性的支持，就会使这个国家或者社会无法认清自己发展道路上存在的主要问题，无法认清解决这些问题可能存在的选择性，无法认清解决问题的关键所在。长此以往，这个国家或者社会的落后就是一种必然的结果了！

赫尔曼教授作为德国刑事法学界的优秀代表，自然是在这种严谨、求实的学术传统中成长起来的。他在与我国学者以及其他外国学者的专业交流之中，总是直截了当，直奔主题。在中国的文化传统中，这种不讲情面的方式，经常可能产生令人不舒服的感觉。然而，在中国的文化传统中，也正是这种朋友，才被尊崇为“诤友”。中国是法治发展的后进国家，在我们刑事法学发展的过程中，有这么一位能够诚心诚意地指出我们的问题，诚心诚意地帮助我们发展的朋友，实在是我们的幸运。在学术与科学的意义上，问题的准确性才是重要的，问题的承担者在自己面对这些问题时的感受是不重要的！从本书收集的文献中可以看出，赫尔曼教授是最早在我国系统地讲解“罪刑法定原则”、“反对类推”、“废除死刑”、“反不正当竞争”、“日额罚金制”、“人权保障”、“反对酷刑”、“社区矫正”、“被害人保护”、“协商性司法”等概念的外国专家。当时，其中的一些说明甚至是与我国的有关规定与政策相抵触的。然而，今天，我国已经是在法治路线上奋勇前进的发展中国家了。赫尔曼教授的努力，对于我国刑事法学界有预见性地认识法治发展道路上存在的问题，正确地做出符合法治发展要求的选择，是作出了重要贡献的！

赫尔曼教授在学术上十分严肃认真，但是，在与朋友的个人交往中却极具人情味。他对中国人民的情谊，不仅表现在直接帮助我与中国政法大学的岳礼玲教授获得了德国洪堡奖学金，而且表现在他帮助了难以计数的中国学生与学者以各种方式走向德国与走向世界。他对中国学生、学者个人的关心，也是无微不至的。1991 年，我第一次到奥格斯堡大学法律系进行研究工作，他关切地询问我还有什么困难。我虽然是一个在哪里都能够随遇而安的人，但是，在国外生活需要自己做饭时，却特别眷念中国生产的酱油。不过，我怀疑，在奥格斯堡这个德国南部城市中，是否能够找到自己所需要的这种作料。完全没有想到，赫尔曼教授第二天就拿了一瓶生抽王给我了。那一刻，我的感动真是难以言表。在我与赫尔曼教授认识时，我们之间就已经能够用英语无话不谈。但是，当我决定深入学习德国刑法理论时，赫尔曼教授就很认真地告诉我，学习德国刑法当然最好是用德文。在他的鼓励与安排下，我在近40岁时开始认真学习德文。今天，我不仅是几百万字德文的中文译者，而且还担任了德国洪堡基金会在中国的学术大使。饮水不忘挖井人，我今天取得的成就，首先应当归功于当年赫尔曼教授的鼓励与支持呀！

自我国改革开放以来，已经过去了 30 多年。中国的社会面貌与法治面貌都已经有了翻天覆地的变化。赫尔曼教授当年在北京街头十分惊讶地看到那么多的自行车造成的堵车现象，曾经不无调侃地预言：中国如果实现现代化，在北京就将会发生世界上最严重的汽车堵车现象。他的预言在我国成为世界第二大经济体时却真的变成了一个令中国人尴尬的事实。2012 年，当他撰写对中国新刑事诉讼法草案的批评与建议时，就非常感慨地赞扬了中国刑事法律制度在短短 10 多年间取得的巨大进步。今天，在中国的法治建设进一步发展之际，我们仍然需要放眼世界，更加深入地研究法治发达国家的经验教训。唯有博采众长，才能比较顺利地继续进步。我们需要更多像赫尔曼教授这样的优秀外国专家，能够一针见血地指出我们在法治进步过程中出现的问题，能够诚恳地向我们提供可供参考的解决方案。在未来法治进步的征程中，我们需要赞美与鼓励，但是，我们更需要朋友的批评与帮助。问题不能及时发现，及时解决，进步就不可能真正实现。

赫尔曼教授在过去近 20 年间被翻译成中文的这些论文，不仅对于我们重温与反思我国刑事法制的进步历程仍然是有帮助的，而且对于我们展望与设计我国刑事法制的发展前景是有指引作用的。赫尔曼教授的论文与观点仍然包含着丰富的对进一步构建中国刑事法律制度有益的营养。北京政法职业学院教授颜九红女士领衔在这里将一位外国法学教授的中文论文结集出版，应当在中外法学交流史上也是一种首创。我们用这种方式向敬爱的赫尔曼教授致以崇高的敬意，衷心祝福赫尔曼教授：福如东海，寿比南山！

是为序。

王世洲

北京大学法学院教授、博士生导师

德国洪堡基金会学术大使

2013 年国庆节于澳门大学法学院

★ 献给恩师赫尔曼教授 ★

颜九红

约阿西姆·赫尔曼教授是享誉世界的法律学者。身为德国学者，赫尔曼教授自然使用德文进行著述，而赫尔曼教授对英语的娴熟运用，使得他的学术影响广布世界诸国。首赴中国访问之前，他的学术足迹已经遍及美国、南非、日本、韩国、印度以及前东欧各国，为一些国家的刑法、刑事诉讼法、警察法、警察组织法改革以及法院和监狱改革担任咨询专家。他还是德国学术交流中心（DAAD）、德国律师协会常务委员会、欧洲委员会、国际律师协会、美国司法部、美国律师公会、开放社会基金会以及其他非政府组织的专家顾问，并负责起草《欧洲刑事政策指导纲要》（A Manifesto on European Criminal Policy—European Criminal Policy Initiative）等。

1990 年，约阿西姆·赫尔曼教授冲破西方国家制裁中国的重重阻挠，毅然来到中国首都北京，并从此开启了他与中国法学界数十年绵延不绝的学术交流之旅。像他热爱的德国伟大作家歌德一样，赫尔曼教授也热爱着中国这片古老而现代的土地上的人们。他对中国的深情厚谊，不仅表现在他一次一次远渡重洋，来到中国，与中国学者一道起草中国刑事诉讼法草案，不仅表现在他对王世洲教授、岳礼玲教授等优秀学者极尽鼓励与提携之勤，还在于他发自内心地期待中国刑事法治不断取得一个又一个进步。为此，他尽心竭力，不辞劳苦。

我有幸结识约阿西姆·赫尔曼教授，是在 1994 年 11 月中国政法大学主办的“刑事诉讼法学国际研讨会”上。约阿西姆·赫尔曼教授的演讲精彩而透辟，赫尔曼教授的答问幽默而睿智；他像上天派来的使者一般具有的高尚而不凡的气度，深深震撼了当时刚到中国政法大学读硕士研究生的我。赫尔曼教授是名震中外、声名遐迩的伟大学者，但他又是那样的谦和、朴实，对于我这个稚气未脱的学生，也是礼貌周全、有问必答。尽管他已经记不起写信求教的我是哪一个参会者，但他仍然从德国遥遥回函，热情致意。就这样，将近20个寒暑，虽其间只瞬然面晤两三次，竟然可以通过墨迹的迤行和指尖敲打键盘，维持并不断加深着这跨国师生之谊。赫尔曼教授通过函件传来的鼓励和教导，无不陪伴我在学术上前进的每一步。当我即将撰写硕士毕业论文时，是赫尔曼教授从德国寄来他在环境犯罪方面的英文论文，还邮寄了其他学者的相关英文著述，并提出中肯的写作建议；当我硕士毕业寻找工作遇到挫折时，是赫尔曼教授迅速写来信函，不断鼓励我，坚定我的信心；当我撰写博士学位论文时，是赫尔曼教授让我将学位论文大纲一字一句英译给他，然后，他提出意见。他的意见是这样尖锐、中肯、深刻、独到，以至于我的论文大纲除了题目没有改变以外，结构和纲要全部被推翻并重新架构。这是一个极为难得的学习过程。赫尔曼教授认真严谨、一丝不苟又谆谆善诱、因势利导的教导，使得我的论文超越了原来亦步亦趋的僵化痕迹，而从一个自己熟悉的学术领域开始展开研究，合乎逻辑地得出一些自己认为具有精神坚定性的结论。可以说，20年间，我的每一次学术前行，都有教授温润如玉的鼓励；我的每一次学术体会，都有教授端严如肃的教诲。是赫尔曼教授对学术的宗教般的虔信和奉献，是赫尔曼教授对法学的深刻的诠释和体会，是赫尔曼教授对提升人权保障、光扬刑事法治的勇气和毅力，引领我这个学术之路前的彷徨者，毫不回头地踏上刑事法学研究的魅力之路。数十年间，每周一来一往的信函和电子邮件，架起寒暑交替之中始终不易的学术金桥。

约阿西姆·赫尔曼教授在中国拥有很多朋友，他们在中国法学学术领域广有盛名。今天，由我这样一个默默无闻的小辈，作为赫尔曼教授文集的编者，实在是荣耀之至，同时也如履薄冰、忐忑不已，我唯有殚精竭虑、精益求精。尽管一周承担14学时的授课任务很重，我还是努力挤出时间，焚膏继晷，争分夺秒，将文集在2013年年底前付梓，作为向赫尔曼教授八秩华诞的微薄献礼。

文集收集约阿西姆·赫尔曼教授以中文在中国编撰或出版的著作和期刊上发表的论文，共计13篇。其中，论及刑事诉讼法学的有10篇；论及刑事实体法学的有3篇。不论论文的内容是倡导人权保障、宪法原则、法治精神，还是提倡禁止酷刑、废除死刑、审判方式改革，或者是分析德国刑事诉讼程序中的协商制度、被害人保护制度、社区矫正制度以及其他非拘禁措施，字里行间，经他条分缕析，总能疑云顿释。文中有着跨越东西方文化的宽广视域，时时可见鲜明的比喻，典实的征引，缜密的逻辑，深刻的哲理，慈悲的情怀，以及对民生的关怀，树立了学术为文的典范。虽然远隔千山万水，他的思虑始终牵系中国刑事法治的进步。2011年，当中国《刑事诉讼法草案》公布以后，他立即着手撰写《关于中国〈刑事诉讼法修正案（草案）〉的报告》，为中国刑事诉讼法的又一次里程碑式的进步鼓与呼。而2012年中国《刑事诉讼法修正案》正式颁布以后，他又不顾近80岁的高龄，马上撰文，从更为广阔的视角，提出中肯的意见和建设性的建议。自1993年开始，20年之间，赫尔曼教授这一篇又一篇的论文，不断见证了中国刑事法治的前进之路。尽管这改革之路并不总是一马平川，但是赫尔曼教授总是以他恢宏的透视、达观的智慧，预言着那充满希望的未来。正如赫尔曼教授所言："改革征程，路漫漫其修远兮，不可能毕其功于一役。……在中华人民共和国的政治和社会生活正迅速发展的情况下，有望在不远的将来，进一步发生更多的地震，从而引入更多新的改革，尤其是，提出更多新的办法，进一步提高个人权利之保障程度，以制衡对执法效率的追求。"（《2012年中国刑事诉讼法改革：带来多少变革？》）但愿赫尔曼教授的预言再一次成为现实。

文集收录的赫尔曼教授的中文撰述，多为英文移译，少数从德文移译。王世洲教授英译、德译各一篇；颜九红英译6篇；还有黄河博士、程雷先生、李昌珂先生等分别英文移译或者德文移译，拙编特此致谢。注释与译文之编辑和校对，虽经反复细心查核、统校，尽量避免以讹传讹，但是学海无涯，纰漏与错讹之处，恐难尽免，敬希方家不吝赐教。

特别感谢王世洲教授。王世洲教授在文集编撰全程不仅负责指导、督促、联系出版社，而且远在澳门、阿根廷讲学期间，仍然拨冗亲撰序言《献给中国刑事法学的诤友赫尔曼教授》，并亲自敲定文集的题名，亲撰文集题名的德文和英文，对文集编订工作给予最有力量的支持。没有王世洲教授自始至终的关怀和指导，文集便无法问世。还要感谢北京大学法学院江溯博士首倡赫尔曼教授文集之意以及热情帮助之情。感谢北京政法职业学院张景荪院长、陈勇副院长以及孙午生博士对文集出版予以的慷慨支持。最后，衷心感谢中国检察出版社全力以赴、及时出版文集；更感谢中国检察出版社编辑史朝霞女士在文集编订全程给予的热情帮助和付出的艰辛努力。

颜九红

2013 年 11 月于北京

目　录

下编　刑事实体法

上　编

刑事程序法

专题一 德国刑事司法制度*

赫尔曼：早上好，各位同行，各位同学。我非常荣幸能到这所著名的大学来讲课，给大家讲授你们感兴趣的事情。你们在我讲课的时候可以打断并提问题。

我通过西方报纸看到中国正在经历一个变革的时代，包括你们法典的变革。德国也处在一个变革的时代，东德和西德合二为一了，但我们的变革要比你们的变革简单、容易得多。统一后德国的变革是，东德完全照搬了西德的法律，而西德的法律西方味儿浓，虽然进程较慢，但比中国的变革要容易。

一、德国刑事诉讼中案件的进展过程

我的讲座是集中于一个案件的刑事诉讼程序是如何开展的。我将不

---

* 根据约阿西姆·赫尔曼（Joachim Herrmann）教授讲座录音整理。1993 年 7 月至 10 月，中国政法大学陈光中教授主持的由美国福特基金会资助的“中国刑事诉讼制度民主化”课题研究项目，聘请了美、德、加三国三位刑事诉讼法学教授，分别讲授了三个国家的刑事司法制度。讲话录音由中国政法大学刑诉法学博士、硕士研究生进行了整理，最后由樊崇义、李文健两位同志进行了统编，作为课题研究参考资料。由于文稿根据教授讲座录音整理，因此，由于录音方面的问题，有些内容略欠准确。中国政法大学《中国刑事诉讼制度民主化研究》课题组于 1993 年 11 月 24 日印制。

做过多的讨论，因为中国的法律和西德的差不多。

德国刑事诉讼也分为审前程序（初步程序或调查程序），是关于警察或侦查机关的程序。谈到初步程序中的警察和检察官，我发现了中国刑事诉讼和德国刑事诉讼的一个重要区别，如果我正确地理解了中国刑事诉讼的话，在这个阶段是公安机关负责；公安机关调查后，将案件交给检察官，请求其提起公诉。在中国，如果公诉人不决定起诉，那么根据中国刑事诉讼法[①]第 102 条，公安机关可以要求检察官再复议一次。这一点不仅与德国有区别，而且与其他大陆法系国家有别。在那些国家，警察不能独立于检察官，而是检察机关的辅助力量。中国与西方国家的区别有两点：一是在西方国家，侦查工作由警察完成，侦查之后，警察把案件交给检察官，对检察官不能提出要求正式起诉的建议；二是如果检察官不同意起诉，警察不能要求其复议。这个区别表明，在谁拥有侦查权问题上中国和西方主要国家是不同的。我认为，中国公安机关在刑事诉讼中扮演一个更强有力的领导者角色，而不管警察是否受到足够法律教育，能否胜任这任务。还有个更令人迷惑的问题即在西方国家，检察官受司法部长的领导、警察受内务部长的领导，中国也可能如此。但是，在涉及刑事诉讼时，德国的检察官警察不处于同一级别，警察总是检察官的助手，当然警察还有其他工作；但就刑事诉讼而言，警察总是作为检察官的助手。也许我对你们的初步程序中调查权集中于警察的看法不对，我想问两个问题来结束我这段谈话。一个是警察在遇到检察官不起诉时提请复议的频率是多少？再一个是提出复议的理由是什么？在什么案件中？我要解释一下我为什么问这个问题。因为你们国家和西方国家的主要制度不同，检察机关不是负责保卫社会治安的机关，而是负责实施法律的机关。

我们要谈第二点，检察官接到警察报告后要决定是否起诉，或是否中止诉讼，这是检察官的传统角色。但是，在西方主要国家，检察官多多少少要有比决定是否起诉或中止诉讼更多的选择。在德国，检察官除可决定是否起诉外，同时可以申请刑罚命令权，即可跟法官讲，这个案

---

① 指 1979 年《中华人民共和国刑事诉讼法》。——编者注

件不要经过审判，而直接定罪。一般而言，法官可以在他的申请上签字，判决寄给被告人，90%被告付罚金。这就是不经审判而判某人罪的刑罚命令程序。我给一些数字来说明这个问题，在德国，15%的案件检察官会决定起诉，15%的案件要求刑罚命令程序，另外70%的案件，检察官有几种可能性：其中30%认为证据不足不能起诉的，检察官不起诉，5%的案件是公共利益不要对被告人起诉，如果被害人坚持起诉可以自诉，检察官可在轻伤害、非法入室等案中，对被害人说我给你提供法院系统，你自己去起诉吧，即自诉。现在谈另外两种选择：一种是情节特别轻微，检察官可决定不起诉。另一种是情节不是特别轻微时，检察官可以要求被告人付钱给国家或慈善机构，但不是罚金。在后两种情况中，检察官行使了法官的权力。这是出于节约时间的考虑，西欧其他国家也是这样，检察官成为法官之前是行使法官权力的法官。还有一点是，在西方国家律师介入诉讼的时间早，在诉讼一开始就介入，他知道检察官除起诉外你能不能不起诉，而采用其他方法（选择）。再就是，美国的诉辩交易。德国的刑法和刑事诉讼法没有规定这种交易方式，纯粹是在实践中运用。在这种交易中，法官又一次没有起到作用，不参加也不介入。这种诉辩交易在英国、意大利、西班牙也有，在意大利，诉辩交易变得如此重要，以至于意大利法典做了冗长的规定。诉辩交易在主要国家流行开来，正式的理由是说，案件增加了，公诉人的法院负担加重了。但这个理由并不是绝对的，更重要的是公民以新的方式发现了它。在前几年，公民服从于国家，但近几年这种观点改变了，认为公民是国家、政府的一部分，应该参加国家管理，公民被教育要同国家滥用权力做斗争。反映到刑事诉讼法中，就是公民要处理自己的问题，不愿处于低于国家的地位。在中国，警察侦查之后可以决定是否交给检察官起诉，这是第一次过滤，在德国是不存在的。在德国有第二次过滤，就是检察官可以决定是否起诉、中止诉讼或采用刑罚命令程序。现在要讲的是第三次过滤，即法院的过滤，在中国和德国实行纠问式诉讼，在英美实行对抗式诉讼。近几年，欧洲向对抗式诉讼发展了。

现在回答大家的提问。

问：德国的警察与检察官在案件侦查中如何分工？

答：我刚才讲到警察是检察官的助手，是辅助力量。法律上有权。实际上，检察官很少去侦查，没有足够的人力和职员。在德国，把检察官比喻成有法律知识的头而没有侦查的手的动物。

问：检察官参与哪些案件的侦查？比率有多少？

答：一般的案件，检察官是不侦查的，特殊的案件才侦查。指需要知识、经验的案件，如一种是商业诈骗等，要查账等，警察是不行的，只能由检察官进行；二是恐怖案件，要由联邦检察长领导侦查；三是检察官和警察一同侦查的案件，这种案件很少，如谋杀、持枪抢劫银行、纵火等犯罪中，警察需要逮捕证，而逮捕证只能由检察官签发[①]，这时警察就会同检察官一起侦查。

至于数字，没有多大意义。我也没有办法提出一个具体的数字来说明。

我想补充一点，在中国，警察和检察官并不进行日常的合作。但在德国，警察虽是内务部的一部分，检察官是法院的一部分，但是在进行刑事诉讼时，警察和检察官是互相合作的。比如警察侦查之后将案件交给检察官，检察官可以再把案件交回警察，请对某一证人再次询问或再次调查某一证据。警察侦查之后再交给检察官。当然，检察官可以自己侦查，但实际上检察官很少自己去侦查。

问：请问德国的辩诉交易如何产生、发展的？在整个诉讼案件中占多大比例？

答：德国有“辩诉交易”，但交易不仅是德国有，葡萄牙、西班牙也有，不知法国情况，但实际上是有的，只是很少有人谈及。德国在70年代[②]就有，但无人讨论。80年代，一位辩护律师以假名发表文章谈到这种现象，问题变得越来越明显。但问及交易在诉讼案件中的比例，没有记录可查。实践中，暴力案件，诸如谋杀、抢劫、纵火案件中不存在交易。但在大的商业诈骗案中，不仅在要求终止程序，发布命令方面，而且在审判阶段都可能存在是否认罪、认多少罪的交易。

在德国，交易是在实践中产生的，是在法律之外发展的。故，有人

① 在德国，逮捕由法官决定。这里原文如此。——编者注

② 指20世纪70年代。——编者注

认为这是种违法现象，有人认为应当由立法机关加以立法规定。立法机关则认为应当让其发展一段，只是在个别案件中作出规定，但并非没有规则的发展。对于哪些案件在交易、哪些不得进行交易是有规定的。意大利刑事诉讼法典对此有严格限制，但实践已突破限制，以至其宪法法院认为一些限制违宪，应给当事人提供广泛的交易机会。这在西欧的刑事诉讼法发展中是件大事，因为个人不是国家的附属物，而是独立的个体。故，要求诉讼权利掌握在自己手中，而不是消极等待诉讼结果。

在德国，首先要区分审前交易与审判中的交易，前者是在公诉人与辩护人之间进行的，就是否接受刑罚命令进行交易，如果被告答应接受，则检察官不将被告交付审判。还有一种审前交易方式是被告人承认检察官的指控内容，但可以向国家或慈善机构交付一定金钱，这样他就不受有罪判决，甚至也不接受刑罚命令。在审判中的交易则是这样的，在大的商业案件中，被告人对任何指控都予以否认，都要提出异议。这样，诉讼拖延下去。这时，辩护律师会给法官打电话说，如果法官判以某种刑罚，被告人就会对某个指控予以承认；法官则说如果被告人承认某个指控，他则会做出某种较轻的判决。于是，开庭时，法官按照他与辩护律师达成的协议问公诉人的意见，问他是否同意撤销某项指控。于是，案件在几个小时中就得到了解决。

另外，补充两点，第一，如果法官判决的刑罚高于他给辩护律师的暗示，被告方可能会要求上诉，德国最高上诉法院则认为法官的做法违背了公正的审判。否则，法官或者应当遵守他与被告方得成的协议，或者应当重新开庭，让双方进行法庭辩论。第二，公诉人可能不同意法官与被告辩护人达成的协议而向最高上诉法院上诉，上诉法院则可能撤销判决，认为这也违背公正审判。并认为，交易应在三方之间进行，而不应在法官与辩护人之间秘密进行。以上两点体现了德国法院辩诉交易的两项原则规定。

问：德国的检察官在决定案件不起诉时，是否行使了类似于法官的责任？

答：我完全同意你的意见，检察官的传统作用是将案件提交法官要求其判决，但在有些案件中，首先是在刑罚执行程序中，法官应检察官申请在刑罚命令上签字是理所当然的事，法官这时像个橡皮图章。仅有一点例外，检察官如果是个年轻人，法官则会对申请进行审查。在另一个程序中，即检察官决定终止诉讼程序时，检察官就完全成了法官，他会考虑到案件轻微、证据不足而审判可能对公共利益没有多大好处等情况而做出终止决定。在西方国家，重要的是法官保持独立，没有人告诉法官应当干什么或不干什么，没有诸如中国的审判委员会、政党等对法官指手画脚。但检察官系统是存在上下级关系的，上下级的领导关系是对法官独立的损害，所以，对检察官充任法官的情况不应该限制得太严。就像把动物关在笼子里，它总是想钻出来，对它管得太严，什么可怕的事都可能干出来。中国要对刑事诉讼法进行修改，就应当注意法律只是个路标，不能规定得太具体、太详细。

问：德国刑事诉讼法中是否也强调控审分离？

答：解释一下，检察审判为什么要分离，传统中的纠问式审判，法官集三种身份于一体——法官、检察官、侦查者，他负责侦查案件，搜集证据还要负责追诉被告并做出判决，可想而知，法官不会认为自己的侦查是错误的，否则他是个疯子，这就好像让学生批改自己的考卷，他会认为自己的试卷是错的吗？上世纪[①]中期，法官的角色分开了，法官有了个新兄弟——检察官，检察官又多了个助手、新兄弟——警察。

问；德国的检察官与法官是否一起办公？他们的工作地点是否在一起或者各自独立？

答：这个问题并不很重要，是否在一起办公取决于城市规模和建筑物的规模。在大城市里如果不在同一地点办公，检察官要起诉就要走很多英里，这很愚蠢，所以，在一起办公好。在一起办公，检察官和法官就可能在一起进餐，这叫作检察官和法官的联合饭桌，他们可能在进餐时谈论案件，试探对方的态度。现在年轻的检察官、法官常在一起吃饭，不限于在一起办公，但他们很少谈论案件。

---

① 指19世纪。——编者注

二、德国的法院组织制度

德国的法院体系和中国一样，不同的案件由不同的法官审理，简单案件由一个职业法官审理，中等严重程度的案件由一个职业法官和两名非职业法官审理，最严重的案件则由两三个职业法官和两名非职业法官审理。政治案件由三个职业法官审理。说到职业法官与非职业法官一同审理案件，你们不要把它同美国的陪审团制度混淆，在德国职业法官与非职业法官并排坐着，共同决定事实上与法律上的问题。这是一个令人迷惑的现象，这不是立法机关设计的结果，而是历史发展的产物，德国到 19 世纪中期一直只有职业法官审理刑事案件。后来，德国人民对此不再满意了，因为职业法官是由君主雇用的，他又可以随时被君主解雇，他服从君主的意见，他的独立性就值得怀疑。你们知道法国革命是 18 世纪末 1789 年发生的，它是新的政治、法律思想的起点，不仅对法国有深刻影响，对德国也是这样。

关于德国的法庭组织制度问题存在有不同的争论。

一共有三种意见：一是仿效英国；二是仿效法国；第三种是回到德国传统的混合法庭制度，就是让职业法官和非职业法官坐到一起来审理案件。大家知道，实行陪审团制度判决有罪无罪与判处刑罚是分开的，判决是否有罪是陪审团的事，而判刑则是法官的事，而在混合法庭里，这些事是职业法官与非职业法官一起进行的，在 19 世纪的大部分时期，德国是不统一的，不同的国家有不同的法院体系，有的国家仿效法国的法院体系，有的实行混合法庭制度。在上世纪[①] 70 年代，建立了统一的德国，关于统一后实行什么样的审判制度又引起了争论，而政治争论往往通过妥协来解决。所以德国颁布的第一部刑事诉讼法典规定，不严重的案件由一个职业法官和两个非职业法官审理，严重的案件如谋杀，导致有人死亡的案件等，由三个职业法官和十二个非职业法官审理。

---

① 指 19 世纪。——编者注

陪审团法庭制度在很早的时候就受到攻击，有人认为非职业法官不懂刑法，往往错误地作出裁决。在陪审法庭审理的案件中，有25%的人被宣告无罪，但是研究表明，过多地宣告无罪并不是说非职业法官太愚蠢以至于不懂法律，实际上他们很聪明，能够正确地理解法律。原因是德国的刑法太严厉，而陪审官又不能决定刑罚，所以他们先下手为强，以免把他们不愿加在被告身上的法律加于被告身上。对陪审团法庭的批评一直没有停止过，到1924年陪审团法庭被废除，而代之以6个职业法官、6个非职业法官组成的混合法庭，既决定是否有罪又决定刑罚。实际上对陪审团法庭的批评是不对的，这其实是职业法官与非职业法官的斗争。1924年陪审团法庭被混合法庭所取代，是由成文法规定的，但这个成文法不是国会通过的，而是由于德国在20年代①处于灾难性的时期，陪审团法庭是政府的革命行为废除的，而不是议会的正常法律废除的。

我们看一下欧洲大陆国家的情况，欧洲大多数大陆国家在19世纪后半期都引进了陪审团制度，但在本世纪②都废除了（除瑞典以外）。但其废除都不是议会的正常法律废除的，而是根据紧急状态下的权力废除的。如在意大利，是法西斯废除的，西班牙是佛朗哥政权废除的，法兰西是由德国占领法兰西后建立的傀儡政权废除的。所以今天陪审团制度已消亡了，但这都是当时悲惨的历史状况造成的。瑞典还保留了一点陪审团制度，即对于侵犯新闻自由的犯罪由陪审团审判。

刚才谈到德国混合法庭，20年代③是由六个职业法官，六个非职业法官组成。20年代以后，最严重的犯罪由六个配六个，两个配两个职业法官和非职业法官组成审理。但1975年这些都发生了变化，非职业法官由六个减为两个。理由有三：一是公众不再用怀疑的眼光来看待职业法官了；二是有两个非职业法官就够了，两个非职业法官可带来公众对案件的看法；三是70年代④德国经济繁荣，个人收入增多，很难找到

① 指20世纪20年代。——编者注
② 指20世纪。——编者注
③ 指20世纪20年代。——编者注
④ 指20世纪70年代。——编者注

非职业法官为国家服务。英国和美国也一样，很难找到人担任陪审法官。美国陪审团的人数从 10 个降到 6 个到 4 个，英国也有这种趋势。职业法官由 3 个减到 2 个是 1991 年德国统一以后的事，因为东德的法官、检察官由西德的人取代，只好将原来的 3 人减为 2 人以减少开支。现在德国有人主张到 20 世纪末重新增加到 3 人，我认为这不可能。

我再谈一下非职业法官是如何挑选的，这像英美挑选陪审官一样，有两个程序：一是在社区编候选人名单，交地区法院，地区法院组成挑选委员会，决定用什么人以及何时当非职业法官，挑选时其代表社会的方方面面，非职业法官有 2/3 是由 40～60 岁的男性白人组成，其中有商店店主、文职人员等。男性白人代表人数过多，而蓝领工人则得不到充分的代表。一个人被选为非职业法官后，任期 4 年，连选可以连任，但不超过两届。一年要在法庭工作 12 天，德国对非职业法官并不强调经验和知识。

回顾非职业法官的历史，是个妥协的历史，是一个不断要废除它的历史，现在有人要重新回到非职业法官的制度中，但这只是学术上的观点。现在，东欧国家正在重建他们的刑事制度，对于是否强调建立非职业法官制度也有争论，但因为他们经济不发达，故可能无钱支付陪审团这笔费用。

我再简短地谈谈一个比较法的观点，我们来看看英美的情况。在美国，被告人可以选择承认有罪而不受陪审团的审判，也可以选择由一个法官进行审判而不受陪审团的审判，也可以由陪审团审判。英国的被告也是如此，他也可以承认有罪而不受审判，在有些轻微的案件中被告更愿意受治安法官的审判。允许被告选择审判方式是英美法的特点，这种选择权在欧洲大陆国家不存在，在中国也不存在，这些国家认为审判是国家权力范围内的事，这反映了英美和欧洲大陆国家的不同，欧洲大陆国家强调集权、专制主义，而美国对这个问题的看法要自由一些，赋予被告的自由要多一些。另外还表明在英美法系国家，人们对不同的审判方式是存有疑虑的，大家不知道哪种审判方式更能维护正义，所以干脆让被告人去选择。

三、法庭审判的程序与方式

下面我要讲今天讲座的另一个题目，即法庭审判的程序，我印发的小册子上列了不同形式的审判，苏斌教授[①]已讲过美国类型的审判，即公诉人起诉，辩护人提出辩护，然后由陪审团和法官来决定哪一方的理由更充分。在中国和欧洲大陆的许多国家实行纠问式审判，这种方式不区分公诉方和辩护方对案件的看法，而是由审判人员主动地询问证人来决定被告人是否有罪，纠问式和对抗式审判哪一种是更好的审判方式争议很多。我提出两个观点：一个是心理学上的观点，在纠问式审判中法官的负担很重，心理学家在对这种情况做试验时发现，法官很难从警察档案的观点中解脱出来。英国在一个著名的案件中说，就仿佛一个马戏团一样，法官坐在高凳子上，如果他从上面摔下来，他的眼镜就会被尘土所蒙蔽，就没法看清发生的事情。第二个理由是政治上考虑，从被告人的角度讲，我们不仅要维护正义，而且还要让被告感受到正义被维护了。在对抗式审判中，被告有足够的余地提出对案件的看法，而在纠问式审判中，被告受法官的讯问，被告说的话如果法官有疑问他就会打断被告的话问他："你相信你说的话吗？有人证明你的话是错误的。"而在对抗式诉讼中，由于被告能充分陈述，即使他输了，他也会觉得输得心服口服。对这两种审判方式的争论不仅是学术上的争论，而且已有成功的历史；近 80 年来，纠问式审判逐渐向对抗式审判过渡，比如在斯堪的纳维亚半岛的国家，挪威、丹麦等已由纠问式转变为对抗式。瑞典在 40 年代[②]颁布了一个法典，被告可以选择对抗式审判，以后被告都选择了对抗式审判，实践中形成了许多有关原则、规则，5 年前[③]瑞典颁布了新法典，把实践中的经验固定下来。再看西班牙，西班牙是一个专制

---

① 苏斌教授（Harry I. Subin）是美国纽约大学法学院教授。——编者注

② 指 20 世纪 40 年代。——编者注

③ 指 1988 年。——编者注

的国家，但从上世纪[①]80年代开始也建立了对抗式诉讼；自从西班牙成为一个民主国家以后，这种制度就更巩固了。再看日本，日本在明治维新以后，它的刑事诉讼法先仿效法国，又仿效德国。以后迈克阿瑟占领日本后，日本开始实行对抗式诉讼，日本的同行告诉我，对抗式审判是维护正义的一种更敏感的方法。意大利是一个保守的国家，但它通过的新的刑事诉讼法典中也确立了对抗式审判，葡萄牙也实行对抗式审判，德国学术界也主张实行对抗式审判。再看东欧国家，它们正在废除过去的专制的社会主义式的刑事诉讼制度，实行新的刑事诉讼制度，它们也正在考虑实行新的对抗式的审判。反对对抗式审判的观点有两种。一是一夜之间怎么可能让辩护律师和公诉人进行交易，让他们为主进行审判而不是让法官为主去进行审判呢？如何能让法官闭上嘴不说话呢？如果你问英国的法官你们是怎么进行审判的呢？他会说："这很简单，我就坐在凳子上思考，有的时候只是坐着。"二是公诉一方力量很大，那么被告一方也应有足够的力量，这就要求在任何案件中都有辩护律师参加诉讼，这太昂贵了，经验告诉我们，如果公诉方的力量太大，往往是使法官倾向于被告一方，这也就是通常说的，法官是被告最好的辩护律师。所以公诉方做工作时就会十分小心以免法官倾向于被告一方。

问：刚才教授讲了很多欧洲大陆国家从纠问式诉讼向对抗式诉讼的转变，但是英国发表了一个报告，其中提到英国的一些转变，有些人提到对抗式诉讼向纠问式诉讼转变，有几个例子也被人认为说明了这一点。

答：谢谢你的问题。我在《伦敦时报》上读了这个报告的总结。这个报告的基础是基于几个严重执法不当的案件，有一个案件被告被宣告无罪因为证据有缺陷，有的证人说谎了，有的证人则退却了。有鉴于此，英国建立了一个委员会，讨论采取什么必要的措施。昨天我讲到主要程序，大家讲庭审程序的重要时要小心，因为警察所进行的程序也是同样重要的。警察所进行的程序中发生的错误在法庭审判时是不容易纠正的。英国的这个案件就是这样。英国人为了纠正这个错误主张实行纠

---

① 指19世纪。——编者注

问式审判是错误的，因为在实行纠问式的国家也存在同样的错误，这像美国人说的那样："人家的草总是比自己的草绿一些。"实际上我们的草并不绿，解决这个问题的办法是不要让辩护律师在审判的时候才进入诉讼，这太迟了，而应该让律师在警察调查时就进入诉讼，特别是在重要的案件当中，当然并不是说每个案件都这样。另一个办法是应允许辩护律师和被告人本人查阅警察的档案把复印件交给被告及律师，这样能够使被告方在较早的阶段了解案件，以便他同控告方较早地对话，我们既然教育公民关心公共生活，就应该让公民较好地管好自己的事务。

问：教授昨天讲到中国警察机关与检察机关的关系不同，在中国，如果公安机关的起诉意见不被公诉方接受，公安机关可以申请复核，教授认为这不太可取，为什么？在中国刑事诉讼法改革之际，能否给我们一些建议？

答：谢谢你的问题。我对中国的诉讼制度不熟悉，所以我不能也不愿就这一问题发表看法。我只能这么想，这样赋予警察机关的权力会使它与检察机关处于对立的地位，用欧洲的观点看，警察最重要的工作是维护社会治安，公诉人则更多是实施法典上规定的法律。德国的情况是这样的，如果警察认为应该起诉，而公诉机关认为根据德国的法律不构成犯罪，那么这个程序到此就结束了。我们再用比较法的观点看看中国的情况，中国刑法[①]第79条规定了类推，还把行为的违法性规定下来，从整体上看，你们赋予司法机关的权力要大，我还可以举出一些中国的法律条文中的规定来说明你们这些法律规定不是基于法治的考虑，而是

---

① 指1979年《中华人民共和国刑法》。该刑法第79条规定："本法分则没有明文规定的犯罪，可以比照本法分则最相类似的条文定罪判刑，但是应当报请最高人民法院核准。"这一条款在1997年修订刑法中被废止。——编者注

基于社会治安的考虑。比如刑法第 19 条[①]、第 31 条[②]两条很空洞，没有很具体的行为，再比如说刑法中关于扰乱公共秩序的规定，也比较空虚，中国的刑法违反了联合国关于刑法标准的规定，按照联合国的这一规定，刑法应该清楚、严格。西方的立法中也有类似的缺陷，但由于它们有分权制度可以弥补这种缺陷，法院可以采取两种措施弥补。它可以宣告太空洞的规定无效，再者它也可以对空洞的规定解释，使之清楚。这些工作普通法院或宪法法院都可以做。在欧洲国家，如果对一个法院做出的关于法律规定是否空虚的决定不服，还可以诉诸欧洲法院。欧洲法院每年都做出一些判决，以判决某个国家的法律是否违背了人权公约。我们认为人权是如此的重要，不仅国家内部要对它保护，在国际法院也应对其保护。

问：在西方国家，对于个人错误地行使权力要求其相应承担的责任较少，而对政府则要求过多，请教授讲讲这是为什么？

答：在美国也有人持这种观点。人们赋予政府权力是因为人们相信它会以正当的方式行使，所以政府须比公民更仔细认真地行使，这是一个道德上的理由。从实际上看，警察的权力[③]太大了，所以警察可能会滥用权力[④]，向公民个人施加压力，公民和国家都需要有更大的权力[⑤]来保护自己，保障自己不受警察滥用权力[⑥]的危害。在美国和英国有一种倾向，在某些情况下被告也要透露自己的辩护理由，如果他想在法庭上利用这些理由的话。需要事先透露辩护理由有两种情况：一是精神病，应在审判前提供精神分析家的鉴定。另一种是不在现场的辩护理

---

① 1979 年《中华人民共和国刑法》第 19 条规定：“为了犯罪，准备工具，制造条件的，是犯罪预备。对于预备犯，可以比照既遂犯从轻减轻或者免除处罚。”1997 年修订刑法第 22 条依然袭用这一条款，一字未变。——编者注

② 1979 年《中华人民共和国刑法》第 31 条规定：“由于犯罪行为而使被害人遭受经济损失的，对犯罪分子除依法给予刑事处分外，并应根据情况判处赔偿经济损失。”1997 年修订刑法第 22 条依然袭用这一条款，但增加一款：“承担民事赔偿责任的犯罪分子，同时被判处罚金，其财产不足以全部支付的，或者被判处没收财产的，应当先承担对被害人的民事赔偿责任。”——编者注

③ 中文原文此处使用“权利”两字，有讹误，应为“权力”。——编者注

④ 同上。

⑤ 同上。

⑥ 同上。

由，以便检察官去核实这种证据。

很高兴与大家讨论，如果大家对我对中国法律的看法有不同的意见可以提出来。

像中国一样，联邦德国由检察官宣读起诉书开始。与中国不同的是，在德国法官负有法律上的义务告诉被告有沉默权。如果法官有意或无意遗漏了这一程序，而在以后的讯问中被告又承认有罪，那么被告的这一供述不能作为证据。也许苏斌教授已经讲过，这就是排除规则，如果法官告知被告有沉默权后，被告回答："是的，我将保持沉默。"法官不能再讯问被告为什么保持沉默，你应该说真话等，这是不合适的，被告有说谎的权利，他说谎并不能自动导致他不利的后果。中国法和德国法是有区别的。一是根据中国刑事诉讼法第 114 条①如果我理解正确的话，法官在审判前不必告知被告有沉默权。另一点我不太清楚，根据中国刑事诉讼法第 64 条②在审判前被告应诚实地回答侦查人员的问题，关于审判时是不是应该诚实地回答没有规定，据我理解，既然审判前应该诚实地回答，审时他也应该诚实地回答。国际上有一个关于人权与政治权利的国际公约，于 1976 年生效，根据该公约第 14 条规定，不得要求被告自控有罪，而中国法律要求被告诚实地回答侦查人员的提问，这不符合国际公约。据我所知，中国也是该公约签字国之一，如果中国的权力机关批准了这一公约，那么该公约对中国就是有拘束力的，其效力就相当于中国的国内法，那么中国内部就有法律冲突的问题，即中国的刑事诉讼法与该公约的冲突。如果中国的人民代表大会没有批准这一公约，那么公约对中国也有政治上的约束力。中国从其所负的政治责任上也没有权利要求被告如实地回答侦查人员的询问。欧洲大陆国家、英美等国都赋予被告沉默权，它们的理由是被告应该受到保护，这是个人主

---

① 1979 年中国《刑事诉讼法》第 114 条规定："公诉人在审判庭上宣读起诉书后，审判人员开始审问被告人。公诉人经审判长许可，可以询问被告人。被害人、附带民事诉讼的原告人和辩护人，在审判人员审问被告人后，经审判长许可，可以向被告人发问。"——编者注

② 1979 年中国《刑事诉讼法》第 64 条规定："侦查人员在询问被告人的时候，应当首先讯问被告人是否有犯罪行为，让他陈述有罪的情节或者无罪的辩解，然后向他提出问题。被告人对侦查人员的提问，应当如实回答。"——编者注

义的体现，政府可以告诉人们不要去犯罪，但是要告诉他们不去说谎是愚蠢的，平常人总是有说谎的时候，这就是给被告沉默权的政治和道德的基础。现在我想猜测一下中国要求被告如实地回答问题的政治和道德的基础是什么？社会主义法律都要求个人与政府，与党及军事当局进行合作，把个人置于服从国家的政策取向，在这儿就是置于服从国家维护社会治安的政策取向上。社会主义法的一个特点就是使法律成为对公民遵守纪律教育的一个工具。另外我再进一步猜测一下，中国的这种要求与中国的传统也很有关系，在中国历史上承认有罪可以恢复协调，另外还有一种政治背景，即国际的政治背景，所以中国又在保护人权与政治权利①的公约上签字，把这个公约吸收到自己的法律当中。

四、德国刑事证据制度

在德国，与英美不同，法官有责任调查足够的证据来确定案件的事实，因为公诉人认为案件的事实已确定了，法官要去加以足够的证明。法官在这个问题上要做多少工作呢？法官一方面没有太多的时间，另一方面他又需要找到足够的证据来确认是否有犯罪发生，到底应判有罪还是无罪释放。在英美法中，规定法官必须听取当事人提出的有关证据。法官的第二个任务是听取口头证据而不是书面的或其他的非口头的证据。举个例子来说，假如有个人目睹了谋杀的发生，他是最重要的证人，在审判的时候如果此人不在场，法官就会问；“这个人在哪儿？咱们打电话找他。”电话打通后，这个人在家里忘了出庭，如果这时法官只是打电话询问一下情况，这种做法是荒唐的。为什么强调证人在场呢，有两点理由：一是要看看证人的反应，看他是否遗漏什么内容；另外就是要看证言是否可信。因为证人这时就像在舞台上演戏一样，可以反映他的性格、行为、姿势等，从而推断出是否可信。第二点理由是为了让公诉人和被告双方对证人进行询问，美国称对质的权利。根据联合

① 中文原文此处使用“权力”两字，有讹误，拙编将之校改为“权利”。——编者注

国保护人权和政治权利公约第14条的规定，每个被告人都有对其被指控的行为对质的权利；欧洲称之为口头证据。法官听取口头证据还有另一层意义，让我们加到原来的例子当中：假如法官打电话没有找到证人，而检察官或警察的档案中有证人证言的记录，那么法官为什么不接受这个记录在法庭上读一读呢？根据德、英、美的法律规定这是不可以的，因为这就剥夺了被告对质的权利。

法官的第三个责任是要接受第一手证据，如果法官给证人打电话告诉证人下星期四开庭，证人回答说下星期四他将飞往伦敦，法官说他希望证人出庭，证人则回答他把自己看到的都和他奶奶讲了，他奶奶讲得比他还好，可否由他的奶奶代替他出庭。这是不可以的，因为这样的话证据就经过几个人大脑过滤了，证据应尽可能接近犯罪现场。英美法系称之为排除传闻证据。我们主张法官应尽可能听取第一手证据。遇到上述情况，法官就会建议证人推迟去伦敦，否则只好推迟开庭，因为我们的责任就是发现真相。这三个原则构成整个欧洲证据法的中心，这是规则，大家知道，有规则就会有例外。在德国，如果案件的唯一证人死亡，法官或者可以终止诉讼，或者以当庭阅读警察的记录来代替证人的口头证言。德国的法律规定了后者。再一种情况是证人病重，不能亲自出庭作证，或者证人从德国移民到奥地利，而作证的案件又是强行入室等案件，法庭不愿支付往返的路费，都可能采取当庭阅读警察的记录来代替作证，不过这样做是很危险的，英美法是禁止这样做的，让我们看看法国的制度，在法国，由于更广泛地以阅读警察的记录来代替证人作证，甚至在最严重的犯罪中也可以这样做，法官甚至把证人证言的复印件交给公诉方，不再另行宣读，这叫作“影子审判”。法国的这种做法以及其他类似法国的这种做法的国家都是违背联合国的有关公约的。简单地谈谈中国的情况，根据中国刑事诉讼法①第116条不能出庭的证人证言应当庭宣读，但中国法律遗漏了最重要的一点，即在什么情况下可以当庭阅读证人证言。如果法官有决定权，那么中国的情形就与法国相似，甚至中国在最严重的案件中，如谋杀案中也可以宣读证人证言，所

---

① 指1979年《中华人民共和国刑事诉讼法》。——编者注

以可以认为在中国被告没有与证人对质的权利，这种审判就是警察主导的审判，而不是法官主导的审判，因为法官无法知道警察的记录是真是假。我想问一下这种当庭阅读证人证言的情况是否很普遍？如果是这样，那就有违背联合国保护人权公约的问题。

下面讲讲被告要求补充证据的权利问题。如果被告对法官说："法官先生，刚才有五个证人都证明我犯罪了，我想让你听取另外三个证人的证言，他们能证明，我没有犯罪。"德国法律是允许的，中国也是这样规定的。中国刑事诉讼法第 117 条规定："被告有权建议补充证人"，这是第 1 款，但第 2 款又规定法院有权决定是否听取其他人的证言①，这样的话，被告的权利就成了法院的斟酌权，法官会不会这样说："中国的警察都是可信的。"完全否认被告补充证据的权利，德国在 1920 年以前的法律中也是这样规定的，后来辩护律师在一个又一个的案件中都指出这样做太危险了，所以德国的法律就做了修改，被告有权提出补充证据。但是又会出现这样一种情况：是不是在法庭里游荡的都是证人？从而给法庭断案带来麻烦，所以德国的法律规定在一些情况下法官可以拒绝被告提出的补充证据的要求，这种情况有两种：一种是法官对辩护律师说已有足够的证据证明你的当事人有罪，所以你就不用再提其他的证据了；另一种是众所周知的情况，就不用再去补充证据证明了。这样可以看出，这种规定的范围很狭窄，因此被告方总是有权促使法院不断地采取措施来查明案情，这是被告一项十分重要的权利。

被告的有罪供述能否作为证据呢？根据中国法，不能仅仅根据被告的有罪供述来认定被告有罪，日本也如此。这是一个极端，另一个极端是英美，英美仅仅根据被告的有罪供述不经审判就可以定罪。德国的做法是折中的，既不像中国的规定也不像英美的做法，德国在实践中，发展起来一种做法，即不能仅仅根据被告的有罪供述来定罪，如果在庭审中被告承认了犯罪，法官往往会传讯一些最重要的证人来证实被告的供述是不是真实的。当你研究刑事诉讼法的时候，不仅要看法典是怎么规

---

① 1979 年《刑事诉讼法》第 117 条规定："法庭审理过程中，当事人和辩护人有权申请通知新的证人到庭，调取新的物证，申请重新鉴定或者勘验。法庭对于上述申请，应当作出是否同意的决定。"——编者注

定的，而且要看法官在实践中是怎么做的，法典之外发展起来的看不见的无形的规则。这些不同反映了各个国家在政治、伦理、道德观念上的不同。英美法之所以根据被告的有罪供述来定罪，因为他们强调的是个人自由主义，在他们看来，个人有义务照顾自己，他们知道怎样做对自己有利，怎样做对自己不利。日本、德国、中国及西欧大陆国家传统是家长制的传统，根据这种传统，法官有义务保护个人，比如说在这些国家，都有强制医疗保险制度，这是专制主义的一种体现。社会主义国家强调国家的社会角色，即国家保护个人的角色。

关于无罪推定与举证责任问题。英美法特别强调无罪推定，经常有人批评中国的刑事诉讼法、宪法中都没有无罪推定的规定，对这一点中国不必不高兴，因为西欧国家的法律都没有明确规定无罪推定的原则，因为西欧国家刑事法的基础就是无罪推定。如果中国非要找一个书面证明来证明中国确实在实行无罪推定的话，那可以说中国已在联合国保护人权和政治权利的公约中签字了，而该公约中规定了无罪推定的原则。所以最重要的不在于法律上是否规定了该原则，而在于这项原则在实践中如何起作用，起什么样的作用。在德国，无罪推定这一原则最明显的效果就是要求法院自己必须查明案件的事实真相。我还想进一步讲证据的问题，但是时间不允许，所以就略过去了。下面我简单说一下德国的混合法庭如何作出有罪无罪或者量刑判刑的问题。我们先回顾一下英美的这些问题，英美法在陪审团审判时，要求陪审团必须作出一致的有罪判决，在英格兰，如果陪审团意见不一致，但有 10 个人意见一致时，就可以根据这 10 个人的意见来判决。在欧洲大陆国家，一般都是以简单多数通过判决，在德国，是由 2/3 多数通过。比如在高等法院，一般由两个职业法官、两个非职业法官组成，那么如果职业法官要作出有罪判决的话，他至少要征得一名非职业法官的同意，一个非常有趣的问题是，到底是职业法官还是非职业法官更倾向于作出有罪的判决呢？请看我给大家印发的小册子中列的图表，在低级法院，只有 1.4% 的案件中非职业法官才影响到是否有罪的判决，只有 6.2% 的案件中非职业法官才影响到量刑的问题。所以你们可能会问这样的问题非职业法官到底有没有必要存在。当然回答这一问题不仅仅要看看数字，因为我们无法得知在没有非职业法官参加的审判中，职业法官判决的比例是多少，也许非职业法官是以看不见的方式影响职业法官的判决的，当然这是一个猜测。赞成非职业法官存在的第二个理由是有没有非职业法官审判的质量是不同的。如果都由职业法官来审判，审判的速度就要快，运用的术语也多，但是如果有非职业法官参加审判就不同了，这样不仅非职业法官能听明白，被告也能够听明白。赞成的第三个理由是从民主代表方面讲的，在民诉中可以不用非职业法官，因为那是双方的斗争，而在刑诉中，国家要对个人作公正的处罚，这就需要有公众代表来参加审判。

日本等一些国家，没有陪审团，但对控制审判搞得也很好，在德国，法院有三个责任：第一个责任是发现案件真实情况，调查一切与案件有关的情况；第二个责任是法院应听取第一手证据；第三个责任是听取口头证据，也就是说应听取真正亲眼看见犯罪发生的证人的证言，德国对于传来证据不像英美法那样完全排除，但要尽量避免。如果能找到直接看见案件的证人，就不要找其他的证人，第一手证据与言词证据是结合起来的，如果确立了第一手证据原则和口头证据原则，法官则有义务听取证人证言，不能图省事把警察所做证人证言笔录拿来读一读。法官必须传讯证人到庭进行作证，这将费钱费时，但是，（1）这样可衡量证人的性格是不是真诚，是不是虚伪，等等；（2）警察所作证人证言笔录可能不是证人证言的如实记录，而是总结，总结则有所侧重；（3）通过传讯，法官还可提一些没涉及的问题，补充提问许多国家宪法都有规定，联合国《公民权利和政治权利公约》规定，被告有对抗的权利，而警察询问证人，被告不在场，就不能行使对证人询问的权利，这种权利称为对质权，中国刑事诉讼法第116条规定，可以在法庭上宣读证人证言，这是比较空虚的规定，在德国，认为在法庭上读证人证言是危险的，第一，剥夺被告对质的权利。第二，这使得审判由警察主导起来，因为法官听取警察笔录则使得对审判的控制权、主导权由法官转到警察手里，德国对口头证据有例外，但例外很狭窄，如证人死了、病得太重或出远门，在一些重大案件中，如谋杀案，则证人不能走得太远，第三，主导权由法官手里转移到警察手里，法官好像演警察写的剧本一样，证人出庭很苦。我们找到一个折中的办法，任何法律限制都有折中。有90%左右陪审团审判的案件都是通过有罪答辩解决的，中国及大陆法系某些国家法律规定，只有被告人口供不能判定某人有罪，如果被告作有罪答辩，法官需要弄清被告是不是掩盖了其他什么人？是不是受幻想支配的人？实际上，如果承认有罪的被告人想掩盖某些人，在审判过程中也完全可以掩盖。审判结束，才发现被告撒了谎。在英美，这种有罪答辩程序非常简单，法官把被告、被告律师、公诉人叫到一起，首先让公诉人对公诉做一下总结，法官问被告是不是作有罪答辩。[①] 如果被告作有罪答辩，则案件就结束了。英国现在还是这样，美国最高法院有关文件表明美国社会模式有所转变，美国法官在讯问被告是不是作有罪答辩时，首先调查被告是不是理解有罪答辩的含义，如果被告作有罪答辩，则不再召集陪审团。另外要调查被告作有罪答辩是以事实为根据，并不是审前拘留的结果。调查完这两件事之后，才允许法官讯问被告是不是作有罪答辩，在这点上有点纠问的性质，在中国，没有其他证据只有口供是不能定罪的，但在这一点上是与有罪答辩一致的，因为都以事实为根据，德国法院还有一个刑罚命令程序，公诉人提出申请书给法院，法官同意后就签字生效，等于判决，被告90%都会接受。如果被告接受了判决，则案件结束，不接受才可上诉等，德国有30%案件是通过此种方式解决的。

关于辩护人因职务所获秘密是否应予保守秘密的问题。答案是肯定的，辩护人有保守秘密的责任，有一些案件不保守秘密就受到惩罚。另一方面，根据德国刑法典，如果某一个人听到暴力犯罪正在或准备发生，有义务到警察局告发，辩护人要在这两个义务之间进行权衡，或保守秘密或进行告发，假如他听当事人说我们正准备犯什么罪，律师会马上打断他，防止他听到这样的看法。

德国存在这样的问题，证人在警察那里所作的证言与在法官处证言不一致，法官通常会问，这是怎么回事呀，证人往往会说，我记不清了，我不知道我当时怎么对警察说的。公诉人通常把证人证言拿出来读

---

① 本句原文为“首先让公诉人总结一下公告法官问被告是不是作有罪答辩”，拙编将之根据汉语表述习惯，改作：“首先让公诉人对公诉做一下总结，法官问被告是不是作有罪答辩。”——编者注

一读，但主要是为了唤起证人的记忆，而不能作为证据。德国有这样一种解释，认为警察对证人证言的记录不是对证人证言的逐字逐句的记录，而是总结，所以无意中会有一些变动，比如警察会拿出一些证据让他看，影响证人证言，而在法院作证时，则更公立一些，德国不存在证人受恫吓、逼供的问题，假如证人水平低，警察就会无意中告诉他怎么作证，法官在审问时，前面摆着卷宗，假如证人作证与在警察面前作证不一样，法官就会问他哪一个更准确，证人就会害怕，唯恐定其伪证罪，这种提问是愚蠢的。所以，应鼓励证人作证，而不是阻止他作证，在对抗制审判中，如果法官认为决定性问题未问到，法官就可以建议公诉人、当事人问问这个问题，假如他们不问，法官可以自己问，但当被告律师讯问被告时，法官不愿自己提问，怕剥夺被告的权利，待双方问完后，法官可以问一些所涉及的重要问题，这实际是在对抗制审判中加入了一些纠问式内容。在英国，法官非常活跃，即便有陪审团也是这样，法官总是评头论足。前面讲过，有这样一个案例，英国上诉法院根据记录撤销原判，原因是法官说话太多。

关于省钱的问题，如果程序简便了，就不用证人出庭了，从这个角度讲考虑省钱，第二个省钱的办法是由法官、辩护人、公诉人讨论，确定哪个证人出庭？哪个宣读证人证言，但这个办法很危险，如果授予法官很大权力，就会压制被告律师这一方，法官会问，你真的有必要叫这个证人吗？如果他说有必要，法官就会不高兴，而判决是由法官作出的，结果就可想而知了，在德国，宣读证人证言在实践中很少有。

关于法律对强制证人出庭的规定，德国法律严格规定，证人不出庭，法官就需推迟审判，法官有权让警察把证人逮捕起来，审判时让他出庭，再有，因证人不出庭推迟审判了，证人要补偿这一损失，对其处以罚款，再一是行政罚款。另外，证人出庭而拒绝作证可将他投入六个星期的监狱，过六个星期他仍不作证，则无办法，德国规定证人可以拒绝作证的理由有：一是夫妻双方可以不互相提供证言，父母、子女可以免除作证义务，律师、公证人、税收法律顾问、议会人民代表因职务身份所了解的东西可以拒绝作证，记者可以拒绝作证，文职人员包括法官可以以职务所了解之情无义务作证。二是任何人无义务自控有罪，因为人民观念更加自由，公民应该负责自己的事，假如受到压力，摆脱压力是自己的事，而在大陆法系国家也更加注意照顾公民的权利。

证人出庭可以得到补偿，如饭费、旅馆费等，失去的经济按国家规定补偿，在德国，证人因作证而受报复、被杀的情况很少，一般是在恐怖主义案件中。在德国，如果被告威胁不大，法官就警告他，有些证人害怕你，如果证人出事了，我就找你负责，如被告威胁严重，则将证人保护在一个地方或旅馆里，让警察为其办理护照事后让他换到另一个地方居住，而公民不希望这样。在恐怖主义案件中，关键证人一般是原来的同伙，这样，证人愿意作证，从而摆脱这些人的威胁。

问：现在欧洲许多国家的审判方式都从纠问式转变为对抗式，请问这种转变的实质是什么？这种转变对刑事诉讼目的是否有影响？你是否认为这种转变是刑事诉讼制度的一种进步？

答：你的问题很重要。德国的刑事诉讼法典在审判方式上没什么变化。我今天谈到的一个变化是被告有权提出调取新的证据，中国也是可以这样做的，在中国被告也有这项权利，但是法院可以斟酌是不是允许被告的这一要求。德国以前也是这样规定的，即被告的权利要由法院斟酌决定，但现在已经变化了，被告完全有权利要求调取新的证据。这一点可以说是纠问式诉讼中的一个带有对抗制特点的东西。在德国的法律学者中，有个显而易见的学派，这个学派提倡要遵循欧洲大陆国家的总趋势。即从纠问式诉讼向对抗式诉讼转变。我前面已讲过斯堪的纳维亚半岛上的国家以及葡萄牙等都在进行这种转变。我不想谈这些学者所建议的实行对抗制审判的细节是什么，我只想谈谈他们为什么提倡实行对抗式审判。他们的第一个理由是实行对抗式审判可以使法官更好地查明事实真相，在对抗式审判中，公诉人对案件推出一种看法，被告人则提出另外一种看法，这样就有两种观点，可以帮助法官更好地查明事实真相。至于说这种审判方式在多大程度上帮助了法官查明事实真相，实行对抗式审判后，司法上的错误减少了多少，这是无法确定的，赞成从纠问式向对抗式审判方式转变的第二个理由是：在纠问式审判中，法庭审判是从法官讯问被告开始的，如果被告决定不保持沉默，对他进行讯问就是件令人不快的事。比如在一个偷窃案中，被告辩解说他之所以这样做，是因为他当时很饿，他觉得他应该过得好一些，法官就会打断他，对他说："这些问题与本案无关，你别再说了。"这样审判后，被告就会想，要这种审判有什么意义呢？法官又不让我多讲，经常用这些烦人的问题来折磨我。但是在对抗式审判当中，被告可以听听公诉人那方证人对他的评价，对他的所作所为的叙述，另外他还可以解释自己对案件的看法，这样被告在离开法庭时，他就会想：我有机会进行解释了，即使我被判有罪，至少这还是一个公正的审判。第三个理由对我来说也是最重要的一个理由，就是在纠问式审判当中，法官已看了警察、检察官的记录，对于事先问哪些问题都已计划好了，而不是一个开放式的审判，档案上实际上是放着检察官的眼镜，法官不过是把检察官的眼镜戴在了自己的鼻子上，用检察官的眼镜来看问题。心理学家告诉我们，一个人看什么、听什么与照相是不同的，你往往会带着主观的色彩。这样一来，法官就被改变了，成了一半是检察官、一半是法官。大家知道，法官的工作并不是简单地重复警察和检察官的工作，他的任务是进行过滤、审查以便查明案件的事实。第四个理由就是宪法的变化，宪法保护公民免受国家权力①之侵害，比如说国家不许个人建筑等行政行为，这在过去是最终的决定，个人无权要求重新处理，但是现在则可以到法庭起诉，这种转变是宪法上的新思维，也是政治上的新思维，现在认为法院不仅仅要查明事实真相，而且要作为国家权力②的过滤层。但是在纠问式审判中，法官一方面保证不能错误地定罪判刑，另一方面法院又是国家行政机关的一部分，这与上述的新思维是不相符合的。现在有宪法法院，宪法法院不仅在行政法上保护公民人权，而且在一切法律领域保护公民的人权。在19世纪，国家的权力③很大，没有什么人权可言，在20世纪，如果说我们人类有什么进步的话，那就是除了那两次可怕的世界大战以外，还发现保护民权是如此的重要，而且还发现了实施民权的机制——法院，法院应当作为公民的保护人，检察官认为是对的，法

---

① 中文原文此处使用"国家权利"四字，有讹误，拙编将之校改为"国家权力"。——编者注

② 同上。

③ 同上。

官还有调查权，只有经过法院调查属实后才能最终确定。不知道对抗制审判是不是最好的审判方式，但是至少比纠问式审判方式好些。

问：英国目前的审判方式正发生着一些不同的变化，从这些变化看，能否说世界的潮流也是从纠问式审判到辩论式审判转变呢？

答：回答你的问题需要再来一次讲座，我想从你的问题中挑出两个问题。第一个问题是从纠问式审判到对抗式审判方式的转变，并不需要一定引进陪审团审判方式，以前我们讲过斯堪的纳维亚国家，西班牙、葡萄牙等国家都引进了对抗式的审判方式，但是他们并没有实行陪审团的审判，在这些国家，或者由混合法庭审判，或者像日本一样，完全由职业法官组成法庭，在对抗制审判中，审判的职业性比陪审团审判的职业性更强一些。美国的陪审团审判像演电影一样，很热闹，英国的陪审团审判并非如此，而是很安静，在没有陪审团审判时，花费的时间要节省一些，陪审团一天能考虑的事，没有陪审团的法庭 1 小时就考虑完了。还有一个问题：英国要削减由陪审团审判的案件的数量，英国 1% 案件是由陪审团审判的，99% 的案件没有陪审团审判，英国为什么要进一步减少由陪审团审判的案件呢？因为陪审团审判更昂贵，一个由陪审团进行审判的案件的花费就等于一百个没有陪审团审判的案件，所以说，在英国的经济情况不太好的今天，人们已不像过去那样对于做陪审员那么着迷了，所以英国减少由陪审团审判的案件，但并不是完全抛弃陪审团制度。还有一个问题：英国的对抗制审判为什么含有纠问式的因素更多一些？我不清楚，我问了英国人，英国人也不知道是为了什么。英国人觉得他们的对抗式审判在实践中出现了一些问题，所以就想是不是让法官的作用更大一些，让纠问式的色彩更浓一些，是不是可以避免一些执法不当。我告诉英国人：在其他实行对抗制审判的国家也有执法不当的问题，可以让对抗程度稍高一些或稍低一些，这些是可以改变的。在英国，无论是在有陪审团参加的审判当中和没有陪审团参加的审判当中，法官发现证人答非所问，法官也会告知证人回答被询问的问题，如果是公诉人提问不得要领，法官也会加以干涉。在一个案件中法官打断公诉人和辩护律师次数太多了，以至于上诉法院就以此为理由撤销了原来的有罪判决。上诉法院的理由是：公诉人和辩护律师双方不能以被干涉的方式提出案件的看法，所以判决被撤销。我们看看美国的情况，如果证人答非所问，那么就会认为这是公诉人和辩护双方的问题，他就会告诉证人回答有关问题。所以在美国，无论有陪审团审判的案件还是没有陪审团审判的案件，法官一般都处于一种中立的立场，所以总的来说美国的法官比英国的法官要沉默一些。这就是说同样是对抗式审判，对抗的程度也不一样，实行纠问式诉讼的国家也是一样，甚至在不同地区、不同时期、纠问的程度也有所差别。

五、德国刑事诉讼中的强制措施

今天我要讲的是刑事诉讼中的一个专门领域，在中国称强制措施，在德国称对人权的限制。刑事诉讼法是对人权的保护，美国的一位著名的律师说过：刑事诉讼法的发展历史就是保护人权的历史。强制措施有许多，传统的有逮捕，即短期剥夺一个人的自由，还有一种叫审前拘留，在较长时间内剥夺一个人的自由，除上述之外，还有扣押、强迫医疗，除这些传统的强制措施之外，还有一些现代的强制措施，这里没有强制问题，如电话窃听。我没有时间论述所有的强制措施，我只挑出其中的一两个来讲述，所有的强制措施都面临这样三个问题：一是谁有权发布命令来采取这些强制措施？法官、公诉人还是警察机关呢？第二个问题是在什么条件下才能命令对人权进行侵犯？过去在中国、在欧洲是由实施命令的机关进行斟酌的，而现在需要对人权进行保护了，所以各国都规定了许多条件，对有权决定强制措施的机关的权力[①]进行限制。第三个问题是申诉权的问题，即权利被侵犯的人如何行使申诉权。我之所以用一个比较广的概念“被侵权的人”，是因为被侵权的人不仅是被告，有时还包括证人等。现在进一步讲两个较为重要的强制措施，即逮捕和审前拘留，刚才提到的逮捕不再详细讲了，我给你们发的表中已列出逮捕的条件。如果我对中国刑事诉讼法理解正确的话，中国与德国在这

① 中文原文此处使用“权利”两字，有讹误，拙编将之校改为“权力”。——编者注

一点上没有什么大的区别；现在我想提请大家注意的是，中国与德国法中关于审前拘留存在的巨大区别。我们按照上面提到的三个问题来讲，一是谁有权命令采取强制措施？德国法规定只有法官才有权命令采取审前拘留，德国的宪法也是这样规定的，使这点成为保护人权的标志。

为什么只有法官才有权决定逮捕呢？有人会说调查和侦查由警察或检察官进行，他们知道最好采取什么措施，需不需要逮捕被告，所以应由他们决定，这个疑问很好回答，正因为警察或公诉人太熟悉案情、他们太容易关心自己的事务，当他们对被告有怀疑时，他们太容易作出逮捕决定了，美国苏斌教授来此讲过美国的正当程序模式和犯罪控制模式，我看应有五个模式，加上人权保护模式，让法官决定审前逮捕，这是人权保护模式的一个标志。因为法官不介入调查，不会先入为主，能起到独立的过滤层作用，他可以控制警察和检察官的行为，法官不是橡皮图章，他和警察或检察官之间不可能形成工作关系，法官要告诉公诉人：你们有举证责任，拿出证据来说服我发出逮捕证是必要的，假如法官签发逮捕证，则逮捕证必须采取书面形式，不允许口头形式。为什么德国人喜欢书面形式？书面形式不是告诉法官该怎样写，而是要求法官详细说明必须逮捕的理由，这样便于复查也便于上诉法院对案件的审理。有人说，如果你对某人很好，某人可以从你这儿得到他想要的东西，这一点会不会适用于检察官和法官呢？回答是否定的，假如检察官已准备好了书面的逮捕证，详细说明了理由，法官又很懒惰，签个字了事，这是绝对不允许的，法官必须自己思考、自己书写，如果法官不自己想、自己写的话，法官就成了橡皮图章，作为橡皮图章，秘书就行了，用不着法官。法官是独立的过滤层，过滤检察官的东西。

让我们回过头看中国法是怎么规定的，按中国法规定，检察官和法官都有权决定逮捕，我不知道实践中，哪个机关发布逮捕证的情况更多。中国的检察官有权决定逮捕，这点与德国法规定不同，问题不仅在这里，中国在联合国关于公民权利和政治权利公约上签了字，按该条约的第9条规定，逮捕只能由法官或行使法官权力的人行使。中国检察官不是法官，也不行使法官的权力。所谓行使法官权力的人，按公约解释：（1）名称可能不叫法官，但他必须独立于检察力量、侦查力量；

(2) 还必须没有上下级隶属关系，所以中国法规定与这个公约是有矛盾的。

下面我谈一下，在什么条件下可以发布逮捕证。大家可以看一下提纲第2页，第一个理由是强烈地怀疑被告犯了罪，第二个理由需要有以下特定的情况：(1) 嫌疑犯已经逃脱了司法机关的控制；(2) 有逃脱制裁的危险；(3) 有毁灭证据的危险；(4) 犯了最严重的罪行，谋杀、杀人等；(5) 有重新犯罪的可能，如性骚扰、诈骗、入室盗窃等。

第三个发布逮捕证的理由是比例性，即与犯罪轻重成比例，你不能用大炮打小鸟。比如说溜门撬锁这类犯罪，警察对被告说，你把地址留下来，以便将来审判时通知你出庭。被告说，我没有住所，有时住在朋友家，有时住在大桥下，那么这个人有逃脱审判的危险，但在这种情况下，法官也不能发布逮捕证，否则与其犯罪性质就不太协调了，尽管司法机关要冒该案延期审判甚至不能审判的危险。

我们再看看中国的刑事诉讼法，中国刑事诉讼法关于逮捕的严格条件与德国刑事诉讼法规定非常相似。我要是没理解错的话，逮捕除了适用已经构成犯罪的被告外，还要求具备被告有逃跑或毁灭证据的危险，在这个意义上中国法比较接近德国法和美国法，但美国法官往往不遵守法律规定，大家知道美国法官从优秀的律师中选拔，美国法官受到更大的信任，斟酌权也更大。中国和德国法官受法律的限制、指导，实行职业法官制度。

下面我简单谈一下保释问题，按德国法规定，保释须经两道程序，首先法官得决定是否发布逮捕证，其次才是在什么情况下对被逮捕的人允许保释。这两道程序，程序不能颠倒。保释可能是被告每周给警察打个电话，说我还在指定的地方，或和特定的人待在特定的区域，或没有离开工作，或在亲属的陪同下才上街，或交纳保释金。按中国刑事诉讼法规定，中国对保释的态度和德国差不多，德国也允许交纳保释金获保释，但使用得远不如美国普遍，美国传统的州使用保释金的情况更多。

在什么条件下被逮捕的人有权申请撤销逮捕？按照英美法，有人身保护令的规定，根据德国法，警官口袋里装着逮捕证，他将被告逮捕了，目的不是将其送进监获，而是立即毫不迟延地将其交给法官，如果在农村逮捕被告或遇有暴风雪等情况，最迟不能超过逮捕之次日。法官要做以下工作：首先，告知被告有沉默权，如果被告愿意回答法官的提问，法官应当用自己的问题给被告提供一个辩解的机会，被告可申辩警官或检察官的看法是错误的。法官不是代表控诉人去责备被告，他必须是一个独立的过滤层。其次，如果指控正确，法官还得看是否需要逮捕，或者维持数周乃至数月之前已经签发的逮捕证效力，这就是人身保护制度。但这种保护还不够，除此以外，德国法允许被告向法官申请撤销逮捕。虽然逮捕是经法官批准的，但赋予被告该项权利仍很有意义。如果被告有个好律师，律师会对被告说，别着急，耐心点，让我找一些对你有利的证据，证明你没有犯罪或虽已犯了罪，但并不像所指控的那么严重。被告律师收集的证据好比轰击逮捕证的弹药。假如被告第一次申请撤销逮捕被驳回，被告当然会很悲哀。法官说，别那么伤心，我理解你，你还有申请撤销的机会。被告说我现在就申请，法官说这毫无意义，因为没有新情况、新理由，3 个月之后才可以提出。3 个月的期间，控辩双方都会找些新的证据，法官必须每隔 3 个月重审一次，这就是自动人身保护令。如果羁押期间超过 6 个月，法官则需将案卷提交上诉法院，因为上诉法院事先没有接触到案卷，可以避免先入为主，更能客观地作出是否必须逮捕 6 个月以上。如果上诉法院认为不需要逮捕，被告必须立即被释放。除上述人身保护措施还有一些特别的人身保护措施：被告可以就申请撤销逮捕证上诉于宪法法院，宪法保障公民自由，被告认为自己的人身自由被侵犯达这么长时间，是违反宪法的。宪法法院可以命令释放被告。如果被告请求被宪法法院驳回，被告还可就同样的理由上诉于欧洲人权法庭。该法庭是专门维护个人自由的，它认为你们逮捕被告这么长时间，是违反我们所理解的个人人身自由的，应当释放，欧洲人权法庭有权作出这样的决定，德国曾有个案子上诉于该庭，虽然该庭维持了逮捕证，但同时警告德国有关审前逮捕规定的欠妥之处，德国据此进行了修正，其他欧洲国家也纷纷效仿，由此可见欧洲人权法庭的权威。

问：如何理解德国刑事诉讼法逮捕条件中“强烈怀疑某人有罪”？

中国刑事诉讼法中逮捕条件之一是“主要犯罪事实已经查清”，对这点我们理论部门和实际部门对我们中国的规定有些不同看法，说这个要求是不是太严了，不利于我们侦查的顺利进行。现在请问赫尔曼教授刑事诉讼法的规定，从理论上怎么理解，实践上怎么把握？这个问题如果能够回答的话对我们是个很好的借鉴。

答：这个问题很有趣，中国的条件是“主要事实”，德国是“强烈地怀疑”。从“强烈怀疑”到“主要事实”不是一个质变。德国法这样规定是法官享有这样一个趋势，审查是不是要发出逮捕证时要起到一种审查的作用，你必须搞得非常确实才行，你没办法通过具体数字来表示，必须50%肯定他犯了罪，必须超过50%，没办法说出具体数字。法官是不是确信应该发出逮捕证这是人的一种情绪决定的，不可能给一个确切的数字表明有多确实、多强烈。德国没有任何人包括律师认为“强烈怀疑”这个标准太高了，使得发布逮捕证不可能，就是说要求太严了，法官没法发出逮捕证。开始侦查的时候是普通的怀疑就行，但审前拘留是对被告人来说更严厉、更痛苦，在这个时候你仅仅要求普通怀疑是不行的，而必须超过普通怀疑，这就是“强烈怀疑”。大家都认为“强烈怀疑”这个标准是合适的。

当然了，“强烈怀疑”必须基于证据，你不能说这个家伙不好，他以谋杀为业，他祖先就因为谋杀被处死刑了，你不能因为这个就发出拘留令了，必须有诸如证人证言、被害人证言、情况证据等证据，仅靠法官、检察官、警察的推理是不行的。我再补充一点，在书面拘留证里面有关于拘留理由的说明，这是德国法的规定，要说明什么时候、在什么地点犯下了被指控的罪行。你还要指出你“强烈地怀疑”基于什么事实，你还要援引你拿什么证据来证明你这些事实。

问：请问德国刑事诉讼体现的是什么样一种模式？

答：谢谢你这个有趣的问题，刑事诉讼有三个模式，德国没有一个很鲜明的分野，就是这个模式，不是别的模式，德国的应是这三个模式的折中，在有疑问的时候你更倾向于其中的一个模式。在不同情况中，不同模式占着主导地位，比如说对审前拘留很可能做出审查，如人身自动保护令，这个你可以说是“正当程序模式”。如果被告太傻或太松懈自己不提出异议来要求撤销拘留证，那么依德国法的规定在一定意义上代表政府的法官自己应保证进行审查，不要冤枉被告，这一点上也可以说是体现了“社会模式”。至于说到“犯罪控制模式”，德国实行的是纠问式审判，赋予被告人的自由比较少，发表自己对案件的看法以对抗公诉人那一方的观点较难，这个也可以说体现了“犯罪控制模式”。分出三个模式，在判决时不要走极端，不要从一个极端走向另一个极端。

问：怎样理解社会模式?

答：社会模式是典型的一种欧洲国家的态度，它来自德国和其他欧洲大陆国家。这个对中国政府也有用处，任何政府都应照顾她的人民，假如一个人的教育水平很低，不能自己照顾自己，国家要为他提供医疗保险、老年保险等，这些适用到刑事诉讼当中也应当采取一些措施去照顾自己的公民，如一个被告，人很坏，但也是值得帮助的，有权获得辩护律师。这与英国和美国是不一样的，在英美，假如被告说我不想要辩护律师，那就没有辩护律师，审判就在没有辩护律师的情况下进行。在欧洲大陆这是不行的，假如案件很严重，或者是被告有精神病，那么在这种审判中被告必须有律师，律师是强加给被告的，即使他不要律师，法院也要为他指定律师，因为社会要帮助他。法官会说你不知道什么对你最有利。这种态度是典型地反映了社会模式。所以大家可以看出在刑事诉讼中并没有明确地表示出哪种模式，都是几种模式的折中，不过在不同情况下有不同的侧重而已。

问：为什么你认为对抗式诉讼优于纠问式诉讼?

答：我想你提出的问题是针对我上次赞成对抗式审判而提出来的。中国和德国都实行纠问式审判方式，如果我一味地赞成对抗式审判就会被误解。我们不是生活在天堂上，什么事情都有应受批评的缺陷，以美国为例，美国实行陪审团陪审制度，美国大多数辖区，法官很少开口，美国有一条对法官的规则就是不予评论，法官一开口说话，大家就会仔细地听，看法官的想法是什么，从他的言谈中猜猜将来案件怎样判决的暗示。美国认为陪审团有权决定被告有罪无罪，法官的嘴被砍掉了。有一个判决曾在上诉中被撤销，理由就是在证人提供证言时法官大吃一惊，把笔掉到了桌子上，这表明了法官的态度，他不相信证人的证言。按美国这种制度，公诉人与辩护人双方进行争论，法官只是个裁判，他就管双方不要乱打拳，要遵守拳击规则，不能犯规，其他事情都是陪审团的事情。

美国的这种制度是很根本的，法官无权对案件进行评论，没有权力介入案件，这就使公诉人和辩护律师双方特别活跃，咄咄逼人，审判成了在陪审团面前的卖弄。所以美国人说雇一个律师就像买了支枪，打公诉人用。这种情况我不知发生的频率有多大，但是我阅读上诉法院的案卷中得出上述的看法。在双方辩论后，法官要向陪审团做出解释的，在这个法官评论的辖区里，法官在总结时提供的事实很少，远远不够，不足以使陪审团得出对案件的正确的看法，因为陪审员都不是法律专家，他们不可能形成自己的看法，他们的印象是支离破碎的。

美国的多数辖区法官不允许评论案件，但有一些辖区法官的嘴没有被砍掉，允计他们介入诉讼，这有利于法官发挥作用而不利于陪审团发挥作用。

下面咱们看英国的，讲到这儿，对抗式审判没有一个确定的方式，每一个实行对抗制审判的国家都有自己不同的对抗式审判制度。英国实行的是对抗式审判，但英国的法官起着主导作用，不断地听取证据，可以打断公诉和辩护双方的提问，还可以告诉辩方律师说你的当事人答非所问。前些日子讲过这样一个案例，就是因为法官对双方对质干涉太多所以原审法院的判决被撤销了，上诉法院的理由就是原审法院的法官对双方的干涉太多以至于双方不能以不被干涉的方式来进行对抗。所以可以看出英国的对抗式有很多纠问式审判的因素，这可以说是英国审判方式的一个典型缺陷。近来英国上诉法院通过了几个判决，明确这样的措辞告诫下级法院不要过多地干涉公诉和辩护双方在法庭上提供证据。

关于这个问题我再最后说几点：

第一，没有一个理想的审判制度，如果有的话，那么人类在几千年的历史中早就找到了。

第二，我们讲了英国的对抗式审判方式，但审判方式并不是一个静态的东西，你看一看18世纪和19世纪上半期英国的诉讼制度就不强调对抗性。不知你们读过狄更斯的小说没有，做一个证人比做一个被告更难过，被告可以保持沉默，证人在公诉人和辩护人之间被问来问去。

第三，虽然我来自德国，但赞成对抗式审判制度。我并不是说对抗式是理想的解决办法，如果允许折中的话，我还是倾向于对抗式审判，因为它的危险或者说风险比纠问式审判要小。

问：保释金制度在德国是否经常被适用？

答：保释金不常用，不是保释不常用。在德国，保释制度是经常适用的，但保释金很少采用作为保释的附加条件之一。因为德国的刑事法官认为不可将保释制度商业化，或者说富人付得起钱，穷人付不起钱。

举个例子，你们一定很陌生，在大的诈骗案件中，企业的高级经理诈骗，法官当然认为应当将他拘留，因为他们有逃跑的危险，他们在世界各地有关系网，如果他跑到加拿大去了，而加拿大规定商业犯罪不得引渡，那就没法把他弄回来了。如果审前拘留他，那么企业又没有经理了，企业节奏非常快，若没有一个好的经理企业一年就跨了，失业人数就增加了，出于这种社会的考虑，法官在这种情况下往往允许高级经理保释，但保释金很高，有几百万，上千万，经理人员没有这么多的现金，就要到银行贷款，这对经理当然不是好事，他对银行说我做了一些不好的事，警察要来抓走我。抓走我，我的企业就破产了，破产了你给我们企业的贷款也就完了，所以你给我本人贷款，让我去交保释金，这样他才能得以保释。可以看出这是保释金的一种很奇特的例子。

银行一般是出具一张保证书，保证假如被告人逃跑了，失踪了，银行就要把这笔钱交给法院。银行在提出保证之前，就要问这位经理有什么财产，比如城市里的房子、效区的别墅、汽车，银行就要在这些财产上设立抵押权，如果经理逃跑了，那么他所有财产就失去了，他就一无所有了。所以说刑事法院关心的是法律的施行，调和不同的利益、不同的需要。

六、关于对抗式与纠问式两种审判模式的评价

大家对对抗式审判与纠问式审判都已经很清楚了，我再简单总结一下对抗式审判。在对抗式审判中，是由公诉人与被告人双方来提出证据的，法官任务是保持沉默。有一个年轻的英国法官在第一次开庭审判时事先问年长的法官说："我怎么准备这次审判呢？"年长的法官就告诉他，你去的时候带一杯茶，喝一小口，但是你别咽，当审判结束时你出来再把这口茶吐了，你在整个审判过程中要保护沉默，不要说话。一个很重要的案件的判决这样说：如果法官参加对证人的询问，就如同你在看马戏团表演时走上去与动物打斗起来。打斗时尘土飞扬，就不能看清案件事实，所以法官不能参加审判。

在纠问式审判中，法官讯问被告，询问证人，或审查其他证据。法官是最忙的人，如果进行这样的审判，法官事先要进行准备。阅读由警察或公诉人准备的案卷；这样做继续并代替了警察的工作，在法庭审判中，没有经验的被告会称法官为公诉人先生，而法官认为自己比公诉人高一等。但被告这样称呼说明他真正理解了在纠问式审判中法官的作用。

下面介绍一系列反对纠问式和反对对抗制的观点。从大陆法系国家来看，在纠问式审判中，作出判决、询问证人，由法官进行。法官主动决定问什么问题，问哪个证人、哪个问题。而在对抗制审判中，法官坐观，等双方提出问题，双方在询问中提出合适的问题；这是大陆法系国家对对抗制审判的批评意见，当然，在对抗制审判中，法官可以补充提问，但必须避免对控辩双方干涉太多。在对抗制审判中，法官坐在司机后面，对司机指手画脚。反对对抗制的另一个理由是在对抗制审判中，由双方提出证据，但公诉人有非常重要的检察机关作后盾，为与此保持平衡，必须保证每个案件都有律师，这个代价是很大的。在英美，并不是每个案件都有辩护人，假如公诉人在法庭上咄咄逼人，那么法官的工作是帮助被告说明对案件的看法，保证被告得到公正审判，保证被告有机会说明自己的观点，保证被告可以向证人问一些问题。这是没有法律

规定的，是在实践中发展的。英国有句话说法官是被告最好的辩护律师。反对纠问式审判的理由是，法官需要做的工作太多了，根据心理学研究，如果工作负担太多，可能使一个人头脑混乱作不出明确决定，当然这个心理学研究是以实验室为背景的，假如工作负担太多，很可能作不出非常清楚的结论，在纠问式审判中，法官看公诉人准备的案卷，必然受公诉人意见影响，戴上公诉人、警察的眼镜。在很多案件中，可以有很多不同的观点，如正当防卫，防卫限度是不是超过了，是过失还是故意，但法官阅读公诉人准备的案卷，就戴上他的眼镜，仅从他们的观点看待这个案件。

反对纠问式审判的第二个理由是，法院应该保护公民免受政府压制。在英美等国，法院一直负有这个责任。但欧洲、亚洲并不是这样，在纠问式审判中，法院是实施国家惩罚个人的一个权力机关。不过在近五十年，法院的作用开始变化，如中国，建立了行政法庭，公民可以对政府起诉，要求获得救济办法，欧洲大陆国家也有了行政法庭。所以说，法院作用的转变从国家实施权力机关到维护公民权利机关就是建立了宪法法院。德国、西班牙、葡萄牙、意大利都建立了宪法法院，它只有一个工作，就是根据宪法保护公民权利不受国家权力侵犯。所以，纠问式法院已经过时。老式法院法官还要兼调查、讯问，这是冲突的。好比两只手，一只手调查，另一只手还不能管得太严，怎么解决角色冲突，按英美法系的做法是把审判中法院纠问式角色剥夺。

赞成对抗式最后一个理由是，在纠问式审判中，实际上视被告低人一等，审判从讯问开始，如果被告试图提出对这个案件的看法，法官就会打断他，不让他说下去，法官牵着被告的鼻子走，问什么说什么。在对抗制审判中，首先不是讯问被告，而是公诉人指明，提出证据到一定程度，被告才有机会阐述自己的看法，无论看法是否正确。被告律师还可以交叉讯问，对证人提出疑问，其意义是对抗制审判给被告角色予以平等的地位。在现代社会中，公民是很活跃的，如公民可以提出对政府的看法，对环境保护的意见，公民积极参加政治生活。在其他生活领域，公民的角色是积极的，而在刑诉中，被告低人一等，与现代趋势不符合。如果被告被定罪，他还是可以高兴地说，虽然被判有罪，但我有机会说话，比较易于接受判决。而在纠问式审判中，如果被告被判有罪，被告人会说，这是法官对我约束的结果，这对我是一种压制，而不愿按受判决，赞成也好反对也好，这是属于政治范畴的，而不像物理学上赞成、反对界限清楚。但我想说，许多国家从纠问式到对抗式的转变是成功的，近百年来，许多国家进行着转变，20 世纪 50 年代的瑞士，日本从第二次世界大战后由纠问式转到对抗制，近十年来，意大利、葡萄牙也变成了对抗制，德国还未改，但德国学者赞成对抗制。在东欧，不再想走纠问式道路，他们想从社会主义模式直接转到对抗制。就意大利来讲，它刚从纠问式转变到对抗制时，并不适应，法官说话太多，公诉人不能接受，后来就逐渐适应了。

资料 1：德国刑事诉讼中案件的进展过程

谁来负责?
检察官和警察

预 备 程 序
侦查、收集证据
第一次过滤：检察官的决定 → 诉讼的终止

→ 刑罚命令的动议 → 发布刑罚命令 → 被告人的控诉 → 主要程序

→ 起　诉 → 决定是否指控的程序
第二次过滤：法官决定是否开庭审判 → 决定不开庭审判

→ 决定开庭审判

法　官

法　官

主 要 程 序
—审前准备
—审　判
第三次过滤：法庭的决定 → 宣告无罪 → 检察官上诉 → 上诉程序

→ 证明有罪并做出判决
被　告　上　诉

上　诉　程　序
—重新审判
—因误审而上诉
第四次过滤：上诉法庭的决定 → —要求下级法院重审
—宣告无罪

→ 维持有罪判决

资料2：刑事审判的步骤

德　国	美　国
1. 法官开庭	1. 选择陪审团
2. 法官查明被告、辩护律师、证人和鉴定人是否到庭	2. 书记官宣读起诉状（大陪审团的起诉书、检察官的告发书）
3. 法官告知证人的义务	3. 如果检察官、辩护律师愿意，由他们做首次陈述
4. 证人退离法庭	4. 检察官出示证据：检察官进行主询问，辩护律师做交叉询问
5. 法官讯问被告人的个人情况	5. 辩护律师提议直接做无罪宣告
6. 检察官宣读起诉书	6. 被告方出示证据
7. 法官告知被告人有沉默权	7. 检察官出示反驳证据
8. 法官就指控讯问被告：以卷宗为基础进行主询问和交叉询问	8. 辩护律师出示答辩证据
9. 法官出示证据并就卷宗询问证人、鉴定人	9. 检察官和辩护律师向陪审团做终结辩论
10. 法官调查之后，检察官、辩护律师和被告人可以提出其他问题	10. 法官对陪审团做出指示
11. 检察官和辩护律师做终结辩论	11. 陪审团评议并宣告
12. 被告人做最后陈述	12. 判决过程：双方出示证据，法官做出决定
13. 法官退庭评议是否有罪并做出判决	
14. 法官回到法庭宣告判决	

资料3：职业法官和非职业法官对定罪量刑的意见一致和不一致的频率如何？

（一）美国

美国陪审团（1966），P. 62
法官和陪审团意见分歧一览
（3576起审判案件中得出的百分比）

在定罪方面的分歧		19.1
法官决定免罪	2.2	
陪审团决定免罪	16.9	
陪审团认为是悬案		5.5
法官决定免罪	1.1	
陪审团决定免罪	4.4	
仅关于指控的分歧		5.2
法官认为罪行较轻	0.7	
陪审团认为罪行较轻	4.5	
仅关于判刑的分歧		4.0
法官更宽大	1.5	
陪审团更宽大	2.5	
关于整个判决的分歧		33.8%
法官更宽大	5.5%	
陪审团更宽大	28.3%	

（二）德国

德国刑事法庭中的非职业法官，法律研究杂志（1972），135，190

		定罪	判刑
没有初始的分歧		93.5	79.9
分歧未经让步或经多数投票同意而被消除		5.1	13.9
非职业法官对判决的影响		1.4	6.2
以无罪认定代替有罪认定	0.7		判决较轻 4.8
被定以较轻罪名	0.2		判决较重 1.4
以有罪认定代替无罪认定	0.5		
案件总数量	（1245）		（1093）

资料4：刑事审判的不同模式

	犯罪控制模式 以警察为指导	正当程序模式 以公正为宗旨	社会模式 以社会康复为宗旨
刑事审判的目的	有效率的指控和镇压犯罪	追究犯罪与保护人权的均衡	社会康复和犯罪人的改造
决定案件的机构	警察、检察官和法官	仅限于法官	精神治疗家和社会工作者
决定案件的正当理由	犯罪控制的效率	公正	康复的效率
诉讼形式	根据警察提供的卷宗办案	为保护被告人权利而公开审判	在私人气氛中对被告进行精神治疗式的对话
决定案件的地点	警察、检察官、法官的办公处	法庭	在精神治疗家和社会工作者房间里围桌而坐
决定案件的时间	尽早	审判终了	在查明犯罪事实和犯罪人个性之后
定案的依据	出于犯罪控制的考虑而任意决定	刑法典的其他法律条款	康复计划和对犯罪人未来发展状况的预断
复审的可能性	没有或有限的复审	设有保证判决公正的上诉体系	出于精神治疗的原因不断进行复查

资料5：德国刑事审判系统中的审前逮捕与拘留

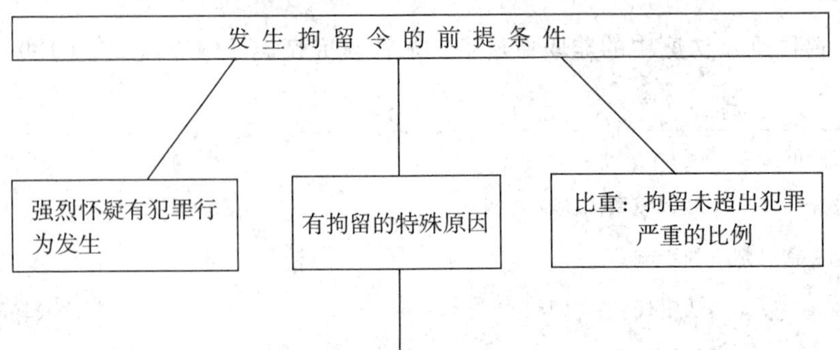

拘留的原因	拘留的五个特殊原因 必要的证据	拘留的目的
1. 嫌疑人已逃避审判	被告人逃避的事实得以确认	保证审判时嫌疑人到庭
2. 嫌疑人有逃避审判的机会	根据案件事实有危险存在	保证审判时嫌疑人到庭
3. 嫌疑人有毁灭证据的危险	有强烈的怀疑	保护审判中必要的证据
4. 犯有极为严重的罪行（谋杀、误杀）	有强烈的怀疑	隔离犯有极为严重罪行的罪犯
5. 被告人有重复犯罪的危险	有强烈的怀疑	保护公众免受进一步犯罪的侵犯

拘留令的发布和执行
1. 检察官向法官提出发布拘留令的申请。 2. 只有法官有权发布拘留令。 3. 拘留令由一名警察或（有时）由检察官执行。被告人被捕。 4. 被告人被告知有关拘留他或她的详细情况。 5. 被告人必须马上被带到法官面前，最迟不超过第二天结束时。（自动人身保护令状） 6. 当被告人被带到法官面前，法官的职责： —讯问被告人。 —决定是否维持拘留令的执行。 —决定是否中止拘留令的执行。根据假释等释放被告。 —如果被告人未被释放则告知被告的亲属或被告所信任的人。（人身保护令状） 7. 被告在任何时候都可以向发布拘留令的法官提出取消命令的申请。 8. 如果被告没有律师也未提出复查，则拘留三个月后，由发布命令的法官自行提出对命令进行复查。 9. 拘留六个月后，拘留令须交上级上诉法院复查。如有特殊困难或需进行特别侦查或有其他重要原因，拘留可超过六个月。（自动人身保护令状）

逮捕——暂时拘留		
由谁来逮捕	谁可以被逮捕	在什么条件下，一个人可以被逮捕
任何人	—任何正在实施犯罪而被抓获的人 —在犯罪后立即被追踪的人	1. 有理由认为嫌疑人可能逃跑 2. 如果嫌疑人的身份不能立即查明
检察官、警察	任何被强烈地怀疑实施了犯罪行为的人	1. 如果具备了拘留令的五个条件中的一个 2. 来不及申请法官发布拘留令时
被逮捕的人必须立即被带到法官面前，最迟不超过第二天结束时		

专题二
《德国刑事诉讼法典》中译本引言*

一、总体提示

提示一：阅读《德国刑事诉讼法典》中文译本的读者，很有可能会认为这部法典很好理解，因为它在结构、条款、规定甚至概念、术语上与《中华人民共和国刑事诉讼法》（以下简称《中国刑事诉讼法》）有着明显的相似之处。导致这种情况的，可能主要是由于中国法律与欧洲大陆法系法律，特别是与德国法律在历史上有一定渊源的缘故。尽管中国和德国在社会、政治的发展道路上走的道路完全不同，可是两国的刑事诉讼法所体现出的法律政治思想，其亲缘性却是十分的鲜明。

提示二：中国和德国的刑事诉讼法虽有相同性，却并不意味着两个法律之间不存在有根本性的差异。《中国刑事诉讼法》是在“文化大革命”之后推出的，当时在中国涌现出一个立法浪潮，为的是将各种社会关系置于一个新的法律基础之上。《中国刑事诉讼法》就其条文、字句而言是一部现代法律，坚定不移地贯彻了一个统一的法律政治纲领。与

---

* 原载李昌珂译《德国刑事诉讼法典》，中国政法大学出版社 1995 年版，第 1 ~ 19 页。约阿西姆·赫尔曼在引言中多次对德国和中国的刑事诉讼法的异同作了比较，这种比较有助于读者对德国刑事诉讼法特点的了解。

之相比，德国刑事诉讼法就堪称古老了。它是由德意志帝国在1871年成立之后，为维护自己在法律方面的统一而制定了一系列法规中的一部，生效于1879年。从一开始起，德国刑事诉讼法的特点，就不怎么在于它拥有统一的方案，而更在于它不得不在那些并入德意志帝国的前地方邦国所拥有的、在某些问题上天悬地殊的法律秩序之间所作出的妥协。

德国刑事诉讼法虽是一部古老的法典，可从制定之日到如今，它已经经受了许多次修订与修改。今天的德国刑事诉讼法，在很多方面表现了德国历史上的风云变幻；在不少地方与刚诞生时相比甚至是面目全非。因此，德国法学者称德国刑事诉讼法是一部可以用地震仪来形容的，详细记载了德国政治、社会和经济上的震荡变化的法律，并非是不无道理的。

提示三：《德国刑事诉讼法典》中文译本的读者，应当注意不要因为中国和德国的刑事诉讼法在术语或者结构上具有相似之处而陷入误解。譬如，仅从条文而言，中国和德国的刑事诉讼法所规定的检察院与警察之间的关系似乎是相同的。然而实际上，两国刑事诉讼法在这个问题上有一个根本性的差别。在德国刑事诉讼程序中，警察所起的作用，始终受限制，仅是一个检察院辅助机构。而在中国的刑事司法实践中，警察却是一个具有自己权威、在很大程度上独立于检察院的权力机构。

提示四：中国刑事诉讼法和德国刑事诉讼法还有一个相似之处是，两个法律都没有对所有的涉及刑事诉讼程序的有关事宜作出规定。譬如，关于德国法院的组成和管辖权，就是由同样是在1879年生效的《法院组织法》所规定的。该法在一定方面可以与中国的《人民法院组织法》相比。但是，德国没有制定专门的检察院组织法；对德国检察院的权力、权限，一并由《法院组织法》作出规定，这不同于中国。1961年颁布的德国《法官法》，确定了法官的权力与义务，尤其是对法官的独立性作了具体规定。1959年制定的德国《联邦律师法》，为律师自由、独立的地位奠定了法律基础。与中国的法制情况不同，在德国从1923年起就有了特别的青少年法院程序，1953年颁布的德国《青少年法院法》，为青少年（14～18岁）和正在成年的人（18～21岁）制定了主要由教育思想主导的特别程序。

对德国刑事诉讼程序具有特别意义的，是被称为“基本法”的德国宪法。宪法对于法官独立性、公民自由、个人权利等都作了重要规定。除了“基本法”外，欧洲联盟国家于1950年颁布的《保护人权与基本自由公约》，对德国刑事诉讼程序也产生了影响。该公约在德国具有法律效力，就刑事诉讼程序而论，公约规定了比“基本法”还更为详细的重要的基本权利。

提示五：在阅读刑事诉讼法文本时，我们不能陷入一种天真的法律证实主义思想，认为实际中的刑事诉讼程序在任何一个方面都是与法律的规定相吻合一致的。我们应当把刑事诉讼程序视为是一种具有生命的有机体，它如同其他任何一个在社会中产生功能的系统一样，时刻在经受着变化，也常常以偏离法律规定的方式自己在发生变化。我们尤其是可以在古老的法规那里看到法律实践偏离法律条文的变化。下面的三个例子，能使我们了解实际中的这种偏差。

1. 《德国刑事诉讼法典》第162条规定，在侦查刑事犯罪行为范围内，警察只担负着辅助检察院的责任，只能作出“不允许延误的”决定，对自己的侦查结果应当“不延迟地”送交检察院，由检察院进行进一步侦查。然而实际情况却是警察常常自主地将侦查程序进行到底，然后才向检察院移送侦查结果。而对于检察院来讲，如果没有足够的人员，它也根本不可能执行刑事诉讼法所规定的程序模式。

2. 《德国刑事诉讼法典》第158条、第160条和第163条规定，一旦有犯罪行为嫌疑时，警察应当接受对犯罪行为的告发、告诉和启动侦查程序。而实际上对于一定案件，警察却不履行这个法定义务。如在家庭、朋友或者邻居等社会亲近范畴内发生了轻微的身体伤害、强迫或者侮辱情况的时候，警察往往是拒绝受理告发。显然，面对这类情况，警察不怎么视自己为一个犯罪行为追究机关，而更视自己是一个调解、安抚部门，它不愿意启动程序，以免进一步加深争执。

3. 要理解的第三个例子，我们必须要想到德国刑事诉讼程序是一个由法院权威性地裁判是否有罪和处以刑罚的程序，而不能是对这些问题达成协议或者调解的程序。可事实上，在近十五年以来，在刑事程序中就出现了对于一定案件由辩护人、检察官和法官之间就认定有罪、量刑问题达成协议的情况，并且在所有程序阶段，也就是说不论是在侦查程序阶段，还是在开庭审理阶段，或者是在法律救济诉讼程序阶段，都可能达成这样的协议。达成的协议，不仅对检察院和法院的决定、裁判产生影响，而且在某种意义上还具体操纵了这些决定、裁判。

二、《德国刑事诉讼法典》的内容和德国刑事程序的过程

（一）德国刑事诉讼法之风格、起源

把中国刑事诉讼法与德国刑事诉讼法相比较，我们会发现后者是一部更为详细的法律。对于程序的各个阶段，对于检察院、警察和法院的权力、权限，对于被指控和其他参加刑事程序人员的义务或者权利，德国刑事诉讼法都以详尽条款明确地作了规定或限制。这种立法风格，是该法规在 1879 年产生效力时就展示出的特点，表现了一种对普通法系的宗教法庭模式的有意摈弃。

在 1871 年成立德意志帝国以前，德国的前地方邦国数百年来应用的都是普通法宗教法庭程序，由法官任意决定进程，既由他个人负责侦查，也由他个人按自己的侦查结果确定判决。普通法系的宗教法庭上的法官，拥有几乎是无限的权力。在他的面前，被告人无自己权利可言，不能对法官的侦查活动有所影响，仅是一个“程序对象”而已。

约到了 19 世纪中叶，在大多数的德国前地方邦国内出现了一种“改革的刑事程序”。它体现出立宪主义和资产阶级自由主义思潮，取代了建立在警察国家专制主义政治基础之上的普通法宗教法庭程序。检察院成立了，担负起侦查程序中的侦查任务，法官的权力由此受到限制。与此同时，被告人获得很多保护和辩护权，其权利在程序中通过所谓的“保护形式”得到保护。刑事程序被严格地程式化，既昭示出实用性思考，又体现了合法性思想。这些在德国前地方邦国中出现的法制改革动

向，在后来的德国刑事诉讼法中都受到继承与发扬。

（二）《德国刑事诉讼法典》通则部分

如同《中国刑事诉讼法》，《德国刑事诉讼法典》也是以内容丰富、涉及整个刑事程序的通则部分开始。当然，两个法律通则部分在其内容上的差别，也很明显。

如与《中国刑事诉讼法》不同的是，《德国刑事诉讼法典》中没有列写对刑事程序起主导作用的意识形态性原则。中国的法律则写入这些原则。

尽管中国和德国的刑事诉讼法都在其通则部分对涉及整个刑事程序的问题作了规定，但《德国刑事诉讼法典》在这一方面比《中国刑事诉讼法》做得更为坚决。譬如，《德国刑事诉讼法典》的通则部分，包括询问证人规定《德国刑事诉讼法典》第48～71条），鉴定人和勘验规定《德国刑事诉讼法典》第72～93条）以及讯问被告人规定（《德国刑事诉讼法典》第123～136条a），因为它们既涉及侦查程序，又涉及开庭审判程序和法律救济诉讼程序。对于这些问题，《中国刑事诉讼法》不是在其“总则”中予以规定，而是将它们写在关于侦查程序的那一部分里（《中国刑事诉讼法》第88～90条①）。

此外还引人注目的是，《中国刑事诉讼法》总则部分中关于强制措施的章节，仅是对拘留、逮捕和羁押作了规定（《中国刑事诉讼法》②第38～51条）。对于搜查、没收，《中国刑事诉讼法》是在关于侦查程序的章节中作规定的（《中国刑事诉讼法》第79～81条）。显然，中国的立法机关认为，实施搜查、没收，主要是收集证据，至于实施措施时可能出现的强制性，则是次要的。德国刑事诉讼法注意到这个强制性，它将没收、搜查措施（《德国刑事诉讼法典》第94～100条，第102～

---

① 指1979年通过的《中华人民共和国刑事诉讼法》。该法第88～91条对“鉴定”进行了规定。——编者注

② 指1979年通过的《中华人民共和国刑事诉讼法》。该法第38～52条对“强制措施”进行了规定。本文所称《中国刑事诉讼法》均指1979年通过的《中华人民共和国刑事诉讼法》。以下不再重复注出。——编者注

110 条）与待审羁押和暂时逮捕措施（《德国刑事诉讼法典》第 112～121 条）直接相关联地规定在一起。德国的法学界也一直认为，允许以强制性侵犯公民的权利时，关键的是一方面必须对国家权力的强制权明确地予以划分与限制，另一方面必须由法院对强制性措施进行审查，使公民由此享受到有效的法律保障。在 1879 年《德国刑事诉讼法典》产生效力之际，这个法律保障相对来讲还是较薄弱的。但在以后，尤其是在 1949 年德意志联邦共和国成立以后，它得到了不断的巩固与加强，因为“基本法”第 19 条第 4 款规定：其权利受到公共权力侵犯的任何人，都可以要求法院对侵犯进行审查。按照当今的德国法学思想，对于国家权力，必须进行划分和限制，同时对于公民，必须给予他可以要求法院审查的权利；以这种双重方式，使公民不仅在国家权力的强制性措施面前得到保护，而且还在任何的，也就是说包括国家机力对其权利的非强制性侵犯面前得到保护。正因如此，《德国刑事诉讼法典》譬如将电信通信监控（《德国刑事诉讼法典》第 100 条 a 至第 100 条 d）和使用计算机支持的侦查措施（《德国刑事诉讼法典》第 98 条 a 至第 98 条 c），都与没收、搜查措施有直接关联地规定在一起。

（三）侦查程序

通则部分后，德国和中国的刑事诉讼法都接着对侦查程序作出规定。其中《德国刑事诉讼法典》将侦查程序和法院第一审程序规定在同一个编章。两个法律均规定：由检察院和警察负责侦查，是否提起公诉或者停止程序均完全由检察院自行决定。

《德国刑事诉讼法典》的风格的典型性，又是它对侦查程序制定了更为详尽的规定。尤其是对尽管存在足以提起公诉的行为嫌疑，但是检察院仍然可以停止程序的前提条件，《德国刑事诉讼法典》规定得极为详细（《德国刑事诉讼法典》第 153～154 条 e）。读着这十分众多而细致的规定，我们可以更加明了德国刑事诉讼法的复杂、完备性。与之相比，《中国刑事诉讼法》在停止程序问题上只是普遍地给予检察院权力，而几乎没有对使用该权力的前提条件作进一步规定（《中国刑事诉讼法》第 96 条第 3 项，第 101～103 条）。

在特定情况中，中国警察可以不同意检察院的免予起诉的决定，要求复议（《中国刑事诉讼法》第102条第2款），这表明警察在中国刑事程序中具有相对强大的地位。德国法律没有给予警察这种权利，而是将它严格地视为仅是检察院的一个“辅助机构”。不过在另一方面，在被害人不服检察院的停止程序决定而提起申诉问题上，德国法律给予被害人的权利要比中国法律给予被害人的要大（《德国刑事诉讼法典》第171～177条；《中国刑事诉讼法》第102条第3款）。这种情况，体现了德国检察院的活动应当被置于公民控制之下的思想。

（四）开庭审判

检察院提起公诉以后，法院并非立即命令开庭审判，而是启动一个决定是否开庭的程序，以避免不必要的开庭审理。这一点，不论是在德国，还是在中国的刑事程序中，都是如此（《德国刑事诉讼法典》第199～211条；《中国刑事诉讼法》第108条）。

开庭审判程序的本身步骤，在德国和中国也十分相近（《德国刑事诉讼法典》第226～275条；《中国刑事诉讼法》第113～125条）。开庭审判程序，是一个检察院、辩护人、被告人对此享有一定参与权的法官调查程序。在德国，这些参与权要比在中国更大。如在德国的程序中，检察院、被告人和他的辩护人在听取每一个证人、鉴定人陈述后，不仅有权直接向他们发问，而且也可以作出声明（《德国刑事诉讼法典》第240条第2款、第257条）。特别具有意义的是，检察院、被告人和辩护人在德国刑事程序中有权提出采集证据申请，以此强迫法院附加地收集它自己没有考虑要纳入程序的证据。与中国法律的规定不同，对于这样的证据申请，只有在由法律明确规定的、相对狭小的前提条件下，德国法院才可以予以拒绝（《德国刑事诉讼法典》第244、245条）。

《德国刑事诉讼法典》第239条，规定可以采用英美模式，以当事人辩论制实施庭审程序，审理时进行主询问和交叉询问。但是这项规定并没有得到实际应用。

（五）法律救济诉讼程序

《德国刑事诉讼法典》第三编，规定了对法律救济诉讼程序。与中国法律的规定相反，德国刑事诉讼法对刑事程序规定了不同形式的法律救济手段。用“抗告”的形式，可以对法院的裁定、审判长的决定声明不服，但不能以此要求撤销、变更法院的判决（《德国刑事诉讼法典》第304~311条a）。可以用来对法院判决声明不服的法律救济手段，是“上告”（《德国刑事诉讼法典》第312~322条）和“上诉”（《德国刑事诉讼法典》第332~358条）。

提起“上告”，可以对初级地方法院的判决声明不服。负责对“上告”作裁判的，是上一级州法院的刑事庭。在“上告”程序中，基本要进行新的审理，前审法院的事实认定和法律适用，都要受到审查。

除个别情况例外，提起“上诉”，是不服州一级的刑事庭、陪审庭所作判决时的法律救济手段。刑事庭对“上告”作出的判决被声明不服的，由州最高法院负责作裁决。如果刑事庭、陪审庭作出的判决是第一审判决，被声明不服时，则由联邦最高法院负责对“上诉”作裁决。与“上告”不同的是，提起“上诉”，只能使被声明不服的判决受到有限的审查。“上诉”法院不审查被声明不服的判决所依据的事实认定，而是仅审查前审法院是否在刑法、刑事诉讼法的运用上有错。

（六）再审程序

《德国刑事诉讼法典》第四编，规定可以对已经以发生法律效力的判决结束的程序进行再审（《德国刑事诉讼法典》第359~373条a）。德国的再审程序，可以与《中国刑事诉讼法》第148条至第150条规定的程序相比较，不过，在德国不是由一个审判委员会，而是由刑事法院进行再审。

《德国刑事诉讼法典》第五编对被害人参加刑事诉讼程序作了规定。有些规定，在中国的刑事程序中也不陌生。德国的自诉（《德国刑事诉讼法典》第374~394条）与中国的自诉程序在许多方面是相似的（《中国刑事诉讼法》第126~128条）。对《德国刑事诉讼法典》制定附带诉讼程序（《德国刑事诉讼法典》第394~402条），我们可以说是被害人可以作为检察院的辅助人员参与公诉。对此，在中国的刑事诉讼法中显然没有相同的规定。相反地，中国法律规定的附带民事诉讼

（《中国刑事诉讼法》第 53 ~ 54 条），可以与德国法律规定的对被害人作补偿程序（《德国刑事诉讼法典》第 403 ~ 406 条 c）相比较。当然，在德国司法实践中，几乎很少提起对被害人补偿之诉。

《德国刑事诉讼法典》第 406 条 d ~ h，为被害人规定了一系列的权利与权力，规定他有权提出申请，要求应当向他通知程序终结情况，有权在律师的协助下查阅刑事诉讼程序案卷；在刑事诉讼程序中如果要求他作为证人接受询问时，他还有权聘请律师或者自己的信赖人作辅佐人。对这些规定，是近期才制定进法律的；在刑事诉讼程序中如果要求他作为证人接受询问时，他还有权聘请律师或者自己的信赖人作辅佐人。对这些规定是近期才写进法律的。

（七）特别种类程序

《德国刑事诉讼法典》第七编规定的是一些特别种类程序。对此，这里仅谈一谈处罚令程序（《德国刑事诉讼法典》第 407 ~ 412 条），因为它在德国司法实践中扮演着一个重要角色：约占整个刑事程序的一半，便是以处罚令程序来处理的。对于轻罪，检察院可以舍弃提起公诉，进而舍弃开庭审理程序，而是申请由法官签发处罚令予以处理。法官在处罚令中认定被告人有罪，确定对他的处罚，被告人没有在法官面前就对他的指控作陈述的机会。

对于这个书面程序，我们可以提出异议，指责它侵犯了被告人的陈述权。实际上，被告人是有权对处罚令提出异议的。如果他提出异议，就得进行通常的开庭审理程序。

（八）刑罚执行、程序费用

如同《中国刑事诉讼法》的第四编一样，《德国刑事诉讼法典》第七编对刑罚执行、程序费用作了规定。从严格意义上讲，这些问题不再属于刑事诉讼程序的范畴。

三、主导德国刑事诉讼程序的刑事诉讼法原则

(一) 刑事诉讼法原则的意义

在近百年来对德国刑事诉讼程序的不断改革过程中，产生了一系列的刑事诉讼法原则，对德国刑事程序起着主导作用。今天，这些刑事诉讼法原则所体现的法律政治价值决定，与对基本权利的保障一起，构成程序的标准性结构元素和指导原则。通常，刑事诉讼法原则并非是些具体的、可以以总结法从中直接获得裁判的法律规定。对刑事诉讼法原则，我们往往应当视其是指定方向但保留余地的“最优化规定”。

刑事诉讼法并非总是明确地规定了刑事诉讼法原则。刑事诉讼法原则有一部分体现在刑事诉讼程序规定的字里行间，有一部分则被制定进其他的法规，在某些情况中，我们只能从“基本法”的规定中去推导它们。

鉴于刑事诉讼法原则是主导刑事诉讼法各项条款、规定的指导原则，对其不了解，常常就会对刑事诉讼法的规定产生误解或者感到不可理解。因此，下面就对指导着德国刑事诉讼程序的刑事诉讼法原则，以及与此相关的一些基本法则，向《德国刑事诉讼法典》中译本的读者作一介绍。

(二) 刑事诉讼法原则

1. 指导整个刑事程序的刑事诉讼法原则

(1) 法制国家程序原则

当今德国的法学观点认为，此原则含有两个相互矛盾的规定。一方面，我们可以由此推导出要公正地实施程序的规定。这一点，在禁止国家滥用权力，要求国家权力自我限制，应当给予公民防御权利，借以抵御国家权力侵犯的规定上，得到了体现。

由于假如没有能够发挥作用的刑事司法，就不能伸张正义，所以，法制国家程序原则在另一方面又包括要建立这样的刑事司法系统的

规定。

从“基本法”第1～20条中，我们可以直接推导出法制国家程序原则。

（2）“法定法官”原则

此原则要求，必须依据法律规定，普遍地和事前地对每一个法院程序确定出拥有管辖权的法院。有目的地任命法官去审决特定案件，是不允许的。刑事诉讼法和法院组织法规定的法院事务管辖权和地域管辖权，以及对每个法院制定的工作分工计划，展示了“法定法官”原则。

“基本法”第101条第1款第2句也确定了“法定法官”原则。

（3）手段同等原则

此原则要求，对于被告人，在原则上应当如同对刑事追究机关一样予以平等的对待。但是要达到这一点是很困难的，特别是在侦查程序阶段更是如此。在开庭审理程序中，尽管从法律角度更加注重到实现手段同等性，但由于实际上的原因，特别是由于程序心理学方面的原因，手段同等性原则在这里同样也受到严重限制。

我们可以从“基本法”第1条、第3条规定以及从《欧洲人权公约》第6条的规定中，看到手段同等性原则。被告人享有出席权、声明权和证据申请权，是这个原则的效果。

（4）诉讼关照义务原则

这个在法律中没明文规定的原则，要求法院、刑事追究机关有义务帮助不熟习刑事程序的被告人伸张自己的权利。关照义务的作用，在于应当使实际上不存在的手段同等性得到平衡。

“基本法”第1条和第20条所体现的法制与社会国家思想，可被视为是诉讼关照义务的宪法法律基础。

法律规定法院、刑事追究机关对被告人和其他参加刑事程序人员负有作告诉、提示的义务，是体现关照义务原则的范例。

（5）听取陈述原则

该原则要求法官，只能对检察院、被告人对此作了陈述的事实、证据结果作出裁决。法官不仅必须要听取陈述，而且要在裁决时注意到这些陈述。

此原则的基础，是“基本法”第 103 条第 1 款和《欧洲人权公约》第 6 条的规定。《德国刑事诉讼法典》第 33 条和第 33 条 a 普遍地规定法院负有听取程序参加人陈述的义务，是此原则的范例。《德国刑事诉讼法典》第 115 条、第 118 条和第 128 条规定了逮捕、暂时逮捕时的听证权，是体现听取陈述原则的一具体范例。

（6）相应性原则，禁止过度

按照这个原则，刑事追究措施，特别是侵犯基本权利的措施在其种类、轻重上，必须要与所追究的行为大小相适应。“基本法”第 1 条和第 20 条制定了这个原则。《德国刑事诉讼法典》第 113 条第 1 款规定，对于轻微的刑事犯罪行为，不允许根据调查真相困难之虞而命令逮捕，是体现相应性原则的一个范例。

（7）无罪推定原则

依据此原则，在未经确定有罪判决之前，对任何人都不允许视其为有罪。在判断证据的时候，无罪推定原则体现在“疑义有利于被告人”原则之中。

无罪推定原则的法律基础，是《德国刑事诉讼法典》第 261 条和《欧洲人权公约》第 6 条第 2 款。

（8）快速原则

本着被告人利益和为了查明真相，快速原则要求尽可能快速地实施刑事程序。快速原则，被视为是在“基本法”第 20 条规定中体现出的法制国家原则的效果，被《欧洲人权公约》第 6 条第 1 款第 1 项明确地作了规定。《德国刑事诉讼法典》第 229 条规定应当尽可能无长时间中断地进行审判，可以说是体现快速原则的一个范例。

（9）任何人不必自我归罪原则

如该原则所说，任何人都没有协助证明自己实施了犯罪行为的义务。这个原则，是依据“基本法”第 1 条、第 2 条和第 20 条的规定引申而来。

被告人的沉默权以及必须告诉他享有沉默权（《德国刑事诉讼法典》第 136 条第 1 款、第 163 条 a 第 3 ~4 款和第 243 条第 4 款），体现了不必自我归罪原则。

（10）一事不再理原则

不论是有罪还是无罪判决，作出产生法律效力的判决后不允许对同一行为再启动新的程序。此原则的出发点，是国家的处罚权已经耗尽。“基本法”第 103 条第 3 款为一事不再理原则的基础。

2. 涉及检察院、警察地位的基本原则

（1）起诉原则

只有当检察院提起公诉之后，进行审理的法院才允许展开调查、判决活动。如无公诉人，即无法官！此项原则，是建立在应当由两个相互独立的司法机构审查是否判决有罪的思想基础之上。

《德国刑事诉讼法典》第 151 条直接体现了这一原则。

（2）公诉原则、由国家追诉犯罪行为

对犯罪行为进行追诉，是由犯罪行为追诉机关行使的、专属国家所有的权力与义务。

《德国刑事诉讼法典》第 152 条第 1 款，直接体现了此项原则。

《德国刑事诉讼法典》第 374 条及其以后条款所规定的自诉，为该原则之例外情况。

（3）职权原则，检察院、警察的刑事追究义务，检察院的提起公诉义务

对每个犯罪行为嫌疑，检察院、警察原则性地负有展开侦查的义务。有足够的行为嫌疑时，检察院必须提起公诉。通过职权原则所应当达到的，是对犯罪行为的规律性的追究，也就是说避免检察院滥用其公诉垄断权力。

《德国刑事诉讼法典》第 152 条第 2 款、第 160 条第 1 款、第 163 条第 1 款，是职权原则的法律基础。在过去，德国刑事诉讼程序曾仅是由职权原则所主导，但在本世纪近二十年[①]以来，此原则越来越被裁量原则所突破。

（4）裁量原则，刑事追究、起诉时检察院的裁量

在刑事追究利益不大，优先考虑程序的经济性或者有其他的法律政

① 即指 20 世纪 70 年代以来。——编者注

治利益与刑事追究相抵触的时候，尽管存在行为嫌疑，检察院仍可以对此不立案侦查、提起公诉。

裁量原则的法律基础，是《德国刑事诉讼法典》第 153 ~ 154 条 e 和第 376 条。

(5) 客观性原则

依据这个原则，检察院、警察负有义务，应当不偏袒、公正地采取行动，特别是要全面地侦查事实真相。检察院、警察不得单方面地谋求证明被告人有罪。

《德国刑事诉讼法典》第 160 条第 2 款、第 163 条第 1 款，对客观性原则作了规定。

3. 涉及开庭审判的基本原则

(1) 法官的启蒙义务，调查原则，查明实体法事实真相原则

按照此原则，法院应当自主地，也就是说独立于诉讼参加人所作声明、所作证据申请而全面查清事实真相。法院不受被告人供认之约束，而是必须致力于调查实体法事实真相。

《德国刑事诉讼法典》的第 155 条第 2 款、第 244 条第 2 款的规定，体现了此项原则。

(2) 口证原则

对于法院，只允许依据在开庭审理时经口头陈述、口头辩论的事实而作判决。对侦查案卷记载的内容，原则上不允许作为法院判决的基础。

此项原则，体现在《德国刑事诉讼法典》第 261 条、第 264 条第 1 款的规定中。

(3) 直接原则

直接原则，具有两个方面的要求：一方面，它要求直接审查证据。作判决的法院必须是自己判断证据，不允许依据侦查案卷而作出决定。这一要求，规定在《德国刑事诉讼法典》第 226 条之中。

另一方面，直接原则要求法院必须使用“最接近行为”的证据。这一要求，体现在《德国刑事诉讼法典》第 250 条的规定中。对“远离行为”的证据，即所谓的证据取代品，只是在法律规定的情况中才准许，

如同《德国刑事诉讼法典》第 251 条、第 253 条和第 254 条所规定的那样。

(4) 证据申请原则

此原则指检察院、辩护人有权，在特定前提条件下强迫法院采集证据。对于证据申请，法院只能在法定情况中才允许予以拒绝。《德国刑事诉讼法典》第244 条第3 ~6 款、第245 条第2 款和第246 条，是拒绝证据申请的法律基础。

(5) 集中原则

这个原则要求不间断地进行开庭审理。因此，集中原则只是在普遍的快速原则下对开庭审理所规定的一个特别原则。

譬如，《德国刑事诉讼法典》第 229 条，规定了中断开庭审理的时间范围限制，就体现了集中原则。

(6) 审理公开原则

对于开庭审理，在刑事程序中原则上要求必须公开进行，以使刑事司法受到公众监督，保障公众对它的信任。审理公开原则，来自《法院组织法》第 169 条和《欧洲人权公约》第 6 条第 1 款规定。但是，为了保护被告人的隐私或者出于公共利益考虑，审理时常常有时突破了公开性原则。

(7) 自由心证原则

原则要求法官根据他个人的自由确信而确定证据。法官的个人确信，指他的个人确认。这种确认，必须依据明智推理，建立在对证据结果之完全、充分、无相互矛盾的使用之上。

《德国刑事诉讼法典》第 261 条阐述了这一原则。

(8) “疑义有利于被告人”原则

调查证据后，法院未确信被告有罪时，必须宣告他无罪。被告人不必证明自己无罪，而是法院必须证明他有罪。

此项原则，规定于《欧洲人权公约》第 6 条第 2 款。

(三) 刑事诉讼法原则的生效方式

作为指导原则，刑事诉讼法原则可能会以差别极大的方式，对德国刑事诉讼法条款的具体适用产生影响。下面谨举三例，展示此种可能性。

1.《德国刑事诉讼法典》第 81 条 a 规定，为查明事实真相，有必要时允许对被告人施行身体检查。依该条字面规定，对一个因为小小的商店偷窃罪而受追究的被告人，是可以施行重大的、对他的身体会带来严重负担的医学检查的，因为，也许只有以这种方式，才能查明他是否患有精神病或者其他神经错乱症，可以由此排除他的责任能力和对他的处罚。但是，检查被告人身体的权力，又受到相宜性原则的限制，故在仅为了证明被告人是否犯有相对轻微的行为的时候，不允许施行重大的身体检查。如果出现这类的情况，对真相的调查必须后退于保护身体的完整无损性。假如进而导致不能确信被指控人是否有责任能力的，则必须依照“疑义有利于被告人”这个刑事诉讼法原则，宣告他无罪。

2.《中国刑事诉讼法》第 35 条第 2 句规定，不允许仅仅依据被告人供述而判他有罪。在《德国刑事诉讼法典》中，我们读不到类似的规定。由于德国刑事诉讼法中缺少明确禁止只信口供的规定，中国读者也许就可能认为在德国刑事程序中口供完全足以作为有罪判决的基础。

其实不然，对德国法官来讲，查明实体法事实真相的刑事诉讼法原则，是标准性的指导原则。所以，只要无其他的证据可供审查供认的真伪性，德国法官对供认的处理，在结果上与中国法官一样，不会因此而判决有罪。

3.《德国刑事诉讼法典》第 251 条第 1 款第 4 项规定，经检察官、辩护人和被告人同意，开庭审理时允许不询问证人，而是以宣读法官以前对他的询问笔录代之。德国刑事诉讼法还规定，如果被告人有辩护人，并且他如同检察官、被告人一样对此表示同意时，甚至允许宣读另外的，首先也就是说宣读警察的询问笔录代替对证人的询问（《德国刑事诉讼法典》第 251 条第 2 款第 1 句）。

中国读者读到《德国刑事诉讼法典》第 251 条时，也许会联想到《中国刑事诉讼法》第 116 条第 2 句的规定，容易认为在德国开庭审理时情况也往往如同在中国，以宣读笔录，特别是以宣读警察的笔录来取代询问证人。如果有这种看法，是错误的。德国法律的查明实体法事实真相和直接审查证据这两个刑事诉讼法原则，规定审理时法院原则上，必须对证人本人予以询问。《德国刑事诉讼法典》第 251 条所规定的宣读，仅是对例外情况而言，法官的查明实体法事实真相的义务，甚至要求法院即使在检察院、辩护人和被告人有可能同意以笔录宣读代替询问时，仍然要亲自询问证人。

愿以上范例，能告诉《德国刑事诉讼法典》中文译本的读者：法规的文字，只能使我们对法规的内部结构，对德国刑事诉讼程序的实际过程有一个受局限的了解。

专题三
中国刑事审判方式的改革
——一项永无止境的任务*

谨将此文献给陈光中教授，他在中国刑事程序法的改革过程中发挥了极为重要的作用。衷心希望此文能够帮助他继续新法实施后中国刑事司法的必要改革。

一、导　论

中国正在经历一场迅速的改革，这一变革不仅影响到经济生活，而且还在一定程度上影响到政治生活和法律制度。新法引起了商业的解放和现代化，使得中国的经济出现了难以想象的繁荣。而且，1996 年 3 月新刑事诉讼法的颁布标志着中国刑事司法制度全面改革的圆满完成。

新法由中国最负盛名的刑事法学家所组成的改革委员会所筹备。这一委员会在筹备工作中决定采取对主要的刑事诉讼制度进行比较研究的方法，这一方法在东欧国家引进民主制度后所从事的程序法的改革过程中也同样采用过。

---

* 本文原文使用英文撰写。译者不详。中文译文发表于《诉讼法新探：陈光中教授七十华诞祝贺文集》，中国法制出版社 2000 年版，第 834 ~ 866 页。

中国改革委员会进行比较研究的成果之一是用一种新型的混合型程序取代了中国传统的讯问型审判。新法并没有完全引入对抗性审判。这一审判方式在审理严重案件的合议庭程序中采用。至于由一名法官独任审理的案件所适用的简易程序，新法规定了混合传统的讯问型和现代的对抗性因素的一种灵活程序。

在新法中，几乎没有条款解释合议庭的对抗性审判和独任法官的混合型审判是如何进行的，这就为发展新的审判程序提供了一个较大的自由空间。一方面，可以期待，中国法院将发展规则以填补新法的不足；但是，在另一方面，中国的学者将要承担为新的审判程序提供理论基础，并且为审判实践提供指导原则的任务。

从这方面来说，中国的新刑事诉讼法与其说是改革的最终成果，不如说是以在司法实践中完成立法机关的已然预见为目的的又一次改革的开始。刑事司法的改革将是一项永无止境的任务！

从这一点上来说，中国学者通过考察他们所面临的问题在其他国家是如何解决的而继续进行比较性研究似乎是明智的。此文将介绍审判在不同的刑事司法制度中如何进行，以此提供一些帮助。此文还会阐明法官、公诉人、被告人以及辩护律师在这些制度中所起的不同作用。为了恰当地理解刑事审判的作用，我们还要透过现象看到审判的本质。一方面，审判为预审的方式所影响。另一方面，不能忽视的是，任何刑事审判制度中每一起案件的处理并非都是经过完整的审判。因此，已经发展出许多不经过完整的审判就终结刑事案件的机制。

欧洲大陆传统通过一种形式主义的方式，也即通过指出调整刑事审判的法律条款，对刑事审判制度的作用进行了主要的而非绝对性的限定。在已经被翻译成西方语言的中国法律文献中也可见这一方法。但是，我们应当记住，对于法律规则作出如此狭隘的强调是不可能为刑事司法制度的作用提供令人满意的描述的。这样的一种制度不如说是一种有生命力的机制，而如果不考察它在实践中的实际运作是不可能得到充分理解的。相似的法律条文在不同的诉讼制度中运作的方式不同，因此很难去判断一种刑事司法制度实际上是如何运作的。所以，本文在涉及相关的信息时只包括其实践方面。

二、讯问型审判和对抗性审判

——两种模式的主要特征

在传统上，刑事审判的两种模式已作了区分，最为重要的一点是，讯问型审判存在于欧洲大陆国家，而对抗性审判存在于英美法系国家。①

在讯问型审判中，法官负有提出证据的责任。法官决定出示证据的顺序，由他召集并询问证人、专家证人和被告人。法官的询问是一种全方位的询问，因为法官不仅要提出证据，而且同时要审查证人、专家证人和被告人的回答是否可信，在多大程度上可信。公诉方和被告方可以在一定程度上参与证据的提出，他们可以询问其他的问题，动议出示进一步的证据，但是他们的权利是受到限制的，只能起到一种辅助性的作用。通常他们只是法官活动的有权旁观者。

讯问型审判可以被认为是由一名官员所支配的独裁主义的和家长主义的诉讼。它以法官广泛的权力为重心，为了查明事实真相进行分级的有组织的调查。被告人处于一种从属性的地位，其辩护的可能性为官员控制所严格限制。

在对抗性审判中，证据的提出，对证人、专家证人、被告人的询问

① Mirjan Damaška, The Faces of Justice and State Authority. A Comparative Approach to the Legal Process, 1986; id., Evidentiary Barriers to Conviction and Two Models of Criminal Procedure: A Comparative Study, 121 U. Pa. L. Rev. 506 (1973); id., Structures of Authority and Comparative Criminal Procedure, 84 Yale L. J. 480 (1975); Joachim Herrmann, Various Models of Criminal Proceedings, 2 South African J. Crim. L. & Criminology 3 (1978); id., The Anglo – American as Opposed to the Continental Approach to Criminal Law, 14 De Jure 39, at 58 (1981, South Africa); id., The Philosophy of Criminal Justice and the Administration of Criminal Justice, 53 Rev. Int. de Dr. Pén. 841 (1982); id., Models for the Reform of Criminal Procedure in Eastern Europe: Comparative Remarks on Changes in the Trial Structure and European Alternatives to Plea Bargaining, in: Criminal Science in a Global Society. Essays in Honor of Gerhard O. W. Mueller, Edward Wise ed., 61 (1994); Thomas Weigend, Criminal Procedure: Comparative Aspects, in: Encyclopedia of Crime and Justice, Sanford Kadish ed., Vol. 2, 537 (1983).

是诉争当事人的事情。公诉方首先提出控诉陈述，提出证明被告人犯有被指控的犯罪的证据，然后辩护律师提出辩护陈述，并召集有利于被告人的证人。召集证人的当事人在进行主询问，以审查证人的可信性或证人回答的真相时，不可以询问诱导性的问题，否则证人将很容易被误导作出被期待的回答。在审判中提出证人的当事人一方隐含着确保证人的可信性，由对方当事人紧接着主询问所进行的交叉询问的作用就是审查证人的可信性。因此，在交叉询问中是允许提出诱导性问题的，在交叉询问中对证人证据提出质疑，证人不得不纠正或限定他以前的证言，从而使得证言的矛盾之处得以展现。

在对抗性审判中，法官只起到相对的消极作用。法官监督双方当事人提出证据，裁定证据的可采性和相关性，以及对一方当事人对于另一方当事人的询问提出的反对进行裁决。但是，法官并不仅仅限于这些监督性的职责，在有限的程度上，法官积极参与证据的提出，他可以建议一方当事人对证人作其他询问，或者召集其他证人，法官也可以询问其他的证人或者主动召集证人。

在对抗性审判中，事实真相的查明可以被称作是试验性的和竞争性的。它证实了民主价值，不仅仅因为案件是由陪审团作出裁断，而且因为两方主要当事人在法官面前进行平等的竞争。在对抗性审判中，被告方所起的相对主动作用是要求个人为自己辩护的自由主义哲学的结果。在另一方面，尤其是被告人无力聘请律师的情况下，提出辩护就可能成为被告人的一种负担。在一定程度上，这一问题通过免费为贫穷的被告人指定律师而得以解决。

三、对抗性审判的成功历史

（一）一般发展

在过去的 125 年间，欧洲大陆从讯问型审判平稳地过渡到对抗性审判。在 1868 年和 1882 年，西班牙吸收了英国对抗性审判的因素，采取了一些措施。[①] 在1887年，挪威也有同样的发展；丹麦在1916年也有如此变革。[②] 1948年瑞典的诉讼法典规定，在审判程序中应当由当事人决定采用讯问型审判或对抗性审判。在瑞典的审判实践中，对抗性审判迅速普及，以至于在1988年作出改革，使得这种审判方式具有了强制性。在同一年，葡萄牙也向着对抗性审判模式发展。[③] 意大利在1989年也有如此变革。[④] 在1949年日本模仿美国的程序，以对抗性审判取代了讯问型审判。[⑤] 在1996年，中国的刑事诉讼法的改革也向对抗性审判模式迈出了一大步。

应当注意到，在这一期间内并没有相反方向的改革。相反，诸如阿尔巴尼亚、捷克斯洛伐克共和国和爱沙尼亚等国家在近些年来决定由讯问型审判变革为对抗性审判。

（二）引进对抗性审判的主要原因

在那些引进对抗性审判的国家，改革主要基于宪法性的、心理上的和结构上的原因。

首先，一般认为，讯问型审判与法官在现代国家中所应发挥的作用是不一致的。在审判中法官作为主要的讯问机关，一定会被认为是19世纪的残余。众所周知，法官作为讯问者同时也是独裁者的古老的讯问型诉讼在欧洲大陆国家已经在19世纪被区分了法官和公诉方作用的所谓的“改革性程序”所取代。但是，这一改革因为它保留了法官在审

---

① E. Ruiz Vadillo, Criminal Procedure in Spain, in: Criminal Procedure Systems of the European Community, C. van den Wyngaert, 383 (1993).

② V. Greve, Criminal Procedure in Denmark, id. 51.

③ J. de Figueiredo Dias and M. J. Antunes, Criminal Procedure in Portugal, id., 317.

④ P. Corso, Criminal Procedure in Italy, id.; Ennio Amodio and Eugenio Selvaggi, An Accusaterial System in a Civil Law Country: The 1988 Italian Code of Criminal Procedure, 62 Temple L. Rev. 1211 (1989); Lawrence J. Fassler, The Italian Criminal Procedure Code: An Adversarial System of Criminal Procedure in Continental Europe, 29 Colum. J. of Transn. L. 245 (1991); William T. Pizzi and Luca Marafioti, The New Italian Code of Criminal Procedure: The Difficulties of Building an Adversarial Trial System on a Civil Law Foundation, 17 Yale J. Int. L. 1 (1992).

⑤ Shigemitsu Dando, Japanese Criminal Procedure, 1965.

判中的讯问性的功能而没有走得太远。讯问型审判是19世纪的等级制思想的典型，对查明事实真相的官方控制给予了优先考虑，因此，对于保留法官在审判中作为主要的讯问机关并无困难。

在20世纪，西欧国家的法官成为政府的中立的第三方权力，其目的在于裁决政府其他部门和个人之间的争议，以保护个人免受其他部门的不当压迫。法官的这一新的作用在宪法法院和审理行政案件的法院中表现得尤为明显。只要法官在审判中作为主要的讯问机关，刑事司法与这一新的宪法性解释是不相符合的。只有法官在对抗性审判中的位置才可以被认为与现代的宪法主义是一致的。

除了这些宪法性的原因之外，讯问型审判应为对抗性审判所取代还存在心理上的原因。在讯问型审判中，法官要同时完成几项任务：询问证人、专家证人和被告人；主持主询问和交叉询问；对证言进行审查；最后裁决有罪还是无罪。在审查证人、专家证人和被告人的证言时，法官还必须决定他自己询问的功效。法官为这些不同的任务所累，心理上的负担过重，是有着确实的危险的。

法官也可能受到警察和公诉方所收集的案件卷宗的不当影响。因为法官必须仔细研究案卷材料，以准备在审判中提出证据，他可能无意中就遵循其推理，并且被诱导以和警察和公诉方相同的方式来看待这一案件。因此，法官在审判中就很难公正地听取证据，并听取被告方所提出的新要点。

而且，讯问型审判结构对被告方施加了不当的负担。无论何时，如果法官的询问表明他并不相信被告人或者不相信提出有利于被告人的证据的证人，法官可能就会偏向于公诉方。此外，在讯问型审判中，被告人和辩护律师很难提出辩护。既然不存在“辩护陈述”，在法官主持对证人和专家证人的“官方”询问时，被告人和他的律师是不能试图提出辩护的。只有通过干涉法官在审判程序中的行为，他们才可能有机会改变“官方”提出证据的方向。

对抗性审判并没有这些不足。被告人能够以一种不受干扰的方式提出辩护。既然控诉陈述和辩护陈述是同时存在的，在每一案件中的弱点和审查证据的不同可能性则得以显示。应该说，被告人如果感觉有公平的机会提出辩护，则会更乐意接受定罪。

但是，简单地将刑事审判模式区分为讯问型和对抗型两种，在某种程度上并不是完全正确的。不应当忽略的是，无论是讯问型审判还是对抗性审判都没有一个统一的模式。在欧洲大陆国家的讯问型审判中存在程度不同的差别，在英美法系和西欧国家的对抗性审判中也是如此。

四、不同类型的讯问型审判和对抗性审判

（一）非职业法官的参与

在今天的中国并不存在陪审团审判，很显然也没有引进陪审团的计划，这一话题在这儿将被忽略。

在许多欧洲大陆国家和中国的刑事审判制度中，都存在职业法官和非职业法官共同组成的混合型法庭。涉及的主要问题是，非职业法官应当如何被挑选，他们是否应当被认为是人民的民主代表或政治利益的代理人，以及应在审判中发挥什么样的作用。

在欧洲国家，早在19世纪混合型法庭就已经建立，以限制职业法官的权力。[①] 在职业法官获得独立之后的最初几年，他们仍被认为是独裁主义国家的代表而受到质疑。一般人恐怕他们仍旧有传统的镇压公民的意向。因此，非职业法官被授权同职业法官一起就有罪和惩罚以及所有的程序性问题作出裁决。混合型法庭经常以一种非职业法官的人数压倒职业法官的方式所组成。

在20世纪，随着职业法官成为真正独立的机关，并获得一般公众的信任，非职业法官的主要作用发生了改变。非职业法官不再是职业法官的监督者，而是刑事司法制度中民主法制化的象征，并且确保刑事司

---

① Herrmann Mannheim, Trial by Jury in Modern Continental Criminal Law, 53 L. Q. Rev. 389, at 406（1937）; Gerhard Casper and Hans Zeisel, Lay Judges in the German Criminal Courts, 1 J. Leg. Stud. 135（1972）; John Langbein, Mixed Court and Jury Court: Could the Continental Alternative Fill the American Need?, 1981 Am. Bar Found. Res. J. 195（1981）.

法更容易为非法律工作者所理解。因为欧洲大陆法特别是实体刑法，以一种非常抽象的术语表达，并构成在高度的教条化的制度中，从而使得它不容易为一般人所理解。在审判中非职业法官的参与迫使职业法官解释法律，讨论法律问题，并在审判终结时通过使用可为一般人所理解的语言作出法庭的判决理由。非职业法官因此被认为是专家通过常识的控制。

对于德国混合型法庭的运作的试验性研究已经表明，非职业法官对于法庭作出有罪和量刑的裁决的影响是极其微小的。[①] 非职业法官影响有罪的裁决占1.4%，影响判刑的裁决大约占到6.2%。根据这一试验性研究，在审判终结审议法庭的裁决时，在有罪和量刑方面非职业法官和职业法官之间是很少存在争议的。这也是德国法学者主张非职业法官应当被废除所持的一个主要理由。在1975年，德国立法机关在减少非职业法官的数目上迈出了一步，在审理严重案件的法庭中非职业法官的数目由6个减为2个。但是直到今天，在德国仍完全没有废除混合型法庭的趋势。

在欧洲国家已经形成了许多不同的挑选非职业法官的机制。在早些时候，在东欧社会主义国家的法律制度中，非职业法官代表了执政政党的意识形态。因此，社会党在挑选过程中起到了主要的作用。在西欧国家，非职业法官作为人民的民主代表，虽然他们的民主合法化并非基于普选，而是从当地的社会团体中以不同的方式挑选产生。例如，在德国，当地政府准备了所要求数目的候选非职业法官的名单。[②] 这一名单由自愿者所组成，这些自愿者是在当地报纸上发表文章以邀请公民申请非职业法官的职位；其他的候选非职业法官可以由代表当地政府的政党推荐产生；最后，姓名可以从当地的人员登记名册中随机选择抽出。德国的成文法规定，候选非职业法官的名单应当代表“人口中所有的群

---

① Gerhard Casper and Hans Zeisel, Lay Judges in the German Criminal Courts, 1 J. Leg. Stud. 135 (1972), at 185 - 191; see also John Langbein, Comparative Criminal Procedure: Germany, 137 - 138 (1977).

② John Langbein, Mixed Court and Jury Court: Could the Continental Alternative Fill the American Need?, 1981 Am. Bar Found. Res. J. 195 (1981), at 206 - 208.

体”。但是，在实践中，蓝领工人和家庭主妇总是代表名额不足。这一歧视经常被解释为让有兴趣于工作的人作非职业法官是很重要的。

在当地政府以2/3的多数审查通过了候选非职业法官的名册之后，这一名册被提交给一个委员会，以一种相当精巧的程序挑选非职业法官。德国非职业法官被挑选出来任期为4年；他们大致1个月出庭1次。因此，非职业法官在行使职权时可以获得一些经验。另外，已经任期一次的非职业法官只可以被挑选再任期一次，以免非职业法官可能会成为类似的职业法官。

应当加以补充的是，混合型法庭可见于讯问型审判和对抗性审判的刑事司法制度。[①] 非职业法官在讯问型审判制度中比在对抗性审判制度中更容易为职业法官所影响。在讯问型审判中，职业法官起到一种支配性的作用，在询问被告人和证人时在很多方面无法避免影响非职业法官。

（二）查明事实程序中法官、公诉方和被告方的合作

在讯问型审判中，法官有义务采取所有必要的措施，以裁决被告人是否犯有被指控的罪行。德国刑事诉讼法典明确地规定：“法官应主动将证据的范围延伸至所有的对作出裁决有关的事实和证据。”[②] 法国法典没有规定这样的法律义务，而是指出法官有“荣誉和良心”去确定案件的事实真相。[③] 但是毫无疑问，在这两种刑事司法制度中，法官都必须查明事实真相。至于德国法规定的是法律义务而法国法确定的可称之为道德上的义务，则在所不问。

在所有的讯问型审判制度中法官——或者是与一个以上的职业法官合并审理的主审法官——裁决何种证据在审判中被提出，应以何种顺序

---

① As to Denmark see Stanley Anderson, Lay Judges and Jurors in Denmark, 38 Am. J. Comp. L. 839 (1990).

② Sec. 244 (2). An English translation of the German Code of Criminal Procedure is published in 10 American Series of Foreign Penal Codes, H. Niebler transl. (1965).

③ Art. 310 (1). An English translation of the French Code of Criminal Procedure is published in 29 American Series of Foreign Penal Codes, Gerald Kock and Richard Frase transl. (1988).

被提出。公诉方和辩护方可以补充证据提出的程序，但是他们的权利在不同的方式上受到限制。例如，在法国法中，公诉方和被告方可以直接向证人询问。[①] 有人唯恐这种询问可能会影响法官查明事实真相的策略，可能会困惑审理最为严重的案件的“巡回庭”中与职业法官一并审理的非职业法官。因此，公诉方和被告方被授权只有通过职业法官才能提出问题。但是，在法国审判实践中，法官经常允许在他结束对证人的询问之后，由双方当事人直接询问，[②] 辩护律师有时甚至被许可对证人进行一种大致的交叉询问。

但是，在法国，绝大部分案件是由没有非职业法官参加的“矫正法庭”或“治安法庭”审理的。在这些法庭所进行的审判中，被告人被指控的犯罪可以用任何种类的证据加以证明。[③] 因此，对于证人的询问在很大程度上为简单地宣读证人在被警察或者治安法官讯问时的讯问笔录的副本所取代。[④] 在宣读副本时被告方受到严重的侵犯，因为律师没有机会审查证人是否说出真相。在许多案件中，由警察所准备的副本和报告甚至被赋予了某种程度的证明力，以至于被告人承担了证明它们不成立的负担。被告方可以向法官提出申请，传唤可能作出有利于被告人证据的证人，但是在很大程度上是由法官裁量是否批准这一申请。

在德国审判中，讯问原则并没有被贯彻到如此的极端化。德国刑事诉讼法典明确规定，公诉方和被告方有权亲自向证人询问，并在法官结束询问之后询问其他的问题。[⑤] 法官只能拒绝不合法的或不相关的问题。[⑥] 而且，德国审判受“口头原则”和“直接原则”所调整，据此，在审判中对证人的询问不可能为宣读警察官员或公诉人以前的询问副本

---

① Arts. 312, 332, 442, 454.

② A. V. Sheehan, Criminal Procedure in Scotland and France 212 (1975).

③ Arts. 427, 536.

④ A. V. Sheehan, Criminal Procedure in Scotland and France 202 - 210 (1975).

⑤ Sec. 240 (2). An English translation of the German Code of Criminal Procedure is Published in 10 American Series of Foreign Penal Codes, H. Niebler transl. (1965).

⑥ Sec. 241 (2). An English translation of the German Code of Criminal Procedure is Published in 10 American Series of Foreign Penal Codes, H. Niebler transl. (1965).

所取代。[①] 根据德国法，对于这些原则只规定了极少的例外。最后，公诉方和被告方有权申请召集其他的证人或提出其他的证据。这一申请只有在德国刑事诉讼法典所规定的极少的条件下可以被否决。[②] 因此，可以认为德国讯问型审判显示出一些重要的对抗性因素。

在对抗性审判中，由双方当事人决定提出何种证据，并询问证人，相反的问题就存在了：主要的问题是在多大的程度上，法官可以通过询问其他的问题，召集其他的证人对当事人的陈述进行补充。同讯问型审判制度一样，现存的对抗性审判制度也没有一个统一的模式。

例如，在美国，法官在审判中的地位相当被动，由法官监督当事人提出证据，但是，法官询问其他的问题或召集其他的证人绝对是例外的情况。在许多美国司法管辖区，在陪审团审判中不允许法官对证据的证明力或证人的可信度作出评论，以免给予陪审团他倾向于某一方的印象。[③] 这一禁止对证据作出评论的规定，使得法官在整个审判过程中保持谨慎，因为法官的任何言论和询问或法官声调的暗示都可能会不当影响陪审团。即使在允许法官对证据作出评论和没有陪审团的审判的美国司法管辖区内，法官仍然保持相对的被动。

因为在美国审判中，公诉方和辩护律师不受法官的限制，他们经常将程序转变为一种争斗。[④] 他们为了使陪审团对于查明事实真相的注意力发生转移，而毫不犹豫地求诸过度的带有侵犯性的辩护。这一"司法的竞赛理论"在现今似乎仍然为美国的许多律师所青睐。但是，在近段时间，却遭到了越来越多的批评。美国最高法院的前任大法官布格尔就

---

① Sec. 250; John Langbein, Comparative Criminal Procedure: Germany, 137 - 138 (1977), at 67; Joachim Herrmann, The German Criminal Justice System: The Trial Phase—Appellate and Review Proceedings, in: The Criminal Justice System of the Federal Republic of Germany, 2 Nouvelles Etudes Péales 65, at 78 - 79 (1981).

② Secs. 244 (3) - (5), 245.

③ John H. Wigmore, 3 Evidence in Trials at Common Law, rev. by James Chedboum, §784 (1970); McCormick on Evidence, Edward Cleary ed., §8 (3rd ed. 1984); Michael Graham, Tightening the Reins of Justice in America, 83 - 84 (1983).

④ Marvin Frankel, The Search for Truth: An Imperial View, 123 U. Pa. L. Rev. 1031, at 1032 (1975); Michael Graham, Tightening the Reins of Justice in America, 249 - 250 (1983).

宣称美国的法庭实践“助长了技巧、熟练甚至诡计”。[①]

尤其是欧洲大陆的法律工作者经常认为，在美国的法庭上，争斗、演习与对抗性审判是不可避免地联系在一起的。但是，英国的审判实践却证明这一认识是谬误。英国审判是在一种专家主义、合作和适度的气氛下进行的。[②] 不同于美国的律师，英国的律师受到严格的职业标准的限制。

英国法官较之他们的美国同行来说，在审判中行使更为广泛的控制权。他们更为乐意干涉一方当事人提出的证据，以助于探求事实真相。[③] 英国法官经常毫不犹豫地对证人询问其他的问题，并对他的回答进行评论。实际上，英国法官有时走之甚远，因为，有时上诉法院会因为法官过于积极而对其提出批评。在一个著名的法官附带意见中，英国上诉法院认为，“主持询问的法官……可谓是落进了竞技场中，易于使其视野为争端的尘幕所隐蔽，从而不自觉地失去了镇定和中立的观察的优势”[④]。总之，法官显然经常性地干涉了证据的提出以至于妨碍了辩护。法官的干涉被认为是严重的失职行为，在上议院议长的推荐下，他必须辞职。[⑤]

英国法官似乎一般很少行使权力召集其他的证人，以免干涉当事人提出证据。在1993年的一个报告中，皇家刑事司法委员会发现，有时在审判中能够提出证据的证人并没有受到召集。[⑥] 因此，报告建议英国法官应该更为经常性地要求律师召集这类的证人。如果必要，法官也应当准备自己召集证人。但是，报告所采取的态度似乎是有争议的，因为英国上诉法院在近些年来作出裁决，法官只有在例外的案件中才应当使

---

① See McDonald, A Center Report: Criminal Justice, 1968 The Center Magazine 69, at 75.

② Alfred Denning, The Road to Justice, 37 (1955); Richard Meredith Jackson, Enforcing the Law, 104 (1967).

③ Walker and Walker's English legal System, 498 - 499 (7th ed., 1994); Michael Graham, Tightening the Reins of Justice in America, 82 - 83 (1983).

④ Yuill v. Yuill, [1954] 1 All E. R. 183, at 189.

⑤ Alfred Denning, The Due Process of Law, 62 (1980).

⑥ The Royal Commission on Criminal Justice, Report, 123, Cm 2263, (1993).

用召集证人的权力。[①]

在引进对抗性审判的其他国家，法官被授权对当事人证据的提出进行监督和补充。在日本，1949 年的刑事诉讼法典规定了两种可供选择的办法，即传统的讯问型审判或主要模仿美国模式的对抗性审判。[②] 但是，在审判实践中，日本迅速地采用了对抗性审判模式[③]。一个原因就是日本刑事诉讼法典规定在审判之前法官不能接触案件的卷宗材料。在无法获知案件的详细情况时，法官就不可能询问证人，在审判中提出其他的证据。在日本的对抗性审判中，法官起到相对积极的作用，如果为了发现事实真相的需要，法官可以召集其他的证人，[④] 也可以干涉当事人对证人的询问，并在任何适当的时候继续询问。[⑤]

在瑞典引进对抗性审判之后，有一段时间当事人和法官都无法认识到如何以一种适当的方式平衡他们各自的作用。但是，在今天这一问题似乎已经得到了解决。一般来说，法官的权力受到了限制，以免干涉当事人提出证据。最为重要的是，禁止法官帮助公诉方提出控诉陈述，因为不希望法官成为共同的公诉人。在另一方面，法官如果发现被告方需要帮助，就会更为主动。在这种案件中，他们毫不犹豫地建议询问澄清性的问题，甚至提出其他的证据。

在 1989 年的新意大利刑事诉讼法典中，虽然并不限制法官对于当事人提出证据以不同的方式进行补充的权力，但是并没有将法官在审判中限于完全被动的地位。为了确保司法的公正性，在提出官方指控时，法官并不接受审前调查的全部卷宗。只有不在审判中使用的副本和证据报告可能与指控一起移送。[⑥] 在审判中，法官在当事人结束询问之前不能对证人询问其他的问题。[⑦] 只有在双方当事人结束证据的展示和在认

---

① R V. Grafton, (1993) QB 101; R V. Sharp, [1993] 3 All E. R. 225.

② Art. 304 Japanese Code of Criminal Procedure.

③ Shigemitsu Dando, Japanese Criminal Procedure, 1965, at 374.

④ Art. 298 (2) Japanese Code of Criminal Procedure.

⑤ Art. 201 (1) Japanese Rules of Criminal Procedure.

⑥ Art. 431 Italian Code of Criminal Procedure.

⑦ Art. 506 (2) Italian Code of Criminal Procedure.

为是“绝对必要”的案件中，法官才可以提出新的证人或者其他新的证据。[①] 这些比在其他的对抗性制度中的限制要走得更远的限制条件是否能在实践中行得通，仍要拭目以待。

西欧批评家认为发现事实真相并不是对抗性审判的目的。这些批评是建立在这样的假定之上的，即只有在讯问型审判中法官才有发现事实真相的责任，这就有混淆概念性的问题与对抗性审判的现实的危险。在对抗性审判中，提出证据是当事人特别是公诉方的主要任务，以查明案件的事实真相。因此，指出新意大利的对抗性审判的目的是达成事实真相，从而取消了法院查明事实的任务是正确的。[②]

但是，在对抗性审判制度中，法官在多大的程度上可以积极参加事实查明的程序是一个不同的问题。例如，前面已经提及，在有些对抗性审判制度中，如在美国和瑞典，法官由于各种原因其权力受到一定的限制，因此，在一定的范围内并不积极参加事实真相的查明。但是，在其他的对抗性制度中，法官有责任补充当事人提出证据，以查明案件的事实真相却同样是真实的。英国法官有时在审判中发挥积极的作用可以被认为是这一责任的证据。在丹麦和南非对抗性审判制度中，法官甚至负有法律义务确保所有相关的证据应在审判中被提出。[③]

因此，认为法官没有责任发现事实真相是对抗性审判的特征是一种谬误。相反，存在许多不同的对抗性制度。因此，中国的改革委员会如果决定引进对抗性审判，可以在不同的作用中做出选择。

（三）卷宗材料

前面已经提及，讯问型审判在很大程度上受到包括警察和公诉人收集的证据的卷宗材料的影响。在法国的审判中，证人证言为宣读笔录副本所取代，卷宗材料起到一种支配性的影响作用。这种审判很少被认为是独立的司法查明事实真相。

甚至在德国审判中，在证人被亲自受到询问的情况下，卷宗的重要

① Art. 507 Italian Code of Criminal Procedure.

② Cassazione Penale 1992, No. 648.

③ As to South Africa see sec. 186 South African Criminal Procedure Act.

性也不应当低估。就像以上已经提及的那样，法官可能受到阅读卷宗材料的不当影响。① 在审判中，法官可以使用卷宗材料作为指导证人提供证言的参考。

而且，认识的心理学依据也不应忽略。心理学家告诉我们，认识在很大程度上依赖于在特定的情境中不自觉的假定。他们将这一认识定义为一种我们所期待的和实际之间的"妥协"。就研究卷宗材料的法官事实查明的能力来说，根据这一心理学规律，法官一定能够推断出某种结论。

另一个问题是，在讯问型制度中，任何对于被告人的先前定罪通常是包括在卷宗之内的。在某种程度上，法官在审判中可能受到这一事实的影响。例如，某人被指控犯有抢劫罪，而他在过去犯有类似的罪行。法官不能采用先前的定罪作为被告人现在被指控的犯罪的证据，这一点是毫无疑问的。但是法官在理性上应为或不为与在法官的潜意识中可能会想到的却是完全不同的事情。

在有些对抗性审判制度中，例如，在瑞典，法官在审判之前接受同指控一起移送的卷宗材料。一般来说，瑞典的法官并不阅读卷宗材料，因为他们知道无须主持审判。很少有法官研究或浏览卷宗材料，以能够监督或在必要的时候补充当事人提出证据。这一司法实践因为与在讯问型审判中法官对卷宗的审查同样的原因而受到批评。这一批评并非没有道理，因为在对抗性制度中法官在审判终结评价证据和裁定被告人的罪行时也可能受到卷宗材料的影响。

在英国的陪审团程序中，法官也接受公诉方准备在审判中提出的证据材料的副本。但是这不应当成为问题，因为是陪审团而不是法官对案件作出裁决。在英国，没有陪审团的简易审判中，法官通常也不提前获知证据材料。最为重要的是，如果法官在被告人定罪之前就获知先前的定罪被认为是不合法的。

在美国的陪审团审判与没有陪审团参加的法官审判中，法官并不接

---

① Joachim Herrmann, Various Models of Criminal Proceedings, 2 South African J. Crim. L. & Criminology 3 (1978), at 855 – 856.

受卷宗材料。但是法官经常主持审前听审，可以从中提前获知证据信息。同样在意大利，主审法官也无权获得卷宗材料。

因此，在对抗性制度中，在审判之前不告知法官起诉证据是一般性趋势。在第一次引进对抗性审判的国家，在当事人熟悉新型审判特征之前的过渡期内向法官提供卷宗材料是可行的。但是，即使这样，法官在最终作出被告人是否有罪的裁决之前，是不应当获知被告人的犯罪记录的。

（四）公诉方的作用

在讯问型审判中，公诉方主要起着被动的和补充的作用，因为法官承担着询问被告人和证人的主要责任。在德国的审判实践中，公诉方的作用严格地受到限制，因为，卷宗材料掌握在法官的手中，公诉方在绝大部分不太严重的案件中是不被给予卷宗材料和副本的。

在对抗性审判中，公诉方是主要的参与者之一，因为他必须以一种客观的和中立的方式提出控诉陈述。① 例如，如果公诉方被允许隐瞒有利于被告人的证据，将是对公诉方作用的一种重大误解。这在英国和美国以及其他的对抗性制度中是真实的。公诉方被认为是争议的一方当事人，但是并不允许其以偏见的方式行事。

在实践中，公诉方可能被要求采取不同的步骤以确保他的中立性。例如，如果公诉方在主询问时发现证人作不利于被告人的虚假陈述，他必须通知辩护律师以使这一问题在交叉询问时被提出。当公诉方在审判之前的任何时候获知有证人能够提供有利于被告人的证言时，公诉人对在审判中召集这一证人是不感兴趣的，因为这可能会损害控诉陈述，而宁可通知辩护律师以便于他能够召集这一证人。在英格兰，公诉方已经养成了帮助辩护律师查找不能被发现的证人的习惯。在瑞典，公诉方和辩护律师可以在审前会议中会合以决定哪一方应当提出何种证据。类似

---

① See, for example, the statement of the United States Supreme Court in Berger v. United States, 295 U. S. 78, 88 (1935): "The United states Attorney is the representative not of an ordinary party to the controversy, but of a sovereignty… whose interest, therefore, in a criminal prosecution is not that it shall win a case, but that justice, shall be done. "

的实践在意大利也已经发展而成。

（五）被告方的作用

在讯问型审判中，被告人和辩护律师在提出辩护时所面临的困难在以上已经有所涉及。在对抗性审判中，他们居于一种更为有利的优势，因为，审判的构造是在公诉方结束控诉之后，被告方可以以一种不受干扰的方式提出辩护。因此，辩护陈述更为透彻，在法庭裁决被告人是否有罪时能够与控诉陈述抗衡。

由辩护律师对提出不利于被告人证据的证人和专家证人进行交叉询问，在对抗性审判中比讯问型审判要容易得多。对抗性审判对进行交叉询问提供了一个独立的程序步骤。交叉询问不受公诉方或法官的干扰是非常重要的，因为在主询问中对于证人证言的仔细审查有助于发现事实真相。

在讯问型审判中，由法官对证人的询问一般构成了或混合了主询问和交叉询问的因素。在法官结束了对于证人或专家证人的全面询问之后，在有些国家还允许辩护律师直接询问其他的问题。但是，这种询问的实践很少能够与不受干扰的交叉询问相比，因为在听取了辩护律师询问的一系列问题之后，法官可能会受到干扰，并重新开始询问。因此，法官有可能毁损辩护律师试图询问时所使用的策略。

（六）贫穷被告人的辩护律师

每一种刑事司法制度都规定了应为贫穷的被告人指定辩护律师。但是，关键性的问题却是在何种条件下应指定律师。直至今日，在不同的刑事司法制度中对于这一问题作出了不同的回答。可以被确定的是，没有一种制度规定了在所有的案件中应指定律师。

在美国，最高法院在 1972 年作出裁决，在被告人有可能被判决监禁刑时，无论其刑期长短，都应指定律师。[①] 在英国，指定律师在很大程度上是属于自由裁量性的问题。1988 年法律援助法规定，应在“司

---

① Argersinger v. Hamlin，407 U. S. 25（1972）.

法利益需要”的情况下指定律师。[①] 最高法院认为，无论被告人是否可能被判处监禁刑，案件是否包括困难的法律问题或者被告人是否可能在审判时提出证据则在所不问。

如果在英国或美国，被告人并不希望指定律师，他在审判中将会无代表。[②] 在英美法系中，即使被告人被指控犯有最为严重的罪行，律师也非是强制性的。这一选择的自由被认为是作为英美法系刑事对抗制度基础的个人自由主义的结果。虽然，应当补充的是，美国法庭在坚持这一严格的个人主义制方法已经显示出勉为其难。在1975年，美国最高法院裁决被告人只有在“明知和明智地”放弃律师的情况下，才能够被接受。[③] 最高法院进一步指出，即使被告人反对，也可以为其指定“辅助律师”。[④] 这一“辅助律师”的作用是在被告人希望的任何时候，为其提供建议和帮助。因此，可以认为，在美国刑事司法制度中对于个人自由的原则增加了社会援助的因素。

在欧洲大陆刑事司法制度中，采取了一种不同的方法。例如，在被告人存在身体上或精神上的缺陷时；在指控严重的罪行时；在有可能判处严厉的刑罚时；在被告人在审判之前已经被关押了一段时间之后，都要提供强制性的辩护律师。[⑤] 如果在其中的这些案件中，即使被告人不希望被代表，仍将会为其指定律师。强制性的辩护是基于这样的一种观念，即程序权利的保护和事实真相查明的准确性较之被告人自我决定的权利来说，更为重要。律师在审判时在场能够更为有效地实现这两种程序目的。

需要指出，那些由讯问型审判模式转向对抗性审判模式的欧洲大陆国家保留了强制性辩护律师的原则。因此，自由对抗的原则与被告人通

---

① Sec. 21 (2). As to details see Walker and Walker's English Legal System, 243 – 245 (7th ed., 1994).

② As to English law, see R. v. Woodward, (1943) 29 Cr. App. R. 159; as to American law, see Faretta v. California 422 U. S. 806 (1975).

③ Faretta v. California, 422 U. S. 806, at 821 (1975).

④ McKaskle v. Wiggins, 465 U. S. 168, at 175 (1984).

⑤ See sec. 140 German Code of Criminal Procedure; arts. 274, 417 French Code of Criminal Procedure.

常需要帮助的社会考虑是结合在一起的。

如何付给指定的律师报酬仍旧是很困难的问题。在美国的有些司法管辖区和意大利，在一定程度上，辩护律师可以被免费指定。这似乎并不是令人满意的解决方法，因为，律师必须确保他们的委托人获得必要的保护，但是同时，既不接受工作的报酬也不补偿花费，这就为律师施加了一种不当的金钱上的和伦理上的负担。

在对抗性审判中，尽管有时被告人没有律师代表，他却并不是不能获得帮助。在这样的案件中，英国的法官有时包括美国的法官已经担当了被告人的律师的角色。他们通知被告人作交叉询问的权利，并有权提出辩护证据。他们帮助被告人询问证人。他们建议被告人提出证据，主动排除公诉方提出的不可采的证据。

可以被确定的是，在瑞典和其他的欧洲大陆对抗性制度中，如果被告人没有律师，法官也起到类似的作用。这并不意味着，在这类案件中，法官主持审判就是又恢复了传统的讯问型审判模式。在对抗性审判中，法官的活动受到限制，而并非帮助被告人，而在讯问型审判中，这一作用为公诉方所承担。

（七）对被告人的询问

在典型的讯问型程序中，被告人在审判的一开始为法官所询问。[①]首先听取被告人的陈述被认为是一种特权，因为被告人在证据提出之前，被给予了提出对案件的意见的机会。但是，这一权利经常转化为一种负担。如果法官在询问被告人时，基于他阅读卷宗的印象，得出结论认为被告人没有说出真相，法官将让其知道并询问一些探究性的问题。因此，被告人在审判一开始便处于一种交叉性的询问之中，在审判时提出证据之前便要针对卷宗材料为自己进行辩护。

在德国的刑事审判中，法官在询问之前就通知被告人他需要作出陈述或者回答询问[②]。但是，基于心理上的原因，德国的被告人只有在例

---

① See sec. 243 (4) (2) German Code of Criminal Procedure; art. 328 (1) French Code of Criminal Procedure.

② Sec. 243 (4) (1) German Code of Criminal Procedure.

外的案件中才能行使沉默权。他们唯恐如果他们拒绝说话法官可能会认为受到了侵犯，并且在最后影响法官对定罪和量刑的裁决。

在英国和美国对抗性审判中，被告人居于更为有利的地位。无论何时被告人决定出庭作证，他首先是受到辩护律师的询问。这就给予了被告人在律师的帮助之下提出对案件的意见的机会，并且得以在不受探究性问题的干扰之下强调有利于辩护的方面。只有在对被告人的主询问结束之后，公诉方才可能开始交叉询问。而且，在英国和美国的审判中，被告人只有在公诉方结束了控诉论述之后，才能够被要求提出证据。在英国，被告人在其他的辩护证据提出之前作证；在美国，被告人可以选择他希望在什么时候受到询问。因此，被告人可以对在审判中已经被提出的证据作出回应。最为重要的是，被告人可以等待看公诉方是以何种方式并且在何种范围之内证明其指控。在另一方面，被告人被迫以一种合理的方式解释为什么公诉方提出的证据不应当被接受的原因。因此，在公诉方已经提出控诉陈述之后加以证明有时可能被认为是一种负担。

欧洲大陆的对抗性制度对于这个问题采取了不同的方法。在瑞典程序中，在审判的开始，公诉方陈述了指控之后，被告人要被询问他是承认或否认被指控的罪行。公诉方提出控诉证据之后，被告人就有机会给予辩护陈述。如果被告人解释他对事实的意见有困难，法官会予以帮助，但是法官从不对被告人进行交叉询问。公诉方的职权范围就是在被告人作出一般性的陈述之后紧接着就进行交叉询问。只有在公诉方结束了交叉性询问之后，辩护律师才可以询问其他的问题。

在意大利，被告人只有在公诉方提出控诉证据之后，才受到询问。① 被告人首先受到辩护律师的询问，其次才是由公诉方询问。

在所有的西方刑事司法制度中，被告人都受到反对自我归罪的特权的保护。但是，应当指出的是，并不总是容易贯彻这一特权。最为重要的是，在讯问型审判中较之对抗性审判中，被告人对这一特权的依赖更

① Art. 503, Italian Code of Criminal Procedure; art. 150, Italian Ordinance of Criminal Procedure.

为不易。

中国刑事司法制度显然采取了一种完全不同的方法：根据新刑事诉讼法第93条①的规定，被告人不仅被要求回答问题，而且要求如实回答。第93条所指的是侦查阶段，但是可以被推定被告人在审判中的地位并没有不同。被告人根据事实回答问题的义务显然是传统的强调供述、自我指控、个人与权力机关的合作与重建社会和谐的中国哲学的结果。这似乎是与认为在同犯罪作斗争中应优先考虑无产阶级专政的社会主义法律思想是一致的。

在1998年，中国签署了《公民权利和政治权利国际公约》，并表达了批准这一公约的意图。因为公约第14条体现了反对自我归罪的特权，中国刑事司法面临着解决传统的中国价值和社会主义法律思想与西方人权哲学的冲突这一问题。就像前面已经指出的那样，反对自我归罪的特权被认为是给予西方法律思想优先考虑的原则。因此，并不容易在现存的中国法律文化和作为反对自我归罪的特权的基础的人权保护之间达成妥协。

（八）证据

日本和欧洲大陆国家已经从讯问型审判转型为对抗性审判，但并没有吸收英美法系证据法的主体，而只是规定了几个重要的例外。

已经能够确定的是，在日本和欧洲大陆对抗性制度中，不允许在主询问中提出诱导性问题。② 这一原则的原因在以上已经有所解释。如果对抗性审判的典型特征必须保持，则这一原则似乎必不可少。

在英国和美国法律中，只有在例外的情况下，在主询问的过程中可以提出诱导性询问。③ 例如，如果证人似乎于进行主询问的当事人不

---

① 指1996年《中华人民共和国刑事诉讼法》。——编者注

② As to Japanese law see art. 199 – 3 (3) Rules of Criminal Procedure; as to Italian law see art. 499 (3) Code of Criminal Procedure.

③ As to English law see Rupert Cross and Colin Tapper, Cross on Evidence, 270 – 271 (7th ed. 1990); as to American law see McCormick on Evidence, Edward Cleary ed., §8 (3rd ed. 1984), at 12 – 13.

利，则允许提出诱导性问题，因为证人可能被诱导作出可期待的回答的危险并不存在。同样，如果提出诱导性问题是为了说出初步的或没有争议的问题时，如证人的姓名和职业，则以不适当的方式影响证人的危险也是不存在的。可以预料的是，类似的例外在日本和欧洲大陆对抗性制度的实践中也是允许的。①

在日本和意大利的对抗性审判之中，传闻证据是不允许的。② 众所周知，在英国法和美国法中，传闻问题已经发展成为一套大量的、复杂的详细规则制度，在实践中并不容易执行。这些详细的规则在日本或意大利程序中并没有被采纳。

但是，不应被忽视的是，传闻规则的排除对于在审判中行使被告人的权利，以同不利于他的证人对质是必不可少的。在欧洲许多讯问型制度中，被告人的这一权利受到了严格的限制。例如，在德国刑事程序中，如果警察官员证实了从政府告密者或者地下代理人那儿获知的有关被告人被指控的犯罪的情况，则这是一种可采性的证据。因为告密者和地下代理人并不作为公诉方的证人，而且他们的身份不公开，即使这些证据可能为定罪提供重要的依据，被告人也没有可能向他们提出对质，并通过交叉询问对他们的证据提出质疑。

使用告密者和地下代理人被认为是在犯罪侦查过程的有效工具。因此，不揭露他们的身份是合适的。但是是否应当使在审判中使用的传闻证据合法化却是一个不同的问题。德国的司法实践已经表明，在此类案件中可能会发生司法不公正的重大危险。

《公民权利和政治权利国际公约》第 14 条和《欧洲人权保护和基本自由公约》第 6 条规定，被告人有权询问对他不利的证人。在 1992 年，欧洲人权法院在洛迪诉瑞士一案中裁决，如果与被告人进行毒品交

① As to Japanese law see art. 199 – 3 (3) Rules of Criminal Procedure.

② As to Japanese law see art. 320 (1) Code of Criminal Procedure; Shigemitsu Dando, Japanese Criminal Procedure, 1965, at 198 – 203. As to Italian law see arts. 195, 500 Code of Criminal Procedure.

易的地下代理人在审判中没有被召集作为证人，则这是对这一权利的违反。[①] 欧洲法院建议应在不暴露地下代理人身份的情况下，召集询问。

中国刑事司法在对有组织犯罪尤其是大规模的商业犯罪提起公诉的时候，不得不面临这一重大问题，在有效的司法和保护被告人对质的权利之间达成妥协并非易事。

（九）对个人权利的保护

在不同的刑事司法制度下，对于个人权利的保护存在不同的方式。但是推定在对抗性程序中比讯问型程序中的保护更为有效，则是一种误解。就像在前面已经指出的那样，对抗性审判的结构更为有利于保护个人的权利。例如，反对自我归罪的特权和被告人提出辩护的权利在对抗性审判中能够更为容易和有效地得到保护。对抗性审判的结构也使得被告人对控方证人提出对质和交叉询问更为容易。

但是，这些例子并不能作为一般规则的证据。同时还存在其他在讯问型制度中能够得到同等保护的个人权利。例如，在合理的时间内获得审判的权利，无罪推定的权利，使辩方证人出席和询问的权利，以及贫穷的被告人有免费获得指定律师的权利。

个人权利的保护在很大程度上依赖于在一个社会中占主导地位的价值判断、哲学认识和政治理念。众所周知，个人权利的保护在西方世界近些年来得到很大的发展。中国刑事司法也将决定在何种方式上遵循这一现代发展，并如何使其与特定的中国传统保持和谐。

另一个问题是，对于可能在程序的侦查阶段发生的违反个人权利的行为进行补救是否应被认为是审判的一个目的。例如，通过非法搜查和扣押所获得的证据以及警察对被告人的非法讯问获得的证据是否应当在审判阶段被排除。在许多西方刑事司法制度中，可以找到排除规则，但是，它们还没有以一种统一的方式发展起来——有些东西通常被忽略——它们服务于不同的目的。

---

① Publications of the European Court of Human Rights, Series A: Judgments and Decision, Vol. 238 (1992).

美国法院，特别是最高法院已经规划出了主要旨在训诫警察的一套详尽的排除规则[①]。因为在美国警察机关中不存在等级制的监督和行政控制，美国最高法院被迫求诸作为警察行为的外部控制机制的排除规则。这一惩戒作用是影响美国法中排除规则发展的一个主要因素。

在德国刑事司法制度中，通过排除规则惩戒警察被认为是不必要的，因为德国的警察机关是一种大规模的和严格监督管理的组织单位。在德国法中，排除规则的目的不如说是保护个人的私人权利免受重大侵犯。因此，如果证据不仅是由警察机关而且是由公民个人——这点与美国不同——以一种非法的方式获得，都要被排除。

对于这些不同之处，中国的关键问题并不是考虑排除规则是否和在多大程度上被引入中国的刑事司法制度。而探讨中国法中排除规则适用的目的则更为重要。在近些年来，两个西方国家，匈牙利和土耳其，已经在刑事程序法典中增加了要求排除非法获得的证据的条款。[②] 两个国家都企图用彻底的排除以避免回答排除规则的适用目的。但是，在两个国家的刑事司法过程中，很快就发现这一条款并非行得通。如果任何对于程序条款的技术性违反均被视为是违法而获得的证据被排除，则警察机关和其他的刑事司法机关进行的侦查则会陷入停滞。

匈牙利和土耳其的例子可以作为警诫，以提醒中国不能回避分析排除规则的适用目的和涉及的不同的利益的均衡。

美国刑事司法的著名学者派克（Packer），认为排除规则对于适用正当程序的法律制度，也就是将对个人权利的保护作为主要目的之一的模式是必要的。[③] 但是，这一陈述仅仅适用于美国，因为，现今的美国不存在其他的保护个人权利免受不合法的警察行为侵犯的实际方式。德

---

① Exclusionary rules have become a major issue of American criminal procedure and affect many parts of it. See Wayne LaFave and Jerold Israel, Criminal Procedure, Vol. 1 – 3 (1984); Jerold Israel and Wayne LaFave, Criminal Procedure – Constitutional Limitation, 4th ed. 1988. John Burkoff, Exclusionary Rules, in: Encyclopedia of Crime and Justice, Sanford Kadish ed., Vol. 2, 715 (1983).

② Sec. 60 (3) Hungarian Code of Criminal Procedure; art. 254 (2) Turkish Code of Criminal Procedure.

③ Herbert Packer, The Limits of the Criminal Sanction, 168 – 169 (1968).

国的例子表明，对于控制警察还存在其他的方法。最为重要的是，关键性的问题不是是否适用排除规则保护个人的权利，而是它们是否能够得到有效的保护。

五、不经过完全审判而终结案件的机制

在每个刑事案件中都经过完全的审判将会阻碍刑事司法制度。因此，在所有的国家中，都发展了对大多数案件适用以简化的方式进行的特殊程序。可以区分为三种主要类型的特殊程序：英美法系刑事司法制度中的辩诉交易；存在于欧洲大陆国家，尤其是德国、意大利和法国的刑罚令；在许多刑事司法制度中存在的不同种类的简易和简化程序，以及中国新法[①]所引进的简易程序。简易审判比完全审判的时间要短得多，答辩交易和刑罚令的目的在于完全替代审判。

（一）有罪答辩和答辩交易

在美国和英国，案件的绝大多数是通过有罪答辩得以解决的。[②] 被告人对任何指控，即使是最为严重的案件，例如谋杀，都可以作有罪答辩。通过作有罪答辩，被告人正式承认有罪，从而放弃了审判的权利。

在美国和英国，一定程度上有罪答辩经常是被告方和公诉方、有时法官也参与的答辩协商的结果。作为答辩协商的结果，被告人作有罪答辩，而同时接受指控的打折扣、减轻量刑。在美国和英国，有时答辩交易的实践因为被认为是对被告人施加了不当的压迫，而受到批判。但是，一般来说，答辩交易被认为是使所有相关人获利的有效的程序。

在意大利刑事司法制度中，没有相当于有罪答辩的制度，但是新的

---

① 指1996年《中华人民共和国刑事诉讼法》。——编者注

② As to English law see Archbold, Pleading, Evidence and Practice in Criminal Cases, P. Richardson ed., §4－83 to §4－169 (1993); Jackson's Machinery of Justice, J. Spencer ed., 260 (8th ed. 1989). As to American law see Wayne LaFave and Jerold Israel, Criminal Procedure, Vol. 1－3 (1984), §20.

意大利法典承认“Patteggiamento”，也即行使与英美法系的答辩交易类似功能的答辩程序。[①] 在审判之前的任何时候，公诉方、辩护律师和被告人都可以协商一定的量刑，并向法官申请适用。法官如果认为对于指控有充分的事实上的依据，被告人并非无罪，则适用这一刑罚。为了吸引被告人作出协议，法官可以减少审判之后可能量刑的1/3；量刑的最高上限是2年的刑期。

“Patteggiamento”是在意大利的审判实践中有助于减少审判数量的快速的和节省的程序。它在两个方面不同于英美法系的答辩交易程序。一方面，它不包括被告人的有罪承认；另一方面，法庭在按照当事人达成的量刑协议处罚时并不裁决被告人的有罪问题。

根据中国新刑事诉讼法[②]第46条的规定，在只有被告人的陈述，而没有其他的证据时，不能认定被告人有罪。这一条款的目的显然在于防止基于因为某一原因不真实的陈述的定罪。似乎看来，中国法中单纯的供述不能定罪与英美法系的有罪答辩是不一致的。但是，应当指出的是，大多数的美国刑事司法管辖区现在要求法官在接受答辩协议之前应该裁定是否存在“事实上的依据”。[③] 美国最高法院裁决，法官在没有确定是明智的和自愿时，不应接受有罪答辩。[④] 因此，在美国程序中，对于有罪答辩增加了讯问型的因素。

应考察这一方法与中国新法[⑤]第46条的要求是否是一致的。意大利法在被告人承认有罪和由法院作出有罪判决之间提供了一个有趣的

---

① Arts. 444 – 448 Italian Code of Criminal Procedure; Ennio Amodio and Eugenio Selvaggi, An Accusaterial System in a Civil Law Country: The 1988 Italian Code of Criminal Procedure, 62 Temple L. Rev. 1219 (1989); Lawrence J. Fassler, The Italian Criminal Procedure Code: An Adversarial System of Criminal Procedure in Continental Europe, 29 Colum. J. of Transn. L. 264 (1991); William T. Pizzi and Luca Marafioti, The New Italian Code of Criminal Procedure: The Difficulties of Building an Adversarial Trial System on a Civil Law Foundation, 17 Yale J. Int. L. 1 (1992), at 21 – 23.

② 指1996年《中华人民共和国刑事诉讼法》。——编者注

③ Jerold Israel and Wayne LaFave, Criminal Procedure – Constitutional Limitation, 4th ed. 1988, at 412.

④ Boykin v. Alabama, 395 U. S. 238 (1969).

⑤ 指1996年《中华人民共和国刑事诉讼法》。——编者注

选择。

（二）刑罚令

既然有罪答辩与调整大多数欧洲大陆刑事司法制度的讯问型原则是不一致的，在一定程度上，日本法已经发展了一个完整的简易程序，以处理大多数包括非严重犯罪的通常案件。在这类案件中，德国公诉方可以向法官申请刑罚令，而不是提出正式的指控要求审判。[①] 如果卷宗材料表明被告人的罪行有足够的证据，而且被告人不提出反对，公诉方就准备提出刑罚令，叙述案件的详细情况，并申请判处一定的罚款，或者不超过1年的缓期刑罚。公诉方的申请与案件的卷宗材料一起同时提交给法官，而法官在通常的情况下，并不对案件的事实进行审查，而直接签署。刑罚令通过登记邮件送达被告人。

刑罚令是被告人接受量刑，因此也是承认有罪的要约。在这种程度上，刑罚令可以同英美法系的有罪答辩相比。通过偿付罚款或者接受缓刑监禁，被告人避免了审判的折磨、公开化和花费。对于公诉方和法官来说，刑罚令是有效的解决积案的方式。

如果被告人不愿意接受刑罚令，他不能提起上诉。案件将会通过正规的审判审理。

类似的刑罚令程序在美国、意大利和日本都有，但是有些细微的变化。[②] 在这些国家中，通过刑罚令施加的制裁只能是罚款而不能是其他的制裁方式。在意大利，通过施加在法定最低刑以下的最高不超过50%的罚款，以吸引被告人接受刑罚令。在日本，公诉方只有在被告人事先获知简易程序的内容并表示同意之后，才能申请刑罚令。

---

① Secs. 407 - 412 German Code of Criminal Procedure; Joachim Herrmann, Bargaining Justice—A Bargain for Criminal Justice, 53 U. Pitt. L. Rev. 755, at 760 - 763 (1992).

② Arts. 524 - 528 - 2 French Code of Criminal Procedure; arts. 459 - 464 Italian Code of Criminal Procedure; arts. 461 - 470 Japanese Code of Criminal Procedure; Shigemitsu Dando, Japanese Criminal Procedure, 1965, at 494 - 497.

（三）简易程序和简化审判

在不同的刑事司法制度中存在许多种形式的简易程序。这里所罗列的只是可能从比较法的角度来看有益的几种。

在有些美国司法管辖区，可以进行基于“规定事实”的审判。① 被告人与公诉方达成协议，在审判中不要求证人出庭，并请求法官基于预审的副本或者其他他们同意的事实陈述对案件作出裁决。基于规定事实的审判可以被认为是对抗性思想和调整美国审判的当事人自治的典型。

对证人的询问为宣读他们被警察或者治安法官询问时的记录所取代的案件也可以在法国的“矫正法庭”和“治安法庭”的审判中发现。②与美国相比，在法国的简易审判中并不要求取得被告人的同意，定罪所基于的事实可以同被告人的意见相矛盾。因此，法国的简易审判是典型的等级制和讯问型思想的典型。在中国的刑事程序中也是如此，因为新法③第152条允许在审判中用宣读证人在以前所作的证据副本取代证人证言。

在意大利，被告人可以向公诉方提出申请，而通常是由法官决定是否适用“简化审判”。④ 这类简化审判是不公开审理，不审查证据，案件将依据卷宗材料作出裁决。意大利刑事诉讼法典规定在定罪的情况下，适用的刑罚必须减少1/3，以吸引被告人适用简化审判。意大利的简化审判可以作为更为强调被告人的合作的现代“合意司法”的例子。

---

① Jerold Israel and Wayne LaFave, Criminal Procedure - Constitutional Limitation, 4th ed. 1988, at §20.6 (c); Mirjan Damaška, The Faces of Justice and State Authority. A Comparative Approach to the Legal Process, 1986, at 99.

② Arts. 427, 536 French Code of Criminal Procedure; A. V. Sheehan, Criminal Procedure in Scotland and France 212 (1975), at 74.

③ 指1996年《中华人民共和国刑事诉讼法》。——编者注

④ Arts. 438 - 443 Italian Code of Criminal Procedure; Lawrence J. Fassler, The Italian Criminal Procedure Code: An Adversarial System of Criminal Procedure in Continental Europe, 29 Colum. J. of Transn. L. 245 (1991), at 265 - 267; William T. Pizzi and Luca Marafioti, The New Italian Code of Criminal Procedure: The Difficulties of Building an Adversarial Trial System on a Civil Law Foundation, 17 Yale J. Int. L. 1 (1992), at 23 - 26.

合意司法也是日本刑事程序中的简易审判建立的思想。[①] 在日本审判的一开始，被告人被询问他是否希望作有罪陈述。如果在程序中作出了非严重犯罪的陈述，法官将接受案件的卷宗材料，将不遵守证据法的正式程序，但是，始终要求确认被告人的陈述为真实。

六、结　论

本文的目的在于通过对外国刑事司法制度的比较研究，为中国的深入改革提供一系列选择，中国应考虑哪种选择与传统的中国哲学和法律思想相符，并适合中国现代刑事司法的目的。在中国刑事司法进一步发展过程中的一个主要的困难是，将有效的犯罪控制与同样有效的人权保护协调起来。在这两者之间达成一种新的平衡将是中国刑事司法制度的良好前景。

---

① Art. 291 - 2 Japanese Code of Criminal Procedure; Shigemitsu Dando, Japanese Criminal Procedure, 1965, at 377 - 379.

专题四 德国刑事诉讼程序中的协商*

一、德国协商的实践与发展概述

刑事司法是一种充满活力的事物，仅仅在有限的范围内才能通过法律条文对之加以限制。这么说也许已经是老生常谈了，但是，德国刑事诉讼程序正以难以想象的速度和不可阻挡的动力，发展出一种新的程序性结案方式。当人们使用公认的程序性基本原则对这一方式加以衡量的时候，却不能得出其是符合刑事程序中占统治地位形象的结论。

这种新的程序性结案方式，在德国被称作协商、协议、谅解，甚至被称作交易。不同的说法，并不存在实质上的差异。在德国刑事诉讼程序中，虽然早已给出了一些关于协商的确定形式，例如，德国刑事诉讼法规定，检察官、辩护人和被告人可以达成一致并宣布，在主审判程序

---

* 原文系德文，王世洲译。题目是 Absprachen im deutschen Strafverfahren，发表于 ARCHIVUM IURIDICUM CRACOVIENSE Vol. XXXI – XXXII 1998 – 1999，POLSKA AKADEMIA NAUK – ODDZIAL W KROKOWIE KOMISJA NAUK PRAWNZCH，Wydawnictwo Oddyialu Polskeij Akademiee Nauk，KRAKOW，2000，S. 55 – 80。中文译文发表在《环球法律评论》2001 年冬季号（总第 23 期），本文删除了中文原译文中的英文摘要，并做了个别文字上的修正。——译者注。本文已收录于《我的一点家当——王世洲刑事法译文集》，中国法制出版社 2006 年版，第 172 ~ 197 页。——编者注。

中，通过宣读先前法官的审讯记录来代替对证人的询问。但是，这种形式的协商仅仅涉及一个单独的程序步骤，从协商的角度说，还不是新近通过实践发展了的协商。本文所指的新创造出来的协商，必须是以程序的结束为目的的。

在德国的实践中，作为程序性结案方式，逐步形成了以下三种协商形式：其一，在诉前程序中，检察官和辩护人，有时还包括法官，就经常约定，检察官不提出起诉书，而使诉讼程序在被告支付一笔罚金的情况下终止。其二，辩护人和检察官在诉前程序中私下商定，被告人可以不经过主审判程序的审理，而是向法官申请发布一项惩罚令，命令被告人接受该惩罚令中所规定的惩罚，从而结束诉讼程序。其三，在主审判程序或者先前的程序步骤中协商，如果被告人被允诺处以轻微刑罚作为回报，他就承认自己的罪行。现在，在涉及面广泛的程序中，协商还可以很典型地扩展到这样的情况：如果被告人对正在进行的有关其他犯罪行为的调查予以合作，可以将那些可能对该被告的犯罪予以追究的刑事诉讼程序终止。

作为程序性解决方法的协商，在 20 世纪 70 年代初期开始在实践中形成①。最初，协商被有保留地使用，仅仅限制在对不重要的犯罪行为的诉讼程序中。到了 70 年代末期，协商开始越来越多地运用于那些涉及面广泛、在证明技术上有困难、部分地也是因为在法律上有困难的诉讼程序中，以对付经济犯罪、毒品犯罪、环境犯罪和税收犯罪。大型诉讼程序的增加也导致实践中协商的扩展，与此同时，严重犯罪案件也被

---

① 参见 Dahs, Handbuch des Strafverteidigers, 3. Aufl. 1971, S. 79 f. u. 156; Hanack, JZ 1971, 705 ff., ders., Festschrift für Gallas, 1973, S. 339 ff., 342, Fn. 13; Schünemann, Absprachen im Strafverfahren? – Grundlagen, Gegenstände und Grenzen, Verhandlungen des Achtundfünfzigsten Deutschen Juristentages, Bd. I, 1990, B 9 ff., B 16; Herrmann, Bargaining Justice – A Bargain for German Criminal Justice? University of Pittsburgh Law Review, 53 (1992), 755。

包含进来了[①]。最近，协商甚至涉及暴力犯罪和故意杀人犯罪的诉讼程序[②]。

值得注意的是，在这个发展过程中，协商最先是避开公众进行的。诉前程序的协商，不会向外界透露任何消息，因为这本来就是秘密进行的。主审判程序中的协商，将在法官的办公室里，在法院的走廊上，或者通过电话进行。但是，在公开的庭审中，协商一点都不会被提及。一位著名的刑事辩护人，在1983年使用"交易"这个假名，对这种实践用下列恰当的方式作了描述："几乎每个人都知道这个（指协商程序），几乎每个人都干这个，仅仅是没有人谈论它而已。"[③]实践工作者保持沉默的理由是很明显的，因为刑事诉讼对协商并没有规定，并且人们不能肯定这种新的实践与现行法律是否互相吻合。

从人们在学术刊物上探讨协商问题开始，就引起了非常激烈的争论，由此提出了关注这件事的合理性问题。德国学术界几乎毫无例外地反对这种新的实践，因为其违反了宪法和刑事诉讼法的结构原则（Strukturprinzipien）。学者们强调提出，协商与法治国原则及由其引出的公正程序的基本原则是不相一致的[④]，同时还抨击，这种实践违反了法制原则、法官查明案情的义务、直接审理和口头辩论原则、公开性原则和无罪推定原则等众多公认的刑事诉讼基本原则。

---

① 第一个借助协商方法结案的大型诉讼程序，是1970年在亚琛州法院予以撤销的Contergan诉讼程序。据此，不是被告，而是其所代表的公司宣布，向受到安眠药损害的人支付补偿性的1.14亿马克。见LG Aachen，JZ 1971，507 ff.

② 例如，BGHSt 42，191 – 袭击银行；BGHSt 43，195 – 严重的抢劫性敲诈勒索；BGH，NStZ 1994，196 – 抢劫杀人；BGH，NStZ 1997，561 – 性强制和强奸。

③ Das strafprozessuale Vergleich，StV 1982，545.

④ 在多种意见中参见：Dencker/Hamm，Der Vergleich im Strafprozeβ，1988，Eisenberg，Beweisrecht der StPO，2. Aufl. 1996，s. 69 ff.，Fezer，Strafprozeβrecht，2. Aufl. 1995，s. 292 ff.；Hassemer，StV 1986，360；ders.，Jus 1989，890；Lüderssen，StV 1990，415；Rönnau，Die Absprache im Strafprozeβ，1990；Schünemann，NJW 1989，1895；ders.，StV 1993，657；Seier，JZ 1988，683；Systematischer Kommentar zur Strafprozeβordnung und zum Gerichtsverfassungsgesetz i. d. Fassung v. 1997 – Schlüchter，Vor § 213，Rn. 23 ff.；ebd.，Woter，Vor § 151，Rn. 66 ff.；Weigend，JZ 1990，774. Grundsätzlich positiv zu den Absprachen dagegen Gerlach，Absprachen im Strafverfahren 1992；Wolfslast，NStZ 1990，409.

律师、法官和检察官，面对强大的批评，除了极少的例外，仍然明确地支持这种协商活动①。他们指出，如果没有这种新的结案方式，刑事司法在面对日益增长的工作负担时，是不可能胜任的。除了这种实用性的考虑之外，他们还强调，现行的刑事诉讼法虽然没有规定协商活动，但是同样也没有明确禁止进行这种活动的规定。因此，问题不是应不应当允许协商，而是人们必须使用哪一种方式来组织这种新的实践活动，从而能够使其和谐地补充进现存的程序制度之中去。这种实践的目的在何种程度上被认真地考虑过，可以从这样一点上看出：德国联邦律师协会（Die Bundesrechtsanwaltskammer），德国法官协会的大刑法委员会，以及总检察长们都已经针对协商活动的组织安排工作，各自独立地发出了指示②。

除此而外，德国法院对协商问题也很关心。德国宪法法院仅仅在1987 年，对主审判程序中进行的协调活动的宪法允许性作过一次判决，不过这个判决给出的结论短了一点，因为这个结论是由该法院的一个审判庭作出的，是关于在事前审查阶段拒绝接受宪法性上诉的事情③。该审判庭一方面认定，只要协商不损害被告人根据法治国公正审判、法官

---

① Böttcher, Verhandlungen des Achtundfünfzigsten Deutschen Juristentages, Bd. II, 1990, S. L 9; Böttcher/Widmaier, JR 191, 353; Böttcher/Dahs/Widmaier, NStZ 1993, 375; Dahs, NStZ 1988, 153; ders., NJW 1996, 1192; Gallandi, wistra 1991, 47; Kintzi, JR 1990, 309; ders., DriZ 1992, 245; Koch, ZRP 1990, 249; Rückel, NStZ 1987, 297; Schäfer, Verhandlungen des Achtundfünfzigsten Deutschen Juristentages, Bd. II, 1990, S. L 48; Schmidt – Hieber, NJW 1982, 1017; ders., Verständigung im Strafverfahren, 1986; ders., StV 1986, 355; ders., DriZ 1990, 321; Weider StV 1991, 241; Widmaier, StV 1986, 357; ders., Verhandlungen des Achtundfünfzigsten Deutschen Juristentages, Bd. II, 1990, S. L 33. Kritisch dagegen Meyer – Goβner, DriZ 1996, 180; Niemöller StV 1990, 34; Zschockelt, NStZ 1991, 305; ders., Festschrift für Salger, 1995, S. 435.

② Strafrechtsausschuβ der Bundesrechtsanwaltskammer, Thesen zur Strafverteidigung, 1992, Thesen 38 – 44. Die "Münsteraner Thesen" der Groβen Strafrechtskommission des Deutschen Richterbundes sind wiedergegeben bei Kintzi, JR 1990, 309. 德国黑森州的总检察长已经为其工作范围发布了“关于刑事诉讼程序中进行协商应当遵循的原则”，该文件发表在 StV 1992, 347。其他州的总检察长发布的指示基本上与这个原则相似。参见 Böttcher/Dahs/Widnaier, NStZ 1993, 375 f.。

③ NJW 1987, 419。

查明真相和罪刑相适应的基本原则，以及被告人意志决定自由所享有的权利，这种活动就没有违背宪法。另一方面，该法庭明确警告，不允许“用判决的形式作出调解”或者“用法律作出处理”。

德国联邦最高法院在最初的一系列判决中，并没有涉及协商的许可性这个中心问题，而是仅仅讨论其中的个别问题[①]。然而，1991 年发生了一件意外的事情，使问题一下子凸显出来了。德国联邦最高法院第三判决委员会在一个判决中，非常明确地反对协商活动，并且不容争辩地确定：在协商中不存在可以达到诉讼结果的法治国的程序[②]。虽然，在这里仅仅涉及一个表达了不同意见的附带性的法院判决（obiter dictum)，然而，这种实践活动却从根本上变得缺乏保障。不过，这种令人不安的局面很快就得以改变。仅仅几个月之后，第二判决委员会又发布了一项判决，不仅不再考虑第三判决委员会的判决，而且还明显有意地使用传统的方式，将协商的许可性这个基本问题搁置起来不作规定[③]。

在此之后的日子里，德国联邦最高法院的判例继续采用这种策略。一直到 1997 年，第四判决委员会作出了一个原则性判决，指出：刑事诉讼程序中的谅解“不是一般地不能允许的”[④]。在这个小心翼翼地用双重否定形式来表达的语句中，该委员会明显地不想造成这样的印象：它对谅解的实践在基本上是持保留态度的。相反，它的意图是指出协商具有与传统的诉讼程序不同的特点。

20 世纪 90 年代初期，为了对协商制定一个详细的法定范围，曾经从多方面进行了考察。但是多数人认为，把协商放在一个特殊的程序中，使用详细的规则加以规范的做法，是不值得推荐的。人们担心，这种做法的结果将导致德国的刑事程序分裂为两种形式，一种是有协商的，另一种是没有协商的。对德国刑事诉讼作这样的区分是不受欢迎

---

① StV 1984，449；StV 1988，417；BGHSt 36，210；BGHSt 37，10 u. 99.

② BGHSt 37，298，305. 另外，参见 Zschockelt 的谈话，他当时是作为发言人参加该项判决的，Richter in NStZ 1991，305 ff.，307 ff.。

③ BGHSt 38，102.

④ BGHSt 43，195.

的。另外一种建议是，通过一些灵活条款的帮助，在刑事诉讼的总则部分规定协商的实践，以遏制已经出现的不稳定性和弊病。然而，在这个方面向立法者进行呼吁的工作停止了，因为很明显，判例就可以成功地解决在协商实践范围内出现的最重要的问题。

现在可以说，经过曲折的发展，协商不仅已经在德国刑事诉讼中建立起来了，并且还获得了法律上的承认。在20世纪80年代末期进行的实证性调查和评估表明，当时大约有20%～40%的刑事诉讼是在协商的帮助下结案的①。人们可以据此认为，现在的百分比比过去还要更高一些。现在，在涉及面广的诉讼程序中，协商已经属于每日进行的很平常的事情了。有这样一件事情很说明问题：最近，在一个经济犯罪的刑事诉讼程序中，被告席上坐的是一些受人尊敬的企业家和地方政治家，审判长在主审判程序中是以这样的话开庭的：本案至今尚未与辩护人进行协商。

在本概述之后，本文将进一步说明三个最重要的进行谅解的典型案件，并探讨其中的法律问题，分析由此发展出来的解决办法。

二、以支付金钱为条件撤销案件的协商

德国刑事诉讼法第153a条是关于履行一定义务而撤销案件的法律。初看起来，这条规定与协商没有关系。这条规定是1974年颁布的，首先是为了对取消违反规定的行为（bertretungen）予以补偿，即对轻微刑事犯罪行为（Bagatellstraftaten）而制定的②。刑事诉讼法第153a条在诉前程序期间为检察官打开了这样一种可能性：在轻罪案件中，如果被告人的罪责较轻，并且公众对追究刑事责任不存在兴趣，就可以采取暂时不考虑起诉，为被告人规定特定的义务或者指示，以及根据其完成情况决定最终撤销诉讼程序等方式结案。如果一个诉讼程序的对象不是轻微犯罪行为，检察官在使用这种结案方式时就需要有法官的批准。在主审

① Schünemann，58. DJT，Bd. I，S. B 18.

② 参见德国联邦政府对该法律草案的说明，Bundestag－Drucksache 7/550 vom 11. 5. 1973，S. 297 ff.。

判程序中，撤销案件的决定权在法官，但是从法官方面说，还需要有检察官的批准。

通过引入刑事诉讼法第153a条，就使这样一种实践合法化了，这种实践在该法条生效之前就已经在边缘地带与德国刑事诉讼法第153条一起逐渐形成了。① 第153条规定是在20世纪20年代补充进刑事诉讼法中来的。它在轻微罪过和对刑事追究缺乏公众兴趣的案件中，允许检察官或者法官在不规定义务的情况下撤销案件。从70年代初开始，有一部分案件甚至在这之前，就逐渐有越来越多的辩护人与检察官或者与法官约定，通过被告人自愿地向公共机构或者国家财政缴纳一笔金钱的自我罚款形式，使其罪责得到弥补而显得很轻微，并由此使诉讼程序得以撤销。

这种形式的约定，虽然从刑事诉讼法第153a条的字面看，不是明显被允许的，但是，依据该条进行的实践，却使协商得到了合法化，并且通过规定的程序期满，使得这种实践明显地变得简便了。一部主导性的刑事诉讼法注释在1977年警告说，法治原则禁止在检察官和被告之间进行约定，刑事诉讼法第153a条不允许在起诉上进行讨价还价②。然而，协议活动的迅猛发展却是不可阻挡的③。在诉前程序中，首先是在商店盗窃和交通违法行为中的小型犯罪案件，借助了约定形式结案。在中型的犯罪案件中，也可以通过谅解和支付罚金导致案件的撤销。在起诉之后，尤其在以经济犯罪行为或者其他涉及面很广的刑事案件为对象的主审判程序中，也进行了借助约定而撤销案件的实践。在这些案件中，人们不再如刑事诉讼法第153a条所要求的那样，还要讨论“轻微罪责”的问题④。

---

① Dahs, NJW 1996, 1192; Löwe - Rosenberg, Die Strafprozeβordnung und das Gerichtsverfassungsgesetz, Groβkommentar, 24. Aufl. (1985), Rieβ, § 153a Rn. 2, Fn. 5; siehe auch Herrmann, The Rule of Compulsory Prosecution and the Scope of Prosecutiorial Discretion in Germany, University of Chicago Law Review 41 (1974), 468 ff., 489 ff.

② Löwe - Rosenberg, 23. Aufl. (1977), Meyer - Goβner, §152, Rn. 13. Siehe auch ebd. § 153a, Rn. 39.

③ 结果，8年以后出版的第24版注释对协商不再有什么反对意见：Löwe - Rosenberg - Rieβ, § 153a, Rn. 10。

④ Hassemer/Hippler, StV 1986, 363; Hirsch, Gedächtnisschrift für Hilde Kaufmann, 1986, S. 160; Hanack, StV 137, 501, Fn. 9; Berckhauer, Kriminalistik 1987, 79 ff.

面对这种困难情况，德国立法者在1993年，通过一个附加条款，对刑事诉讼法第153a条中的“轻微罪责”的要求加以补充。根据这个附加条款，当“罪行的严重程度不与之相对抗”的时候，撤销案件是允许的。这些文字的改变表明，德国立法者理解了实践中的发展，即刑事诉讼法第153a条在中型犯罪行为领域中已经在相当长的一段时期里被运用了。

值得注意的是，立法者在刑事诉讼法第153a条的新版本中，并没有触及协商的问题，虽然这个问题——不同于引入这个条文的其他做法——已经一般地众所周知了，并且，如已经提到的那样，要求立法作出规定的呼声甚至也已经变得很响亮了。只不过德国立法者根据协商的发展，明显地认为，不存在制定规则的需要。这样，就产生了这样的结果：在实践中，与刑事诉讼法第153a条有关的协商程序继续独立地不受限制地进行①。

在实践中，能够在多大范围内使用约定的方式，可以通过一个案件来证明。这个案件在德国因被称作“木材防护剂诉讼”而相当有名②。一家公司的两个经理，因他们经营的一种被广泛使用的木材防护剂，在住宅内使用会导致严重的健康损害，在历经12年的调查程序之后，因为过失伤害罪被起诉。在主审判程序中，证据显示，木材防护剂与健康损害之间存在因果关系。这使得法院、检察院和辩护人在法庭开庭日之前，根据刑事诉讼法第153a条，对撤销诉讼程序的可能性进行会谈。法庭建议由该公司而不是由被告人支付罚款1000万到1200万德国马克；检察院要求支付1.2亿德国马克。由于该公司不能筹措到这笔款项，协商没有成功。两名被告被各判1年监禁，缓期执行。但是，德国联邦最高法院认为该案有关因果关系的证据是错误的，从而撤销了这个判决，将该案发回下级重审。在新的主审理过程中，由于健康原因，只剩下一名被告出庭，这个诉讼程序最终通过协商，以支付一笔10万德国马克的

---

① 当Böttcher/Widmaier，JR 1991，354认为，协商是通过刑事诉讼法第153，153a条“用法律规范”的，但是在所提到的条文中无论如何找不到支持这种观点的内容。

② Hamm，Große Strafprozesse und die Macht der Medien，1997，102 ff.；LG Frankfurt a. M. NJW 1997，1994. 关于其他借助于刑诉法第153a条结束的大型诉讼程序，参见Dahs，NStZ 1988，155；ders. NJW 1996，1192。

罚款而被撤销。但是，撤销案件的条件是，拥有经营木材防护剂公司的两名经理必须提供可供支配的一笔400万德国马克的资金，使一所德国大学能够得以设立一个室内空气毒物学的教授职位。

这个木材防护剂诉讼，因其争议的金钱义务额之高而变得颇不寻常，它表明了法院典型的策略，即借助约定的方法来绕过证据方面的困难。同时，也表明，这是利用刑事诉讼法第153a条进行约定的界限。当诉讼程序是以重罪为对象时，不能利用该规定撤销案件。然而，有报道说，在作为重罪起诉的案件中，例如杀人未遂，也有使用约定的方法，将其降级为危险的伤害（轻罪），从而通过罚金撤销案件的情况①。在另外一个案件中，被告因为帮助作伪证（重罪）而站到法庭前面，法官、检察官和辩护人达成妥协，认定被告的故意可能仅仅包括轻罪性的不属于誓言的虚假陈述②，从而撤销了案件。

这种花招如果不是绝对不能允许，也肯定是很成问题的。与第153a条有关的约定在其他方面也会带来问题。检察官和法官曾经将撤销诉讼程序作为对被告使用压力的一种手段，例如，曾经有检察官在一个证据比较困难的程序中，在该程序比较早的阶段，就提出以支付高额罚金的方法撤销案件，并暗示，再下去就不可能撤销案件了。从检察官的眼光看来，他是愿意并且理解这种措施的出现的，因为这可以省却他的许多调查工作。现在，根据法律，这种“一次性的提议”是很难进行的了，因为根据刑事诉讼法第153a条，一个诉讼程序在主审判程序中也可以撤销。如果法官在主审判程序中考虑撤销案件，那么，检察官就必须基于协商结果的基础，作出自己的批准决定。因此，如果一个检察官已经在诉前程序公开宣布，自己在以后会拒绝作出批准决定，那么，他在后来再作出批准的做法就是不允许的。对于检察官的这种和其他类似的专横，被告人其实并不是完全没有一点保护，这就是，当一个较大的诉讼程序应当撤销时，检察官必须将该案件提交给上级审查。

在主审判程序中，由于法院受到的压力，将已经达成的撤销案件的

① Rückel，NStZ 1987，300.

② Dahs，NStZ 1988，155.

协议撤销的事情一再发生。这样做的理由不一定是存在证据上的困难，如前面提到的木材防护剂诉讼中暴露出来的情况。因为绝对时效的压力，比如诉讼参与人可能因生病，将使主审判程序中止或者重新进行，或者因为发生意外使得重要证据不再能够被使用，法院也能够感觉到被迫争取约定成功的压力。在这样的案件中，事情自然取决于被告的决定，他可以将法院的无理要求驳回，并且为自己的无罪而斗争。然而，他必须因此承担主审判程序所带来的负担，以及承担对自己作出判决的风险。

这种实践表明，辩护人在一定的范围内能够发挥影响力，因为需要他在诉前程序中与检察官，或者在主审理程序中与法官商定各种条件，从而依此撤销一个诉讼程序。例如，如果辩护人查明其他各方对撤销案件都感兴趣，那么，他就能够就应当由自己当事人承担的罚款数额进行商谈。如果辩护人没有得到检察官或者法官准备撤销案件的印象，那么，他也可以宣布，自己在主审判程序中将提出许多证据申请。经验指出，如果他提出的这种证据申请太多，就会使得主审理程序的期限拉得相当长。

人们可以对这种做法提出反对意见，因为，这种策略上的花招不再符合刑事诉讼法的精神，并且，也使得逾越允许性的界限变得很容易。不过，在提出反对意见的同时，不应当忽视这一点，即协商的其他替代可能性在任何情况下都不会是一种简略的、严格遵循古典诉讼程序基本原理的程序的理想模式。相反，人们必须仔细盘算，在没有协商的情况下，在诉前程序，同样也在主审判程序中，会经常造成严重的拖延，也不可能预见诉讼程序什么时候结束。在诉讼程序中，如果不利用协商来结案，也可能产生更多的需要巧妙处理的问题。如果人们从诉讼程序的现实考虑，那么，这个与协商相联系的问题就可以在一束不太昏暗的灯光下显现出来。在协商期间，以从轻处罚作为认罪的回报，必须说明该约定可能在什么样的法律框架下取得，并且要防止在使用这种方式时发生滥用。不过，这里需要坚持一点，即在争论和不确定的状态下，参与人之间以谅解目的说出的坦率话语，在任何情况下，都要有助于相关问题的清楚、明确，促进相互之间的信任。

三、刑事命令程序中的协商

刑事命令是一种简易的、书面的程序，其将在不经过主审判程序的情况下产生对被告人的判决。如果被告应当承担的是轻罪的罪责，并且有充分理由表明该被告是犯罪嫌疑人，那么，只要能够确认，被告人同意这种结案方式而不会提出反对，检察官就可以向法官申请取得一份刑事命令。通过该刑事命令，只能判处罚金、监禁的缓刑、一年以下监禁或者禁止驾驶。检察官在刑事命令申请中建议一项确定的刑罚，如果与案卷一起接受申请的法官同意该项建议，该法官就签署该项刑事命令。在德国的一些州里，通过刑事命令结案的程序要比通过起诉书和主审判程序结案的程序更复杂①。

对于被告人来说，刑事命令表示了一种书面的建议，即接受该项惩罚从而避免身体上和时间上的负担，以及避免主审判程序的费用。对于检察官和法官来说，刑事命令与经过主审判程序相比，是一种相当迅速的结案方式。在如此利益相关的基础上，实践中经常出现，协商的结果就是发出刑事命令。在这里，谅解首先是在辩护人与检察官之间开始的，因为法官在任何情况下，对签发检察官申请的刑事命令都不会迟疑。然而，在困难的案件中，也会发生法官被拉入协商中的情况。

协商的内容不仅包括被告是否已经准备接受刑事命令，而且也包括即将判处的刑罚的种类和程度。这样的事并非不寻常，例如，辩护人向检察官建议，只要确定的刑罚不超过一个确定的程度，他的当事人同意接受一个刑事命令。该检察官也可以自由决定是否接受这样的建议。如果他认为辩护人建议的惩罚不够严厉，他还可以在更高的刑罚上就此建议达成一致。

被告人在这种谅解性谈话中，同样，在与刑事诉讼法第153a条相联系的约定中，是不出席的。这应当被看成是好处，因为这样做，谈话

---

① Vultejus，DRiZ 1995，226.

的参加人就能够坦率地讨论事实和法律的状况。辩护人只能在事先与其当事人商定在什么程度下可以与对方妥协之后，才能参与这样的谈话。对于约定的结果，辩护人必须告知其当事人。此外，辩护人必须注意，自己在没有产生协商结果的约定性谈话框架下使用的坦率语言，不存在可能损害以后辩护活动的可能性。

在关于发布刑事命令的谅解活动中，有的参与人要施加一定的压力也不是罕见的。辩护人可以指出，如果事情应当进入主审判程序，他必须提出许多证据申请。检察官会强调，例如，如果被告人在约定中同意，对其犯罪行为给予相当高刑罚的刑事命令，那么，他也仅仅愿意根据刑事诉讼法第 15 条和第 154a 条，撤销对于那些属于较大行为组合的犯罪行为的诉讼程序[①]。然而，无论检察官或者参加协商的法官，都不允许进行这样的威胁：被告人将仅仅因为进入主审判程序，就要在判决中处以更重的刑罚。这种在美国刑事诉讼程序的辩诉交易中经常使用的压力手段，是德国刑事诉讼程序所从不采用的。

有时，在关于刑事命令的协商中，还要注意与刑事诉讼程序有关的情况。例如，在那些涉及面广的应当结案的偷税罪的诉讼程序中，检察官、法官和辩护人已经作出了发出刑事命令的约定，但是被告人提出异议。在此之后，法官在协商的内容中，首先不是确定进入主审判程序，而是将案件中止，以等待财政法院对税法问题作出有法律效力的决定。人们能够理解，在财政法院得出没有支付税款在事实上是有罪的结论之后，被告就会将该项异议撤回，否则，案件就要进入主审判程序了。

总之，人们可以把寻求发布刑事命令的协商看成是没有问题的。协商虽然突破了法院查明真相、直接性、口头性，以及公开性等诉讼程序准则，但是，这些准则却通过法律允许的刑事命令程序本身得到实现。协商不会更多地限制这些诉讼程序准则。尽管刑事命令是在没有事先倾听被告人意见的前提下发出的，但协商却使得法定的听取意见的基本原则的价值得以提高。

---

① Dahs, NStZ 1988, 155.

四、以认罪为对象的协商

（一）各种诉讼程序阶段中的协商

那种被告因为认罪而受到优待的协商，可以发生在刑事诉讼程序的各个阶段。

只要起诉书尚未提出，协商就可以在检察官和辩护人之间发生。协商将在涉及面广泛的诉讼程序中被考虑，其内容是：检察官答应，在被告应当承担责任的犯罪行为中，仅仅起诉其中的一部分，其他行为方面的诉讼程序将被撤销，同时，被告承担义务，在主审判程序中作出认罪。检察官还可以许诺，他将在主审判程序中申请轻微的刑罚。虽然法官在判决时并不受检察官刑罚申请的约束，但作出量刑决定时将会注意这种申请。

如果在诉前程序进行协商，那么，辩护人就会处在比初看起来更好一点的谈判地位。在德国刑事诉讼程序中，辩护人有权查阅检察官的案卷，根据对案卷的研究，告知被告人现有的对其不利的罪证材料。辩护人和被告人可以一起评价证据，估计认罪将带来的好处。

从起诉到主审判程序开始，在法官准备诉讼程序的阶段，也存在协商的机会。例如，法官向辩护人指出，被告人已进入罪责谴责阶段，但由于证据和法律事实不清楚，必须进行费时费力的证据采纳工作，因而主审判程序将可能持续几个星期或者几个月。为此，是否要在程序开始时考虑认罪。在这种情况下，辩护人将反问，如果被告人作出认罪，从而帮助缩短了主审判程序，将被判处何种刑罚。如果法官为判处的刑罚提出一个上限，即该法院在本案中不会超过的刑罚界限，双方达成一致，辩护人就会答应认罪，协商也可以为了这样的目的而进行：被告通过认罪而使得一个性犯罪的受害人不必在主审判程序中作为证人出庭作证①。

经验表明，在主审判程序阶段经常进行协商活动。辩护人总是向其

① BGH，NStZ 1997，561.

当事人建议：先承认起诉书的谴责，然后等待，看证据采纳的结果如何，在诉讼程序持续很长时间之后，谅解性谈话的时机就会到来。经常是由法官走出第一步，指出如果被告认罪，就存在对该部分进行从轻处罚或者撤销部分已经起诉的犯罪行为的可能性。辩护人方面不仅答应认罪，而且允诺，撤回已经提出的证据申请，不提出已经宣告的证据申请，以及不提出其他法律救济手段。在这种协商中，检察官经常仅仅扮演一个次要的角色。由于已经提到的原因，被告人在任何情况下都不会参加谅解性谈话活动。

（二）协商中的疑难问题和法律性组织工作的开始

与认罪有关的协商，出于多方面原因将会被认为是很成问题的。其中一种主要的反对意见，也是德国联邦宪法法院已经指出的，即协商的实践与统治德国主要诉讼程序的诉讼基本原则不相一致。那种在电话中，在法官办公室紧闭的房门后面，或者在昏暗的法院走廊中进行的谅解性谈话，如果的确决定了对诉讼程序有决定性意义的事情，那么就与直接性、口头性和公开性的基本原则不相一致了，并且，本来应当进行诉讼程序性工作的主审判程序，只能变成单纯的走过场了。

然而，人们不应该忽视，认罪是在协商之后产生的，是由被告人在主审判程序中作出的。考察真相的义务要求法院查明，这种认罪在什么程度上充分地包含了细节，从而可以作为判决的事实基础；并且在认罪以后，在什么范围内必须提供进一步的证据。此外，德国联邦最高法院第四判决委员会在已经提到的 1997 年基本原则性的判决中，已经把与主审判程序相联系的约定在法律上做了组织安排。该委员会已经把在主审判程序之外，发生在一些诉讼程序参加人之间的约定性谈话——通常没有陪审员和被告人的参加，经常也没有各种专业法官的在场——降格为单纯的“准备性会谈”。法庭已经加以确定，协商本身必须“在公开的主审判程序中，并在所有诉讼参加人的参与下进行”①。

这样一来，这种广泛进行的、秘密涉及协商，并且在主审判程序中

① BGHSt 43，195 u. 206.

根本没有提及的实践，就从根本上被抽走了基础。但是，联邦最高法院并没有确定，准备性会谈作为一方面，主审判程序中进行的协商作为另一方面，内容应当各是什么。人们也许能够由此认为，这种实践将被坚持：在主审判程序之前的谈话中就探讨所有决定性的要点，并且确定诉讼程序的结案方式。如果这个由第四判决委员会要求的"在主审判程序中的协商"是有意义的，那么，在这里就不仅必须宣告，案件已经进入谅解性谈话了，而且应当指出，其内容是什么和将引导出什么样的结果。只有使用这种方法才能保证，公开性和口头性、直接性和法官的查明义务的核心部分得到了遵守。

在主审判程序中，"准备性会谈"的坦率性也会保证全部诉讼参与人正确地了解情况。被告人在主审判程序中总是在场的，必须给他在准备性会谈中发言的机会。因为在主审判程序中，检察院的代表也要出席，那些过去值得注意的弊端要被清除，即法官背着不愿意合作的检察官与辩护人达成协议，并且使他面对既成事实。

德国最高法院在其基本原则性的判决中，还计划将协商的结果写入主审判程序的案卷中①，以排除误解。过去，在达成的协议的内容和范围方面的误解，不仅发生在法院和辩护人之间，而且发生在法院和检察院之间。为了避免误解，在诉前程序或者在主程序的准备阶段作出的约定，也应当写入案卷中。

反对主程序中的协商的意见一再被提出来，该意见认为，这种做法与法官查明案情的义务，以及法院遵守的基本原则，即法院关于罪与刑的判决只应当根据主审判程序的结果作出相矛盾。然而，有一点是应当反对的，即法院有义务根据被告的可信性，审查被告通过约定作出的认罪，并且在必要的时候，进一步提出证据。因此，法院在协商的框架中可以作出不确定的刑罚承诺，它可以自由地提出打算适用的刑罚的最高界限，并保证被告认罪后，在量刑的时候不予超过②。然而，法院在自己制定的刑罚范围内，必须借助公认的量刑原则，尤其是罪责基本原

---

① BGHSt 42，206.

② 然而，法院的实践表明，后来在判决中宣告的刑罚经常就是宣布的刑罚最高限。

则，来确定具体的刑罚。

这方面的问题是，法院应否受协商的约束？在文献中，绝大多数都是持反对意见的，法官查明案情的义务和证据评价这些诉讼程序的基本原则，都将排除这种约束效力。协商因此仅仅被赋予了暂时性预测的特征[①]。然而，在此没有被注意到的是，各种参与人在很大程度上依赖于对于协商的信任，实践中很少发生不遵守协商的情况。因此，在文献中，有些意见采纳了法院事实上受协商的约束的观点。

德国联邦最高法院在可能的约束力方面，并没有遵循统一的路线。在一个 1989 年作出的决定中，第二判决委员会并没有涉及约束力问题，虽然案情已经完全给予了这个机会[②]。在该案件中，下级法院偏离了协商，因为在进一步的程序中，给予的刑罚超过了协商的上限。两年以后，第三判决委员会排除了各种拘束力，因为约束已经给人以法院是不公正的的印象[③]。然而，第四判决委员会顾及通过协商而取得的信任状态和公正审判的基本原则，在前面提到的基本原则性的判决中作了一个向后转，在原则上承认了约束力[④]。这个判决委员会甚至还向前迈出了决定性的一步，它说明，只有在主审判程序的过程中，出现了“新的（这一点该法院迄今未做解释）”被告应当承担责任的情况和在案件中涉及“困难的情况”，才允许偏离协商。根据法院的观点，这样的情况例如，被当作轻罪起诉的行为后来被认定为重罪，或者事后发现被告人曾经受过重大的刑事处罚。这样，如同刑事诉讼法第 373a 条规定的那样，法官可以偏离协商的条件，又与签订有法律效力的刑事命令的程序的根据相类似了。

面对这些过去的规定，必须提出的问题是，第四判决委员会是否还要以协商的——增强了的——事实上的约束力或者不以法律上的约束力作为出发点呢？反对法律约束力的观点肯定要说，如果突破了传统原则，就为德国刑事诉讼程序创造了令人不熟悉的处理原则，同时，法官

① Schmidt Hieber, DRiZ 1990, 322; Zschockelt, NStZ 1991, 309.

② BGHSt 36, 210.

③ BGHSt 37, 303 f.

④ BGHSt 43, 195 u. 210.

查明真相的义务与自由的证据评价的做法也被突破了。对此，第四判决委员会没有说明，虽然不存在本来可以说明其正当性的严重的新情况，但是判决偏离了约定，因而被告不同意判决而提出法律救济手段（Rechtsmittel）时，应当如何进行诉讼程序。如果上级法院（Das Rechtsmittelgericht）宣布，在这样的案件中，不允许脱离协商，人们还能谈论仅仅是事实上的约束力吗？人们还不知道，第四判决委员会新引入的特征在法院实践中将扮演什么角色。

如果法院判处的刑罚超出了协商的范围，那么，就必须将法院的观点告知被告人，并且向被告人提供一个机会，让其表达自己的意见。被告人在这种案件中会感到自己处在一种迫不得已的困境，他已经根据协商作出了认罪，但法院却没有遵守协商的内容，作出了另外的决定。为了不将协商失败的风险加在被告身上，有人恰当地建议，在约定失败的时候，应当宣布认罪是不能使用的①。

对于协商实践还有这样的批评：这种做法是为认罪支付报酬，只不过，这种报酬不是出于罪责的认识和悔罪，而是出于诉讼程序技术的考虑。因为根据一般的观点，只要有证据证明，被告在内心已经要与自己的行为划清界限，从而作出认罪，才能作出对被告有利的考虑。然而，根据协商作出的认罪不属于这种情况。

正如第四判决委员会在其基本原则性的判决中所强调的，这个批评是从认罪的真实原因总是可以查清确定的假设出发的②。然而，这个假设恐怕是不合理的，因为认罪可以有多种原因。首先不能排除的是，根据协商作出的认罪包含了真实认罪和悔罪的成分。被告在公开的主审判程序中，虽然推翻了预计的刑罚，但至少承认了自己的罪责，接受了其行为的责任。

如果被告处在一种不被允许的措施的压迫下，或者被允诺给予一种法律没有规定的好处，从而作出认罪，协商也是不能被允许的，这两种导致认罪的方法，在刑事诉讼法第 136a 条第 1 款中都是被明确禁止的；

---

① 德国联邦最高法院曾经在 BGHSt 42，191 中采纳过禁止使用，在这个案件中，有一个协商因为法院和检察院之间的意见不统一而失败。

② BGHSt 43，209 f.

用这种方法导致的认罪将根据第3款被宣布为不可利用。

对于法官、检察官来说，给予被告的“压力”，只有在一定的范围内才是正当的，不允许强迫被告在协商的外衣下进行所谓的认罪。法官告知被告，他只有在认罪的前提下，才会被考虑从轻处罚，必须是作为一个谅解性谈话的内容时，才是被允许的。在没有涉及协商的案件中，德国法院在向被告说明，认罪会产生减轻刑罚的效果时，从来不会犹豫不决[①]。所以，只要不存在对被告的额外压力，就有协商的理由[②]。

在这里，从轻处罚是作为认罪的回报而被应允的，但是，人们不能单独谈论“法律没有规定的好处”[③]。如果法院或者检察院允诺了自己不能施加影响的好处，事情就可能是另外的样子了。在协商范围内，法院、检察院对被告人不能施加影响的允诺包括：他将会立即被接纳进开放式的执行中；他会得到监禁假期（Hafturlaub）；如果被判处监禁刑，刑期执行一半后，剩余的刑罚将转为缓刑；或者在另外一个刑事诉讼程序中，对其妻子判处的监禁刑将转为缓刑。德国联邦最高法院第四判决委员会所作的基本原则性判决中包含的，表达了不同意见的附带性判决（obiter dictum），明显地采纳了这样的观点，即具有上述允诺的案件，违反了刑事诉讼法第136a条。由此产生的结果是，被告作出的认罪是不能被使用的。于是，人们将可能不得不作出安排，即法官或者检察官是否可以允诺给予被告人自己不能提供的好处，或者只能宣布自己将向负责机关尽力争取该好处。

最后，第四判决委员会在其基本原则性的判决中表明，不允许在协商中包含接受被告人放弃法律救济手段的条款[④]。在实践中，这种条款是很普遍的，因为没有这种弃权，经常就没有办法达成协商的结果，因此，这种禁止性表述的实践意义是不可低估的。第四判决委员会其实并没有对这种禁止表述给实践带来的问题进行研究。它只是将问题限制在

---

① 例如，参见BGHSt 43，204。

② 关于额外压力的案件，参见Hans. OLG Bremen，StV 1989，145；LG Kassel，StV 1993，68。

③ BGHSt 1，387；14，189；20，268；43，204.

④ BGHSt 43，204 f.

实证根据上，即放弃法律救济手段，只能在判决宣告之后才能进行，能否使用法律救济手段，不允许依赖于所判处刑罚的轻重。

在这里，第四判决委员会并没有充分注意到，在宣告放弃法律救济手段与在协商范围内表达的放弃法律救济手段的意图之间，人们必须作出区分。对于法律救济手段，当然只能在判决作出后才能被放弃①，但这并不排除，被告在协商的框架内声明放弃法律救济手段。被告受声明的约束效力与受自己认罪承诺的约束效力是同样的少。尽管缺乏约束效力，这种做法仍然赋予通过约定而放弃法律救济手段以意义。因此，人们不应当将这种放弃法律救济手段的声明从协商中排除。在另一种情况下，可能存在这样的危险，即虽然在准备性会谈的范围内，允诺了放弃法律救济手段，但是在主审判程序中又不提及这一点。这又回到秘密状态，并且又是一个新的对公开性、口头性和直接性基本原则的违反。

（三）滥用情况和补救的可能性

由于协商的实践发展相当迅速，同时缺乏规定的法律框架，因此，就避免不了发生滥用的情况。在约定性的谈话中，存在对各种处理手段的许可性的怀疑，这样的例子在前面的论述中已经提到。在这里应当根据一些典型案件，说明辩护人、法官是如何将通过协商途径使诉讼终结的前景，诱导到使用不被允许的花招上去的，同时，存在什么样的提供补救可能性。

在一个诉讼程序中，辩护人会与检察官进行谈判，目的是为其当事人的认罪争取尽可能最轻的刑罚。他在主审判程序休息的时刻问检察官，在最后控诉词（Schlußplädoyer）中检察官会申请什么样的刑罚。当检察官说，他在考虑 4 年监禁，辩护人就回答，他将不接受 3 年以上的判决。同时，这个辩护人也向检察官指出，法院在证据采纳中因为疏忽发生了错误，这构成了一种绝对的上诉根据。虽然辩护人解释说，自己指出这种上诉根据不是单纯的吓唬，但是也没有公开这个程序性错误

① 当协商中对其作出的承诺没有被遵守时，被告人原则上也是要受放弃法律救济手段的约束的。BGH，NStZ - RR 1997，173；BGH，NJW 1997，2691；BGH，wistra 1992，309. 例外情况见 BGH，NJW 1995，2568；LG Kassel，StV 1987，288。

在那里，因为如果那样，检察官就会促使法院对有错误的部分重新采证，从而消除上诉的基础。于是，检察官就进入交易，同时法院也被说服了，最后就得出了3年刑罚的结果。——在这里，辩护人毫无疑问是滥用了协商，因为是否存在上诉根据与量刑之间毫无事实上的联系，检察官和法院不应该屈服于辩护人的压力，而必须接受判决被上诉法院撤销的危险。

另外，辩护人还试图通过申请调取证据对法院施加压力，这种做法可能与其他辩护要求相矛盾。因此，辩护人在最后发言中申请判处监禁缓期执行，同时，对于那些法院不准备妥协的案件，申请询问能够证明被告未从事犯罪行为的证人，以帮助他的当事人。事实上，这两种申请的目的在于协商，即只要法院以对法律后果作出妥协为回报，辩护人就放弃与罪责有关的证据申请。只要证据采纳没有结束，这种约定就会经常公开地发生。如果辩护人的确在最后发言中提出这两种申请，那么，这种把刑罚和罪责不合逻辑地联系在一起的情况，就应当被看成是对案件有害的。德国联邦最高法院拒绝以这种理由提出证据申请。

有时，辩护人和被告也试图借助新闻界，对法院施加必须遵守有关协商的压力。当那些受人尊敬的商界人士因为经济犯罪必须到法院承担责任的时候，他们或者他们的辩护人会通知新闻界有关根据协商可以预计的刑罚，媒体会作出相应的报道，几天以后，已经公开的判决就会宣告①。可以理解，这种做法在公众中受到了强烈的批评。——今天，在第四判决委员会已经确定，协商必须在公开的主审判程序中进行之后，这种借助媒体的辩护在很大程度上被排除了。

如前所述，当法官试图借助协商以迅速结束一个诉讼程序的时候，有时也会走得太远。在一个案件中，检察官在主审判程序的第一天，提出了一个证据申请，第二天，又在没有说明理由的情况下，撤回了这个申请。辩护人由此怀疑，法院与检察院之间是否达成了谅解？带着这个问题，他得知，当法院宣布将要判处被告至少7年监禁时，检察院已经

---

① 参见在明镜杂志中周报的报道，1986年第4期，第135页；1988年第45期，第102页。

准备对撤回证据申请作出解释。因此，辩护人担心结果不公正而拒绝了法院的建议，最后实现了自己的申请[①]。——现在，这种单方面的协商不允许发生了，因为谅解必须在主审判程序中，在所有诉讼参与人的参加下才能进行。

在实践中，这样的事情一再发生：虽然被告人明确反对对他指控的犯罪行为，但法院却坚持进行协商[②]。也是在这种案件中，被告可以因为担心不公正而拒绝法院，因为他没有注意到客观条件，并且已经参与了前述的证据评估。然而，不可忽视的是，对于被告来说，指出其受到的压力，经常是不容易的。

检察官也有权拒绝在协商中走得太远的法官。在一个涉及面很广的经济犯罪案件中，法院在主审判程序之前，向处于认罪状态中的被告允诺不超过 4 年的监禁刑。然而，检察院的代表仅仅同意至少 5 年的刑罚。当他不准备在法院的压力下屈服的时候，法院院长就转而去找检察院的检察长，试图让他给其代表发一个指示。检察长拒绝了这个无理要求。德国联邦最高法院认为，人们不能想象还有什么案件比该案中法官的偏袒更明显，因此，同意了检察官因法院偏袒而请求拒绝法院院长的要求[③]。

这样的案件使人们看到，在一个刑事诉讼程序中，根据调查的基本原则把查明案件事实真相放在法官的手里，很容易存在这样的危险：法官在其盘根究底的努力中会走得太远。这种危险在一个有法官查明案情义务的诉讼程序中，肯定是不能完全排除的。如果这种从过去流传下来的、如在许多大陆性—欧洲性的国家所完成的调查程序，通过一种当事人诉讼（Parteiverfahren）来代替的话，基本原则性的补救就将仅仅是一种可能性。

---

① BGH, NStZ 1985, 36. 参见 BGHSt 38, 102。在这个案件中，是检察院与法官和辩护人签订了一个协商。

② Hans. OLG Bremen, StV 1989, 145; LG Kassel, StV 1993, 68.

③ BGHSt 37, 298.

五、结束语

协商的发展表明，在德国刑事诉讼中，正出现一种对国家和人民的关系有着基本意义的新规定。在该关系中，过去带有明显的上下级思想的烙印，经过一段时间，现在越来越多地以通过争论与合作，从而达成一致的结案方式而被确定。法官和检察官的决定，经常是在同辩护人和被告人一起解决了有关的事实问题和法律问题之后才作出的。

被告人不再仅仅局限于听命的角色，只能接受将对他作出的决定。他感到自己有权在诉讼程序中，建设性地参与罪责和刑罚的确定。通过类似的方法，辩护人越来越被看成是平等的伙伴，共同与法官和检察官寻求解决问题的策略，并且，在他必须出现的时候，坚定地为其当事人而努力①。法官和检察官自身也准备将辩护人作为合作伙伴而加以承认。

诉讼程序参加人的这种角色变化，已经导致刑事诉讼程序的目的和用途的新变化。在刑事诉讼程序仅仅是为贯彻实体刑法服务的传统原则上，出现了这样的观点，刑事司法过去是解决社会问题的一个工具，现在也服务于正义，因为由此得出的结果是被全体诉讼参与人所接受的。

刑事诉讼程序的这个变化，紧密与刑罚思想的新方向相联系。过去，由法官单方面确定的刑罚，是为了衡量罪责和出于预防的目的。今天，法官也可以由这样的思想引导，被告人通过协商而宣布同意的刑罚，能够更好地为补偿罪责和重新社会化服务。

被告的合作在今日的德国刑事诉讼程序中占有一个牢固的地位。这也表现在，德国立法者基于这种思想，最近发布了一系列规定：1994年德国刑法典新补充的第46a条，规定对被告赔偿了损失或者认真地对此作出了努力的案件，应当从轻处罚或者撤销刑罚。在麻醉剂法第35条等条款中又开启了这样的可能性，即只要瘾君子自愿进行戒毒治疗，就暂时不提出起诉书或者不执行一项确定的刑罚。最后，必须提到的是

① Weigend, JZ 1990, 775; Wolfslast, NStZ 1990, 410.

重要证人法，这部法律是为了打击毒品犯罪（麻醉剂法第31条）、恐怖主义犯罪（主要证人法第4条）和洗钱罪（刑法典第261条第10款）而制定的，该法具有这样的内容，如果被告与刑事追诉机关共同工作和作为公诉方证人出庭，就应当保证他获得从轻处罚或者免除处罚。

合作和意见一致不仅在刑事司法领域里越来越多地瓦解了等级原则，在行政法的整个领域中也存在这种情况①。过去，行政活动要求行为人提供许多信息，作为管理行为的补充。今天，在具有法律约束力的行政行为和公法性合同中，存在政府官员和私人之间的商议程序，取得共识、协商和绅士的协议。虽然这些不具有法律上的约束力，但都是参加人要遵守的。这种合作形式首先出现在经济管理法和环境法中，但在税法中也可以见到。它有助于解决有争论的法律和事实问题，能够为行政决定和行政规范的准备和执行服务，同时也能够替代它们。

在成年公民改变了仅仅听命的地位之后，人们能够由此开始，不仅在行政法，同时也在刑事司法中，继续这个发展。今天，当刑事司法程序中的协商仍然为德国学术界所广泛拒绝的时候，这就表明，这种眼光仍然停留在面向过去的方向上，还没有正确认识政治性的和法律性的转变。与之相对，现代行政法学的发展表明，其对此不是故步自封的。行政法学界已经开始将这种新的合作行为方式理论化，并为之取得了一个法律框架。而这将是德国刑事诉讼学界将来的一项任务。

---

① 在此及以下参见相应的进一步证明，Erichsen，Allgemeines Verwaltungsrecht，11. Aufl. 1998，S. 457ff.；Wolff/Bachof/Stober，Verwaltungsrecht I，10. Aufl. 1994，S. 851；Stelkens/Bonk/Sachs，Verwaltungsverfahrensgesetz，5. Aufl. 1998，§ 54，Rn. 40 ff.；另外参见Schmidtchen，Jahrbuch für Neue Politische Ökonomie 15（1996），1 ff.；Kunig，DVBI 1992，1193。

专题五
协商性司法：德国刑事程序中的辩诉交易？*

近年来，德国刑事司法的实施状况经历了剧烈的变化。指控、量刑与案件处理中的协商已经成为普遍存在的现象，尽管这些协商实践曾被认为与德国刑事程序中的若干诉讼原则与司法传统是相抵牾的。

德国式的协商性司法与美国式的辩诉交易并不完全相同，因为在德国刑事司法程序中不存在类似于美国刑事程序中的有罪答辩制度。但是，与美国的辩诉交易相对比，德国刑事司法中新出现的这一趋势也表现出来了若干十分有趣的相似之处。德国协商性司法有助于避免或者减轻依照刑法规定可能产生的严厉处罚。与美国的辩诉交易相同，这一实践产生的主要动因就是刑事司法体制负担过重。除此之外，在本文的结束部分，我还会分析促使协商性司法产生的其他原因。

德国刑事司法体制中的协商性司法的出现，可以追溯到 20 世纪 70 年代早期。① 起初这种协商性司法仅仅限定在较小的范围内适用，而且主要是针对一些轻微犯罪的例外案件予以适用。但是，由于这种实践做

---

* 原文使用英文撰写。英文原文刊载于 1992 年春季的《匹兹堡大学法律评论》（第 53 卷）。中文译文刊载于《中国刑事法杂志》2004 年第 2 期，译者为程雷。在翻译的过程中，中文译者对部分德文注释进行了删减。

① 参见［德］约阿西姆·赫尔曼：《德国的法定起诉原则与检察官的裁量权范围》，载《芝加哥大学法律评论》41 卷（1974）。

法缺乏法律依据，因此并没有被公开讨论。

一段时间以后，这种协商实践越来越普遍了，甚至在一些严重犯罪案件中也开始进行了这一实践。在20世纪80年代早期，这种做法已经得到了广泛的了解与承认，许多司法实践部门的人员认为，将这种协商实践公之于众是合理的选择。[①] 但是，这一实践情况的曝光，正如所预期的那样，遭到了德国法律刊物与媒体的强烈批评与诸多质疑。

目前，德国刑事程序中仍在大量地进行协商性司法实践。据估计，20%～30%的案件都进行过协商。即使没有立法者与上诉法院的认可与介入，人们也普遍认为未来这种协商性司法的适用数量还会继续增加。

一、协商性司法的表现形式与主要特征

在德国的司法实践中，协商性司法发生的可能性取决于案件的类型。在白领犯罪、偷税逃税犯罪、毒品犯罪以及环境犯罪等重大复杂的案件中，由于案件涉及复杂的证据与法律争议，协商几乎成为不可避免的事情。此外，在罚金刑与非刑事处罚的轻微案件中，协商性司法也经常发生，但在暴力犯罪与其他严重犯罪的处理过程中，协商则属于例外情况，并不经常进行。由于这种协商性司法是由实践部门的人员发展出来的，德国法上并没有相应的条文支持或者是限制这一实践做法。但是，司法实践中已经针对这一操作建立了一些非正式规则，当然这些规则完全不同于美国辩诉交易所遵循的那些规范。

在德国，协商可以在刑事程序中的各个阶段进行：侦查程序、中间程序、审判程序甚至是上诉审程序。除了检察官与辩护律师参与协商之外，法官也可以积极地参与案件的协商处理。实际上法官与辩护律师可以单独进行协商，而无须检察官的参与。在实务中，法官经常主动地询问辩护律师是否可以与法官进行协商，从而启动双方对案件的协商处

---

① 很有意思的是，在德国第一篇揭露协商性司法实践的文章是使用笔名发表的，该文为 Det lef “Deal”, Der strafprozessuale Vergleich, 1982. Strafverteidiger 545。正是由于毒品犯罪在德国的泛滥，“交易”这一用语在德语中开始流行起来了。

理。协商的参与方一般并不试图达成一个确定的协议，他们一般只是提出本方可以接受的结果。这样法官不会确切地指出如果被告人自白犯罪，他会对其处以几年的刑罚。相反法官只会告诉辩护方对于被告自白的犯罪，他的最高量刑幅度如何。这一操作实践对于关键性问题并没有予以肯定性的解决，因此，这种协商要求参与方之间相互信任，同时具有良好的工作合作关系。

协商通常是秘密进行的，而且被告人基本上不能参与这一过程。但是一般认为，辩护律师在参与协商之前，应当征得被告人的同意。辩护律师也应当将对方开出的"交易"条件通知给被告人。

在德国的司法实践中，存在以下三种类型的协商性司法的做法：

（一）轻微犯罪中的协商

最为常见的一种协商形式存在于检察官对于有罪证据充足的案件也可以作出不起诉处理的规定当中。根据 1975 年德国刑事诉讼法修改过程中新增的第 153 条 a 的规定，对于轻罪案件中的被告人，检察官可以在要求被告人履行一定义务如支付一定款项给慈善机构或者国家的同时①，中止案件的进行。当被告人履行了规定的义务以后，检察官将不再对被告人进行指控。由于德国法中的轻罪范围不同于美国法中的规定，美国法中许多作为重罪处理的犯罪如盗窃、贪污、欺诈以及大部分毒品犯罪与环境犯罪在德国法中都属于轻罪。因此，德国检察官根据该条款进行处分的范围是十分广泛的。当然第 153a 条对于检察官的自由裁量权也进行了明确的限制：只有被告人所犯罪行轻微，而且对其暂缓起诉不会危及公共利益时，检察官才可以作出这种中止程序的决定。而且在第 153a 条生效之时，通说的观点认为，起诉法定原则——一个长久以来规范德国刑事司法运行的法律原则——应当对检察官行使这一新权力进行约束②；有人估计这一条款可能会引发检察官与辩护律师之间

---

① 检察官也可以处被告人其他义务，如赔偿被害人的损失、进行公益劳动以及承担部分赡养义务等，但这些义务在司法实践中发挥的作用并不大。

② 关于起诉法定原则的论述参见［德］约阿西姆·赫尔曼：《德国的法定起诉原则与检察官的裁量权范围》，载《芝加哥大学法律评论》第 41 卷（1974）。

就中止案件的条件进行某些形式的协商，[①] 但这种协商只不过是例外情况，而且也会被限制在轻微案件中。

实践证明这种估计是错误的。该条款生效后不久，检察官与辩护律师之间就利用该条款进行了大范围的协商活动。条款中对于轻微犯罪的限制并没有得到太多的遵循。比如在辩护律师建议的情况下，检察官可以对某些白领犯罪的被告人处高达 10 万马克的给付义务从而中止诉讼程序。如果这些被告人选择进入审判程序的话，他也会被判处有罪并处以罚金，因为罚金刑在德国是十分普遍的处罚方式。既然如此，被告人接受检察官的暂缓起诉处分，就可以避免审判带来的心理压力与负面效应，也不会受到留有犯罪记录的负面影响。

根据第 153a 条的规定，在许多情形下检察官中止案件必须经过法官的同意。但实际上这一要求对检察官行使裁量权并没有太多的限制，因为实践中法官都会同意检察官的决定。

该条款也要求检察官只有在有罪证据充足时才能作出暂缓起诉的决定。但在重大复杂的案件中，即使不能确信被告人有罪，检察官也会进行协商的。因为如果继续进行调查活动的话，将会耗费检察官大量的时间。检察官们认为如果犯罪嫌疑人是无辜的，辩护律师必然会反对这一处分，因此检察官的这种便捷的处理方式是合理的。实际上尽管这些被追诉者可以选择进行审判而获取无罪判决，但这一处理方式还是会对无辜的被追诉者带来非正当的压力。因为选择不接受检察官的这一处分并不是对所有无辜的犯罪嫌疑人具有吸引力。比如对于那些独立税务顾问而言，公开其将会接受审判的这一事实的负面影响在于，在其被无罪开释之前，他的职业信誉将会受到严重的破坏。因此，辩护律师有时很难决定是选择接受、暂缓起诉还是要求检察官继续进行诉讼程序。

另一种在复杂案件中的检控策略就是，检察官在诉讼进行的早期阶段就向辩方提出中止程序的处理方案，同时提醒辩方律师如果犯罪嫌疑人不接受这一方案，检察官在后续的程序中将不再提供协商的机会。检

---

① 实际上在第 152a 条出现之前就已经存在协商实务了，参见［德］约阿西姆·赫尔曼：《德国的法定起诉原则与检察官的裁量权范围》，载《芝加哥大学法律评论》第 41 卷（1974）。

察官采用这一策略的主要是为了节省时间，但这种做法严重违背了德国法律的规定。根据第153a条的规定，诉讼程序可以在包括审判期间的任何时段上中止。一旦开始了审判程序，法官在征得检察官的同意后，也可以中止诉讼程序。因此，检察官在审前程序中对被告人声称其不会在审判程序中同意中止处分是不合适的。检察官是否同意审判中的中止处分，应当以审判中呈现的证据为基础。

并不是仅有检察官可以向辩护方单方面施加压力，辩护律师也可以影响检察官的决定。如果辩护律师得知检察官倾向于对案件作不起诉处理，他就可能同检察官商议其客户即被追诉人应当承担的给付金额。如果检察官不想作出不起诉处分，辩护律师可以声称他将在案件的审判过程中提出大量的证据调查请求，从而以此向检察官施加压力。从德国审判程序的内在要求来看，[①] 这一策略将是十分有效的。在德国审判程序中，法官主导证人的提出与讯问。法官必须主动地调查所有他认为对被告人定罪量刑有关的证据。当然辩护律师也可以提出调查其他证据的要求。比如辩护律师如果申请传唤居住在国外的证人出庭作证的话，审判程序将会被严重地拖延。因此，辩护律师使用这种证据申请来拖延审判的策略已经成为律师在协商中讨价还价的惯常做法。检察官非常重视这种通过证据申请而施加的压力，因为检察官很难估计这种额外的证据申请会拖延审判多长时间。

按照第153a条的规定，如果涉及重罪案件，检察官不能根据该规定中止程序。但是这一限制条件也没有发挥多少控制作用。如果犯罪嫌疑人的罪行比较轻微的话，检察官与辩护律师可能会协商使用一个轻罪指控来代替原来的重罪指控。比如对于一项故意杀人罪的重罪指控可以降格为在德国法中作为轻罪的身体伤害指控。在另外一个案件中，对被

---

① 在德国审判程序中，诉讼双方可以用申请调查其他证据为由，扩张案件的事实认定基础。若此申请为传唤特定证人时，除认为其证言与本案无关或者有重复情形者以外，法院必须依其请求传讯证人。对于此种申请，由于法院很难预测证人之证言内容及其证词的可信性，而法律赋予法院的裁量空间又十分有限，因此法院极少直接驳回。若法院裁定驳回证据调查申请的理由不够充分或者不够明确，因而申请的一方提起反对时，这种裁定通常会被上级审撤销，因此法院在处理这种申请时，通常会十分谨慎。参见［德］魏根德：《德国刑事案件快速处理程序》，载《法学丛刊》第178期，第37页。——译者注

告人最初的指控是帮助作伪证这一德国法中的重罪指控。但法官、检察官与辩护律师在庭审间隙中碰面并商议后，认为被告人行为仅仅是对未发誓的陈述提供了帮助，从而仅仅构成了一项轻罪。通过这种操作，这一案件也就具备了中止处理的前提。

（二）协商与处刑命令程序

第二种协商的形式来自德国刑事程序中的处刑命令程序[①]。这种书面化的简易程序是用来处理大量的日常司法活动中的轻微犯罪案件。在这些案件中，被告人的有罪证据比较清楚明了而且只有在被告人同意适用该程序时才进行这种处刑命令程序。对于这些轻微案件，检察官直接向法官申请不经审判而直接对被告人作出处刑命令。检察官必须准备一份详细记载案件事实并且提出具体罚款处罚请求的申请文件。检察官可以通过处刑命令程序申请的惩罚只能是罚款，在交通犯罪中也可以是吊销驾驶执照。检察官的书面申请文件连同案件卷宗材料一并移送给法官，通常法官并不审核案件的真实性而是习惯性准许检察官的申请，签署处刑命令。这一处刑命令随后将以挂号信的方式邮寄给被告人。对于被告人来讲，处刑命令意味着交付一定数额的罚款，同时承认自己的罪行。从某种程度上来讲，这种处刑命令与美国的有罪答辩制度具有一定的相似之处，特别是与美国刑事程序中的无争论答辩比较近似。通过交付罚款，被告人可以避免审判所带来的心理困扰、名誉受损以及费用支出，而对于检察官和法官来讲，这一程序也是处理案件的有效方式。

---

① 处刑命令程序，德语为“Strafbefehlsver fahren”，英文为 Proceeding by decree，此处译为“处刑命令程序”；在本文集的其他论文中，有的译为“处罚令程序”，有的译为“刑事命令程序”或“刑罚命令程序”等。处刑命令程序是德国刑事诉讼法所发明的一类特别程序，其从本质上讲是一种简易程序，是一种无起诉书、无开庭决定、无法庭审理的书面性程序。检察官在根据侦查结果认为无审判必要时，可以直接向地方法院要求发布执行刑罚的命令。在被告人同意适用该程序的前提下，如果法官和陪审法庭认为案件事实清楚、适用法律正确，就可以考虑启动该程序。《德国刑事诉讼法》第 407 条规定：“法院得经由检察机关之申请，以书面的处刑命令课处罚金及一年以下之自由刑，其亦得科处具重要法律效果之刑罚，例如禁止驾驶及处二年以下之吊销驾照。”在现今德国，处刑命令程序已经成为对简单的轻微犯罪及中度犯罪进行处罚时适用最广、最重要的诉讼程序种类，德国约整个刑事诉讼程序的一半，是以处刑命令程序来处理的。——编者注

这种对诉讼各方均有好处的案件处理方式，大量地引发了检察官与辩护律师之间的协商。在可以适用处刑命令程序的大部分案件中，被告人如果愿意认罪，其辩护律师就会主动与检察官联系，表示愿意接受处刑命令，只要对被告人的罚款不超过一定的限度。在德国，罚款的数额可能很高，这取决于被追诉人的收入，对于某一犯罪最高的罚款数额可能高达36万马克。而且即使是对于那些较为严重的轻罪，罚款处罚也是经常进行的。因此我们不难想象，这些法律规定给辩护律师与检察官留下了多么大的协商空间。

在某些案件中，处刑命令程序的适用已经变得非常大胆了。在许多严重复杂的偷税逃税案件中，法律对该程序的限制规定几乎已经无效了。如果辩护律师、检察官与法官都同意在这些案件中适用处刑命令程序，但有些被追诉人提出反对适用处刑命令的意见从而要求进行审判程序。法官会根据达成的协议迟迟不予安排开庭审判的时间，这就给税务主管机构留出了充分的时间继续进行案件的调查。如果税务主管机构最终得出的结论有利于被追诉人，辩护律师会申请进行审判程序。否则，被追诉人的反对意见将会被撤回，同时如数交付处刑命令中规定的罚款数额。

被告人如果反对适用处刑命令程序，并且在后续的审判程序中被认定有罪，那么该被告人实际上是在冒着被判处较原有的处刑命令更重的刑罚危险。但是处以被告人更重的刑罚并不是未选择处刑命令程序的必然结果。法官们要在判决书中详细地阐明其加重对被告人处刑的理由，这些理由可能会得到上诉法院的复审。

许多美国学者已经适当地指出了德国的处刑命令程序与美国的辩诉交易之间存在以下显著差异：在处刑命令程序中被告人如果不答辩有罪而选择进行审判的话，将会被处以更重的刑罚。从德国学者的角度来看，有必要补充的是：尽管在目前的签发与接受处刑命令的过程中存在广泛的协商，但被告人通常不会因为选择进行审判而会被处以重刑，从而被引诱接受处刑命令。但是不愿意接受处刑命令的被告人可能会被检察官告知，后续审判程序中提出的证据可能会使被告人受到比目前的指控罪名更为严重的定罪。对于检察官的这一策略，没有人提出质疑，因为按照德国刑事程序法的规定，对于被告人的定罪和量刑应当以审判中呈现的证据为基础。

（三）自白协商

第三种协商的形式是被告人的自白协商。由于在德国的诉讼程序中不存在有罪答辩制度，因此有关自白的协商发挥着关键性的作用。与美国的有罪答辩不同，在德国，自白犯罪并不会取代庭审程序而仅仅是缩短审判的进行。在德国的审判过程中，讯问被告人程序在询问证人与调查其他证据之前进行。当被告人在对其的讯问程序中自白犯罪时，法官只需调查部分相关证据以确定该自白具有事实依据，即可结束案件审理程序。

大约20年前，有人针对德国的刑事司法体制进行了一项实证研究。研究结果显示，被告人自白案件所需的审理时间是审理没有被告人自白的案件所需时间的一半。今天看来这一结论对于普通案件也是适用的。由于进行这项研究所需的资料是在20世纪60年代末收集的，这些资料中很难包括当前我们所面对的案件，目前我们所面对的案件比20年前更加重大与复杂。包括白领犯罪在内的新型犯罪的出现，使我们要面对越来越多的前所未有的司法体制中的管理问题。这些问题要求法官必须考虑更多的证人证言，成千上万页的商业记录，以及有关做假账的专家证言（在这些假账中经常涉及不同企业之间的财产欺诈问题）。同样的难题存在于毒品案件中，因为在这些案件中经常涉及国际共同犯罪问题，而且证人在这些案件中基本上不会或者不敢出庭作证，即使出庭也很难保证他们会如实陈述案情。因而德国的法官、检察官、律师以及德国司法实务界已经充分认识到了在审理这些案件的过程中，如果被告人自白犯罪的话，审理时间将会缩短几周甚至几个月以上。因此，德国的自白协商不同于美国的辩诉交易之处在于，自白协商的主要作用不是用来处理普通案件的，而是作为处理重大疑难案件的一种特殊装置。

当进行自白协商时，一般来说，德国的辩护律师比参与有罪答辩的美国同行们处于更有利地位。德国的辩护律师在审判前有权检阅、复制官方的案卷材料。因而辩护律师可以将检察官掌握的证据情况通知给被告人，而且被告人与辩护律师也非常清楚，如果不选择有罪答辩等待被告人的将是什么后果。因此，这种自白协商已经成为要求另一方摊牌而进行的游戏。

在检察官提出正式指控之前，有关自白的协商会在检察官与辩护律师之间进行。这种协商的结果经常是被告人以自白犯罪为代价，换取检察官减少对被告人的多项指控中的若干项指控罪名。检察官也可能许诺在庭审中为被告人请求较轻的刑罚。不同于美国的刑事程序，德国的审判程序中定罪与量刑两个阶段是合二为一的。

在检察官提起正式指控之后法官准备审判的过程中，自白协商也会出现。在这一阶段主要是辩护律师与法官之间进行协商。当法官发现某一案件的审判会耗费大量的时间或者发现自己未审结的案件任务过于繁重时，就会主动与辩护律师进行接触，询问被告人是否准备在审判的开始阶段自白犯罪。辩护律师也会询问法官如果其当事人自白犯罪，法官将会处以多重的刑罚。法官一般会告知辩护律师可能处以的刑罚上限，但正如我们在前面所指出的，双方不会达成确定化的解决方案。如果被告人同意自白犯罪，法官的量刑大多数情形下都会低于最初法官承诺的最高刑期，而且审判也会在几个小时内结束，不会再花费几天或者几周的时间。

在审判程序进行过程中，自白协商也会发生。在重大复杂的案件中，被告人在庭审开始之初的讯问程序中，出于某些技巧原因考虑没有进行自白。他可能会对指控进行积极的抗辩，同时关注庭审程序中证据调查的进程。当审判进行一段之后，进行协商的时机就开始成熟起来了。协商的第一步通常是在庭审间隙期间，法官会谈论量刑协商的可能性或者提出为了获得被告人自白，他可以考虑驳回对被告人的部分指控。辩护律师可能会承诺撤回原先提出证据调查申请或者不再提出以前声称将要进行的证据调查申请，或者承诺不再提出上诉。在这种形式的协商中，检察官往往只是发挥有限的作用。

审判过程中的协商有时还会考虑到刑事案件以外的其他因素。比如在一起严重逃税案件的审理过程中，法官向检察官与辩护律师提出建议，如果被告人自白犯罪而且愿意接受税务主管部门作出的归还拖欠税款的决定，可以对被告人处以缓刑。根据这一建议，诉讼各方相互协作，迅速地解决了案件，被告人也按法官最初的建议被处以缓刑。在另外一件涉及某律师职业犯罪的案件中，检察官向被告人的辩护律师指出，如果被告人愿意停止法律执业活动并交回执业执照，尽管其罪行较为严重，但检察官还是愿意向法院请求对其处以缓刑。法官同意了双方的协议，被告人交还了法律执照并被判处缓刑。法官与检察官在这些案件中的做法或许可能会被批评为超越了司法活动的权限范围。但这些案件的处理方式反映出法官与检察官对自身定位的重新认识。他们认识到自己工作不仅仅是惩罚犯罪，更重要的是提供解决社会问题的完整方案。

二、有关协商性司法的争论

正如我们所预料的那样，在有关协商性司法问题的第一篇文章面世以后，该问题在德国引发了激烈的争论。大部分的德国学者反对协商性司法特别是审判过程中的协商，而律师以及绝大多数的法官、检察官赞同这一做法。在1990年举办的德国法律人大会上（该会议半年召开一次），鉴于协商问题具有的重要性，大会将协商性司法的实践列为了重要研讨议题。在会议的争论过程中，提出了很多批评意见。但是在大会最后的投票表决过程中，大部分代表对于该项实践投了赞成票。这不足为奇，因为会议的主要参加者是来自实践部门的人员。在德国国内进行的有关争论过程中，批评者们不仅提出了以下种种法理上的质疑，而且还指出，目前这种实际操作方式欠缺对检察官、法官以及律师的适当控制。

（一）协商性司法的合宪性与合法性

争论的核心问题之一就是协商性司法是否符合德国法律的规定。由于协商性司法是实践部门自行发展出来的做法，因此在德国刑事诉讼法典中没有任何条款对其加以禁止或者许可。但不能由于法典中没有明确的规定，就认为这种做法必然违法。德国的刑诉法典已经有100多年的历史了，随着社会现实的演变，许多重要的程序在没有法律明确授权的情况下，还是得到了进一步的发展。

到目前为止，德国法院并没有多少机会就协商性司法的合法性问题作出决定，主要原因是协商各方基本上都会遵循达成的协议，也很少有理由就相关问题提起上诉。在为数不多的上诉到上级法院的案件中，法官们从未主张过协商性司法是违法的。

1989 年联邦上诉法院曾经对一件涉及协商性司法的案件进行了审理。在该案中原审法官最终的量刑，重于其最初与辩护方达成的协议中承诺的最高量刑幅度。联邦上诉法院并没有考虑协商性司法的合法性问题，仅仅指出原审法官在准备变更原协议之前应当告知辩护律师，否则有违公平审判原则。最终上诉法院宣布原判决无效，将该案发回重审。联邦上诉法院在该案中的推理被批评为欠缺一定的逻辑性。也有人认为，尽管该案判决中存在一定的瑕疵，但还是表明了上诉法院间接地承认了协商性司法的合法性。如果协商是非法的，那么原审法官提出的最高量刑幅度就是无效的，辩护律师也就不可能依据法官的这一承诺提出上诉。尽管这种推理听起来有一定的合理性，但不能否认的是，联邦法院已经明确地指出了，在该案中对于协商性司法的合法性问题并没有予以考虑。

在最近的一项判决中，联邦上诉法院再次回避了就协商的合法性问题作出决定。但上诉法院认为，协商只要符合联邦宪法法院确定的标准，就不应当认为是非法的。在 1987 年联邦宪法法院的一个法庭曾经就协商是否违宪的问题作出过一项判决。在判决中宪法法院法庭认为，协商只要是符合公平审判原则以及其他刑事诉讼法的基本原则，就不应当是违宪的。这些诉讼原则具有宪法效力，因为这些原则被认为是包含在法治国的宪法理念之中。法治国的理念相当于美国法中的正当程序条款。宪法法庭所指的诉讼原则主要包括起诉法定原则、调查原则（法官应当依职权查明一切有助于定罪量刑的案件事实）、罪责原则（惩罚的轻重与犯罪人的罪行轻重相适应）。当然，我们也可以认为，还应当包括无罪推定原则、公开审判原则、直接言词原则（该原则要求对被告人的定罪应当完全建立在当庭提出的证人证言与其他证据的基础之上，而不应当是依据官方的卷宗文件定罪)。

当然一项协商是否合宪还应当取决于我们如何理解上述的这些诉讼原则。比如有人认为在白领犯罪这种重大复杂的案件中，进行自白协商是违反起诉法定原则的。过去起诉法定原则被解释为，对任何一项犯罪或者对一系列犯罪中的所有罪行，都应当进行起诉而要求对其进行惩罚。但这一理解并不是对起诉法定原则的唯一解释。《德国刑事诉讼法典》第153a条授权检察官对部分案件不起诉，第154条与第154a条允许检察官对同一人犯有的数项犯罪有选择地进行起诉。这些法律规定无疑已经说明了应当对起诉法定原则进行重新的解释。

也有人认为，在法官办公室通过电话进行的协商或者在法院的走廊中进行的交流，违背了公开审判原则与直接言词原则。但是值得指出的是，被告人必须在公开的法庭上作出自白，而且法官也会依职权在审核相关证据之后，才能认可被告人的自白。因此，关键问题是被告人的自白是否足够详细，以至于能够确立对其定罪的事实基础。

宪法法院的判决进一步强调协商不应当取代法庭对于被告人定罪与量刑问题的独立判断。由于不会有法官承认他本人受到了协商的约束，因而这一判断标准的指导意义并不明显。联邦宪法法院在决定协商性司法的合宪性过程中所确立的标准是十分模糊的，而且可以对其进行不同的解释。这就为发展刑事诉讼法典的有关规定与承认协商性司法的实践提供了机会。不久前，美国联邦最高法院也曾指出，刑事司法体制能够根据宪法解释的发展而得到变革。①

(二) 自白

以自白换取减刑或者减少指控的做法也遭到了批评。批评者认为，通过协商而作出的自白违反了德国刑事诉讼法第136a条的规定。② 该条

---

① 沃伦法院以及前任的伯格法院都创制了一系列这方面的判例，如米兰达诉亚利桑那州一案和马普诉俄亥俄州一案。

② 该条规定："只允许在刑事诉讼法准许的范围内实施强制。禁止以刑事诉讼法所不准许的措施相威胁，禁止以法律没有规定的利益相许诺。"参见《德国刑事诉讼法典》，李昌珂译，中国政法大学出版社1995年版，第62页。——译者注。

规定强调被告人的自白不能是由于威胁或者不适当的允诺而作出的。在美国反对辩诉交易的论者也主张过该种理由，辩诉交易更接近于刑讯拷问。[①] 不应当否认的是，在美国与德国的司法体制中，都不同程度地存在对被告人施加不正当影响的危险。但在德国司法体制中，被告人可能受到的引诱相对而言比较少，因为德国的辩护律师可以检阅官方的卷宗，因而辩护律师与被告人对于有罪证据是十分清楚的。而且德国对于被告人的量刑平均而言相比美国要轻微一些。

德国批评者的意见认为，经由协商而得到的自白不应当作为量刑时考虑的因素。德国的量刑政策以处罚、改造罪犯和阻止再犯为基础，这就要求对被告人的处罚建立在被告人所犯罪行与个人境遇的基础之上。因此，自白只有在说明被告人具有悔罪观念的情形下，才能作为从轻处罚的依据，而不应当因为自白影响了诉讼程序的进行而对其减刑。但是我们应当考虑到，在司法实践中是很难区分被告人自白的真正原因的。即使被告人的自白是在协商之后作出的，被告人仍然要在公开的法庭上详细地说明他实施的犯罪行为，然后才能承认自己的罪行。[②]

（三）不正当的协商伎俩

由于协商性司法是在没有任何法律规定与职业规范的约束下自发形成的，协商的参与者有时会借助于一些不正当的伎俩，从而使这种协商出现一定的滥用情形，这在一定程度上是不可避免的。上文我们曾经提到过的表现之一就是：检察官在诉讼的早期阶段中就要求被告人作出自白以中止诉讼程序，同时威胁在诉讼的后来阶段检察官将不会再与被告人进行协商。另一种协商伎俩就是：检察官许诺减少指控或者在庭审中为被告人申请较轻的刑罚。但是，如果被告人拒绝检察官的这一建议，

① 参见郎贝恩：《刑讯拷问与辩诉交易》，载《芝加哥大学法律评论》（第46卷）（1978）。沃伦法院以及前任的伯格法院都创制了一系列这方面的判例，如米兰达诉亚利桑那州一案和马普诉俄亥俄州一案。

② 在美国处理这一问题的方法是在北卡罗来纳州诉阿尔弗德一案中予以明确的。在该案中联邦最高法院指出，被告人即使坚持认为他是无辜的，但为了避免死刑判决他作出了有罪答辩，该有罪答辩法院也可以接受。

检察官将会提起更多的指控或者请求更重的刑罚。由于检察官并不能预料庭审中的证据调查情况，所以，检察官对被告人施加的这一压力是不合适的。

辩护律师在某些案件中也会不诚实地使用一些协商伎俩。曾经有几次在对一些知名商业人士涉嫌白领犯罪进行审判的过程中，德国的报纸报道过具体的协商结果。审判结束时，报道过的协商结果一一得到了实现。辩护律师或者听从辩护律师建议的被告人明显是事先就要求记者对案件的协商情况进行了报道，以迫使法庭遵守协议。这种做法受到了公众舆论的强烈批评。在另外一个案件中，辩护律师在庭审间隙期间与检察官进行了联系，他询问检察官准备对被告人请求多重的刑罚，检察官回答为四年，但辩护律师认为这一请求过重，还是三年比较合适。同时辩护律师告知检察官他已经发现了案件审理过程中，法官在询问证人时犯了一个明显的错误，但辩护律师没有说明是什么错误，因为如果辩护律师指明了这一错误，检察官可以申请对这一证人重新进行询问，根据德国法的规定，经过这种重新的证据调查，证人证言的证据能力就可以得到确认了。为了避免上诉法院对该案的驳回判决，检察官最终接受了辩护律师的建议，请求量刑的刑期为三年。法官同意了检察官与律师之间的协商，相应地作出了判决。但是，这一协商明显是不合适的，因为辩护律师利用了与被告人罪责无关的明显的司法错误作为交易协商的资本。

德国国内的观点一般都同意应当严格禁止这些协商伎俩的使用与协商的滥用。问题是如何才能防止滥用协商的情形发生呢？一些批评者主张彻底禁止协商性司法的适用，另一种观点则认为，应当对协商性司法进行规范，对其实施法律上的限制。通过立法的方式进行限制的可能性很小，可行的办法就是总结实务操作中的既有规则。强制推行限制司法实务界普遍赞同的协商性司法的法律，是非常困难的。这种限制性立法只会迫使协商性司法进一步转向地下操作。大部分实务工作者与学者都主张，通过判例塑造出协商性司法应当遵循的规则。联邦上诉法庭已经在这一方面迈出了第一步。

三、规范协商性司法的初步努力

到目前为止，德国联邦上诉法院已经在两个方面斟酌了协商性司法的有关问题。第一个方面涉及法官或者检察官违背承诺的问题；第二个方面涉及积极参与协商的法官是否应当在该案件的后续审理中回避的问题。

（一）违背承诺的问题

我们已经在上文中提到过一个违背协商承诺的案件。在该案中，主审法官没有遵循最初对被告人作出的量刑承诺，而是判处了被告人较重的刑罚。上诉法院认为法官不应当受到协商的约束，无论这种协商是与检察官，还是与辩护律师进行的，都是如此。定罪与量刑应当根据法庭审判中的证据调查结果进行，如果法官受协商的约束，将与这一普遍原则相抵触。尽管如此，上诉法院还是撤销了原判，理由是法官的行为有违公平审判原则。公平审判原则要求法官应当将准备变更承诺的情况提前告知辩护律师。如果法官准备改变承诺的话，辩护方应当有机会申请有利于己方的证据，而且在最终辩论的过程中，可以就该事项表达意见。

在另外一个案件中，在检察官向被告人许诺将不对被告人的另外一项犯罪提出指控的情况下，被告人同意对其一项犯罪指控适用处刑命令程序。后来另外一位检察官接替了原来作出承诺的检察官的工作任务，但是第二位检察官认为，他不应当受原有协商的限制，并对被告人的另外一项罪名提起了指控。在被定罪以后，被告人提出了上诉。联邦上诉法院认为，尽管协商没有约束力，但违背承诺违反了公平审判原则，应当对被告人的第二项罪名处以较轻的刑罚。由于下级法院没有考虑到这种从轻处罚的因素，因此应当撤销原判，发回原审法院重新量刑。

从这两个案件中我们可以发现，德国法院并没有像美国法院在森托贝罗诉纽约州一案中走得那么远：在该案中，美国法院认为，如果检察官违背承诺，被告人有权要求撤回有罪答辩或者要求继续实施原承诺。[①] 与美国最高法院的看法不同，德国上诉法院仍然坚持传统的观点即法官与检察官的决定应当以案件事实为基础。但是德国法院同时也主张，通过对被告人减轻刑罚的做法，弥补被告人因检察官或者法官违背承诺而遭受的不利后果。

（二）参与协商的法官是否回避的问题

联邦上诉法院曾经在几个案件中涉及积极参与了协商的法官在后续的审理程序中是否应当回避的问题。在其中的一个案件中，检察官申请传唤一位证人到庭提供证人证言，但第二天开庭时检察官在没有说明理由的情况下，又主动撤回了这一申请。由于辩护律师怀疑检察官与法官之间已经就该事项达成了协议，辩护律师就向法官询问这一问题，法官告诉律师他已经与检察官协商过，检察官不再申请证据调查，而法官也同意对被告人处以七年有期徒刑。随后，辩护律师针对该法官提出了回避申请，但遭到了否决，审判继续在该法官的主持下进行。联邦上诉法院推翻了这一判决，认为辩护方对于法官是否保持中立的怀疑是有根据的，通过暗示量刑期限，该法官已经不正当地诱使检察官撤回了证据申请。

依据德国法，辩护方与控诉方都有权对审判法官提出回避申请。在另一案件中，检察官申请了主审法官回避，理由就是：法官与辩护律师之间在准备审判期间进行了单独的协商。在协商中，法官向辩护律师说明了如果被告方自白犯罪的话，他将对其处以不超过四年的有期徒刑。但是当检察官得知了这一协商结果以后，该检察官表示反对，并主张根据被告人所犯罪行的严重程度，至少应当对其处以五年以上有期徒刑。法官试图说服检察官接受其与辩护律师达成的协议，但没有成功。该法官转而要求该检察官的上司命令其同意法官的建议。检察官的上司当然拒绝了法官的这一要求。在审判开始后，被告人向媒体公开了法官提出的处理意见。检察官遂申请主审法官回避，但没有获准，最终该案上诉

---

① See Santobello v. New York, 404U. S. 257. 263 (1971).

到联邦上诉法院。上诉法院裁决支持了检察官的主张，并认为在该案中主审法官的偏见是再明显不过的了。

从这些案件中我们可以发现，上诉法院并没有只是因为法官参与了协商，就认定该法官是存在偏见的。另外，法院也没有认为只要法官与控辩双方均参与了协商，那么该过程就是正当的。在第二个案件中，上诉法院之所以认为法官是存在偏见的，是因为那个法官表现出了过于积极地实现自己目标的愿望与精力。联邦上诉法院在这些决定中，对法官参与协商过程施加了一定的限制。同时，在这两个案件中联邦法院也表明，法官与被告人进行自白协商时，必须通知参与审判的各方并给予他们表达意见、发表评论的机会。

四、结　　论

协商性司法在德国的出现，说明了司法体制的运行应当被看作是一个活着的有机体，而不应当单单从法条与通行原则的角度进行考察。刑事司法也有可能受到从日复一日的司法实践中衍生出来的非正式规则的影响。德国协商性司法的实践表明，这些非正式规则还有可能发挥关键性的作用。这些非正式规则甚至有可能引发背离传统法律规定与法律原则的重要变革。

通过引入协商因素，德国的刑事诉讼体制正在从达马斯卡所称的“阶层模式”转化为“协作模式”。传统上的单方作出裁决的过程正在一定程度上被控辩审三方的协作过程所取代。德国诉讼程序中的被告人也不再是单纯等待接受权力机关裁判的诉讼客体；相反，他们开始有权参与对自己进行定罪与量刑的决定过程。同样，辩护律师也不再认为自己是游离于官方诉讼程序之外了。辩护律师对于自己的定位有了新的理解，他们愿意以平等或者近乎平等的地位，积极地配合刑事司法机关对案件的处理，通过这种参与而施加自己的影响，必要时还可以为委托人的权益进行抗争。检察官与法官也愿意接纳律师作为自己的工作伙伴。同时，检察官与法官也在重新对自己的角色进行定位，对刑事司法的目标也在进行反思。单纯地实施刑法的观念已经过时了，刑事司法人员逐步认识到，刑法只是解决社会问题的一种工具，这一新兴的观念也正在被应用到司法实践当中。

德国刑事司法体制中的这一转变完全符合德国现代惩罚思想。过去法官对被告人处以其应得的惩罚，但现在法官们认识到，被告人自己主动接受惩罚，才是最有利于挽救与改造被告人的惩罚。

德国刑事司法体制中出现的这种模式转换，在欧洲大陆上其他几个国家也在发生。比如意大利 1989 年生效的新刑事诉讼法典，就设立了有罪答辩制度进而引入了辩诉交易的做法。这部新法典同时实现了由法官主导审判的模式向对抗制模式的转变。与之相仿，西班牙在 1989 年的刑事司法体制的改革中，也引入了协商的因素。

专题六
刑事司法与人权保障
——欧中刑事司法改革比较与借鉴*

一、引　　言

1. 中华人民共和国正在对刑事诉讼法进行重大修改①，因此一定希望了解其他国家刑事诉讼改革近况。近年，欧洲各国的刑事司法制度改革，一直致力于不断提升人权和尊严。随着世界一体化进程不断推进，欧洲各国在刑事司法改革方面取得的成就，对中国应具有借鉴意义。

欧洲刑事司法制度改革，受欧洲各国宪法拘限，也受《欧洲人权公约》拘限。《欧洲人权公约》既是国际公约，又异于普通国际公约，它不仅对各缔约国具有法律拘束力，而且，欧洲各国公民有权依据《欧洲人权公约》直接提请人权保护。

---

* 原文使用英文撰写。系约阿西姆·赫尔曼教授根据提交中国法学会2005年12月主办、北京政法职业学院承办“首届中国法律适用（高层）国际论坛”并发表主旨演讲的论文修改而成。该文中文译文发表于《北京政法职业学院学报》2006年第1期，译者为颜九红，北京政法职业学院教授。

① 中国法律专家在2005年9月第22届世界法律大会上透露，中国准备将刑事诉讼法修改列入议事日程，届时正进行认真研究与立法准备，以使其内容与中国拟批准的《公民权利和政治权利国际公约》相吻合。

2. 任何国家的刑事司法机构，都必须同时满足三个要求：必须卓有成效；必须富有效率；还必须满足公正与正当程序的要求即保障人权。

卓有成效的衡量标准，是指刑事司法机构的活动是否以及在何种程度上达到社会期许的目标。人们会问：刑事司法机构能够震慑犯罪行为吗？刑事司法机构在调查犯罪嫌疑人、搜集有罪证据和支持公诉方面做得充分吗？对犯罪人的处罚适当吗？

富有效率，迥异于卓有成效。它通过刑事司法机构付出的成本来衡量。人们会问：为了遏制犯罪必须动用多少人力与财力？解决一个刑案，警察、检察官和法官需要付出多少劳动？如果司法机构为遏制犯罪所付出的成本，社会能够承受，就可称为富有效率。

对效益与效率的追求，必须符合公正和正当程序原则的要求。刑事司法权力必须受到限制，公民人权必须得到保障，以确保只有有罪之人，才受有罪宣告。著名法学家赫伯特·派克说，刑事司法机构的运作，不应像流水作业的传送带那样从一个机构到另一个机构，机械流转，直至案件审结。它必须被设计为一种障碍赛，途中设置多种障碍物，以保证查明案件真相的刑事诉讼程序真实可靠，公民人权与自由受到充分保护。

3. 如何在控制犯罪中既卓有成效、富有效率，又确保公正并尊重人权呢？世界各国一直不懈努力，力求找到恰当解决方案。在欧洲，百余年间，人们始终不渝地为提高刑事司法的公正性与保障人权而努力求索。今日欧洲各国的民意，普遍倾向于赋予人权保障以愈加重要的地位。

欧洲各国愈益重视人权保障的理由很多。在宪政理论方面，传统的极权主义已被崇尚民主的现代宪政所替代。由是，公民地位发生了深刻变化：公民个人不再是必须服从国家意志的从属者，而是行为自由、意思自治、人权受到保障的自主公民。这种变化反映在刑事诉讼程序中，表现为，被告人不再被动接受司法机构的决定，而是有权积极参与决定其是否有罪、应受何等处罚的全过程。

过去，欧洲大陆国家的刑事法院，主要职责是如何执行刑法。如今，法院已转变为真正的第三种政府权力机构。职责的转变，使得法院如同一道保护公民人权的屏障，保护公民免受政府其他两大权力机构即立法机构以及警察与检察官所代表的行政机构的不当侵犯。

法院也不再将刑法作为镇压犯罪人的工具，而更愿从宪法赋予的公民权利与自由的角度诠释刑法规定。在国家利益与公民利益发生冲突时，如何既维护公共安全，又保护公民自由行使言论、出版、宗教、集会、结社与游行示威的权利呢？法院已找到新的解决方向，即稳步扩大个人自由。

法官审理刑案所扮演的角色，在许多欧洲国家，也发生着深刻变革。新型的抗辩制刑事诉讼程序已取代传统的纠问制程序。庭审中，法官不再负责出示证据，而是在控辩双方已出示的证据基础上，做出裁断。在刑事侦查阶段，法官被赋予新的职责，即公民有权向法官控告任何侵犯其权利的逮捕、羁押、搜查、扣押或其他侵权行为，从而使其免受警察与检察官不当行为的侵犯。

欧洲各国宪法在百十年间，也有实质性演进。19 世纪与 20 世纪初的欧洲各国宪法，虽也宣称保障人权，但主要是政治宣言，鲜少具有法院强制执行的可操作性。第二次世界大战以后制定的欧洲各国宪法，视人权为与生俱来的神圣权利，并翔实地列举了人权内容。宪法效力被置于一切法律之上。今天，欧洲各国法院必须履行保护人权的职责。为此，多个欧洲国家如德国、西班牙、意大利，创建了宪法法院。宪法法院的位阶，高于所有法院，专司保障人权，对任何侵犯人权的行为予以监督和纠正。

宪法法院与普通法院保障人权的作用，至关重要。除了保护公民不受非法逮捕、搜查与扣押等传统意义上的人权保障之外，法院还保护公民免受窃听、窃录、利用电脑或其他技术进行的现代侦查措施的不法侵犯。离开法院的保护，任何公民都无法真正实现其人权，无法真正行使其自由。当然，只有训练有素、敬岗爱业的法官，才能保证法院履行好保障人权的职责。

4. 1950 年《欧洲人权公约》是欧洲各国保障人权的又一道有力屏障。欧洲各国议会均批准了这项公约，成为在欧洲各国生效的国内法。欧洲各国法院执行公约，必须如执行其国内法一样。

为保证《欧洲人权公约》的执行，在法国斯特拉斯堡建立了欧洲人权法院[1]。欧洲人权法院虽是国际性组织，其职能却与欧洲各国宪法法院相同，即致力于不断提高被告人的地位、确保公正原则在刑事诉讼程序中的贯彻。经过多年审判实践，欧洲人权法院已积累大量重要判例。欧洲人权法院的判决，对案件各方当事人具有当然法律约束力，同时，也是欧洲各国必须遵循的普遍原则。欧洲各国有义务修改其国内法，以使之与欧洲人权法院的判决相一致。

但这不能说明欧洲各国的刑事司法制度越来越趋同。一直以来，欧洲人权法院所遵循的原则，仅是为欧洲各国提供应当履行的人权保障最低标准。作为国际组织，它还必须经常使用国际组织惯用的外交途径解决法律问题，尽量为欧洲各国留有充裕的自由空间。

实际上，欧洲各国不断提升人权、强化公正与正当程序原则的刑事诉讼制度改革，仅迈出了万里长征的第一步。没有一个欧洲国家的刑事司法制度堪称完美。在中国，毛泽东领导的万里长征，克服重重险阻，胜利到达终点；而在欧洲，强化人权并将人权保障与效益和效率相协调的刑事司法改革之路，永无止境。

5. 近年，东欧各国的刑事司法改革，远比西欧彻底。大多数东欧国家在刑事司法领域进行了影响深远的改革，制定了全新刑事诉讼法典，将旧有法律制度改变为新的以人权为导向的法律制度。

在西欧，只有少数几个国家制定了新刑事诉讼法典，如意大利和葡萄牙。多数西欧国家仍沿用原有刑事诉讼法典，但对主要内容进行了修改，如德国、法国和西班牙。

欧洲各国刑事司法的变革力量，除立法机关外，还有最高审判机关做出的大量判例，以及法官、检察官、警察和辩护律师在日常工作中引入实务运作新方式。这些都有力推动着刑事司法改革。

着眼于中国正在进行的刑事诉讼法改革，对横扫欧陆的主要刑事司法改革运动，予以点评，应有助益。

---

① 欧洲人权法院系根据《欧洲人权公约》于1959年在法国斯特拉斯堡成立。其职权是监督《欧洲人权公约》所确保的各项权利与自由是否在各国得到执行。凡欧洲公民，若其在国内业已穷尽所有法律救济，仍可以向欧洲人权法院提出控告，控告其受《欧洲人权公约》保护的权利受到侵犯。

二、刑事侦查阶段的权力分配

1. 在欧洲各国，主要由警察对犯罪进行刑事侦查。但警察不具有独立性，检察官在普通刑事案件中对警察的工作进行总体控制；在罪行特别严重的案件、经济案件或有组织犯罪案件中，检察官则与警察共同进行刑事侦查。警察特有的侦查技术知识可以与检察官的法律知识互为补充，良性互动。

过去，欧洲各国的警察与检察官在刑事侦查活动中拥有广泛的自由裁量权。但近来普遍倾向于限制警察与检察官的自由裁量权。为了保障人权，逮捕、搜查、扣押以及其他侵犯个人自由的权力，在立法、司法判例与行政法规中，受到越来越多的限制。

在欧洲各国，警察一般无权终结刑事案件。因为，警察要撤销案件，必然要对警察并不内行的法律问题做出决定。而且，警察更容易因为接受贿赂而撤销案件。因此，终结刑事案件的侦查程序，通常属于检察官的职责范畴。

中国刑事诉讼法赋予公安机关很大权力。中国的公安机关不受检察机关的控制①，因此，公安机关在刑事侦查活动中拥有广泛的自由裁量权，并有权撤销案件②。或许人们会说，根据中国刑事诉讼法的规定，公安机关的活动必须遵循合法性原则。但必须说，合法性原则的规定太过宽泛了，无法有效制约公安机关的工作。于是必须追问，是否还有其他机制可以制约公安机关的自由裁量权。为了保障人权、保证刑事诉讼程序的公正，公安机关的独立性，只有受到有力制约时才可行。

---

① 例如，中国刑事诉讼法第7条规定，“人民法院、人民检察院和公安机关进行刑事诉讼，应当分工负责，互相配合，互相制约”。检察机关对公安机关没有控制权。——著者注。这里的《中国刑事诉讼法》指1996年修改通过的《中国刑事诉讼法》。本文其他之处所引用的《中国刑事诉讼法》条文，亦指这部刑事诉讼法典，不再重复注出。——编者注

② 中国刑事诉讼法第130条规定，公安机关“在侦查过程中，认为不应对犯罪嫌疑人追究刑事责任的，应当撤销案件”。

2. 欧洲一些国家已进一步采取措施，开始限制检察官的权力。人们认为，在决定何时撤销案件时，检察官不能拥有完全自由的决定权。检察官的自由裁量权也必须受到制约。在德国，检察官的自由裁量权便受到限制，例如，对于严重罪案，检察官无权撤销案件。对于其他案件，只有满足以下条件，检察官方可撤销案件：犯罪人的罪过很小，且不存在根据公共利益而提起公诉的需要。除轻微案件以外，对检察官的自由裁量权的制约，还体现在，检察官必须得到法官的同意，方可撤销案件①。可见，对检察官撤销案件的权力，也需要周密设计、有效制衡的制度来控制。

中国检察官的权力是否受到制约，尚不可知。经验证明，不受制约的权力极易导致滥用。应当周知的是，限制检察官的权力，可使检察官的工作收放有度、风险可测，可以提高刑事司法的公正性。

3. 过去，欧洲大陆多数国家的法官，都依照法国模式参与刑事侦查。对于严重罪案，调查法官（inquiring judge）监督警察的侦查行为，有时亲自调查案件。其理念基础是：检察官总依存于政治权力，无法完全信赖。法官则具有独立性，可以为刑事侦查活动的公正性提供保障。

时至今日，法国、西班牙、比利时、葡萄牙等国，仍保留调查法官制度，但调查法官的作用，则越来越小。其他国家，如德国与意大利，已废除调查法官制度，理由是，刑事侦查机关与审判机关应当彻底分开。

在废止调查法官制度的欧洲国家，仍有法官参与到刑事侦查程序之中，但其职责并非亲自调查案件，亦非确保犯罪人被定罪判刑，而是决定是否签发逮捕令、搜查令、扣押令或其他侵犯公民私权的强制措施令。因为该法官保护公民免受警察与检察官的不当侵犯，因此被称为“保护自由的法官”（freedom judge）。

---

① 《德国刑事诉讼法典》第2编第1章第153条［轻微案件不必追究］。

三、逮捕与审前羁押

1. 鉴于逮捕与审前羁押严重侵犯公民自由，因此，只有在严格符合法定条件时，方应允许。正因如此，欧洲各国对逮捕与审前羁押的法律规定，都不厌其详。总的说来，这些规定与《欧洲人权公约》基本一致，但欧洲人权法院做出的涉及限制公民自由的判例，仍然不计其数。这再一次佐证，在保护公民自由方面，法院作为监督者具有无与伦比的重要作用。欧洲人权法院无意对逮捕与审前羁押设立特别标准，而意在通过个案，对刑事司法机构剥夺或限制公民自由的行为进行司法审查，以判断该行为是否符合根据《欧洲人权公约》而制定的国内法。

欧陆多数国家的国内法以及《欧洲人权公约》① 均规定，逮捕或羁押犯罪嫌疑人必须同时基于两个条件：第一，有合理理由怀疑该人已实施犯罪；第二，如果不逮捕该人，他很可能逃跑、妨害证据或继续犯罪。

一些欧洲国家的逮捕条件比《欧洲人权公约》更为严格，比如，在意大利和德国，逮捕和羁押的启动，仅"有合理理由怀疑"并不够，还必须"强烈怀疑"某人已实施犯罪。并且，对犯罪嫌疑人自由的剥夺，应当与被指控犯罪的严重性成比例。当然，尽管意大利和德国的逮捕和羁押条件更加严格，但其逮捕和羁押人犯的数量，并不比其他欧洲国家少。

2. 按照《欧洲人权公约》的要求，被逮捕的人犯应当被带到法官或其他依法行使司法权的官员面前。据此，一些欧洲国家不得不修改其法律中不符合公约的规定。例如，原来，在瑞士苏黎世州，是否将被捕者羁押在拘押所，不是由法官决定，而是由地区检察官决定。原来，只要做出这一决定的地区检察官随后不出庭支持公诉，欧洲人权法院并不反对。但近来，欧洲人权法院做出了更富原则性的判决，认为，任何一

① European Convention on Human Rights, Section 1, Article 5, 1c.

名苏黎世地区检察官，都是检察机构的当然成员；而是否羁押被告人的决定权，则必须属于侦查和公诉机构以外的独立机构。据此，苏黎世州修改了原有立法。新法规定，是否羁押被告人，由法官决定。

羁押决定权归属法官，是现代宪政理论的必然引申。保护公民免受政府权力的不法侵犯，正是法官的天职。法官不见得一定比检察官优秀，两者职责有别而已。在法官主持的羁押听审中，检察官阐述应关押被告人的理由，法官则对其可采性进行判断。当然，法官只有做自由的代言人，为独立、居中的裁断者，是公民自由的保护神，而非纠问制诉讼制度中的一员，才能充分履行宪法所赋予的保护人权之职，发挥良性作用。

中国刑事诉讼法规定，逮捕犯罪嫌疑人，由检察机关批准①。赋予检察官以剥夺公民自由的决定权，可能源自中国检察机关对刑事诉讼实行法律监督的传统原则。但是，对刑事诉讼程序的合法性进行法律监督，与具体案件中公民自由受到侵犯后如何给予特别保护，不可同日而语。在西方，公民自由需要特别保护，以免受到政府权力侵犯的现代宪政理论，是近百年来所取得的最伟大成就。中国宪法已经向这个方向迈出重要一步，将公民自由列为人权法案中的宝贵内容。要执行宪法的这一规定，必须建立有效机制。检察官与法官的关键区别在于，检察官是刑事侦查程序的组成部分，要检察官在逮捕人犯的问题上，以独立意志做出不偏颇的决定，万无可能。

3.《欧洲人权公约》规定，被逮捕者必须“立即”被带到法官面前。欧洲人权法院在判例中认为，欧洲各国在国内法中普遍规定的24～48小时的期限，符合公约规定的“立即”，但一般而言，4天则太迟延了。当西班牙和英国在涉及恐怖主义犯罪的案件中将此期限延长为5天时，欧洲人权法院没有提出反对意见。欧洲人权法院认为，在恐怖主义案件中，将刑事侦查与逮捕的秘密多保留一段时间，很有必要。欧洲人权法院对公约中“立即”一词的解释，不仅包括立即进行听证，还包括立即做出裁决，因为被逮捕者有权立即获知是否继续受到羁押。

---

① 1996年《中国刑事诉讼法》第59条。

《欧洲人权公约》还规定，被逮捕者必须面见法官。法官要告知其被指控的犯罪以及逮捕理由，被告人有权进行答辩。如果法官没有面见被告人，而仅根据刑事侦查卷宗做出裁决，将违反《欧洲人权公约》的规定。

在这方面，中国刑事诉讼法规定的标准过于宽松。中国刑事诉讼法规定，“公安机关应当在拘留后的3日以内，提请人民检察院审查批准。但是，在特殊情况下，提请审查批准的时间可以延长至4日。检察院可在7日以内，做出批准逮捕或者不批准逮捕的决定”。[①] 在检察官做出是否批捕的决定以前，被逮捕者要被羁押14日。这种规定，使公安机关拥有太大的剥夺公民自由的权力，而被逮捕者似乎没有被赋予权利，面见决定是否继续羁押他的检察官。

4. 欧洲各国的刑事诉讼法典往往将被告人的最长羁押期限规定得比较灵活。在法国，最长羁押期限为4个月，并可再行延长4个月；在“极个别案件”中，羁押期限还可更长[②]。在德国，羁押期限最长为6个月；但如果法官通过细查案件，发现案情重大，或侦查工作进展特别困难，或存在其他重大事由，可以延长羁押期限[③]。在意大利，羁押期限的长短，取决于被告人可能被判处刑期的长度[④]。

被告人究竟可被羁押多长期限？对此，欧洲人权法院持谨慎态度。欧洲人权法院没有抽象规定审前羁押的最长期限，而是具体案件具体分析。同时，欧洲人权法院提出了几项标准，根据案件的不同情况，来判断羁押期限是否适当。这些标准包括：被控犯罪的严重性，刑事侦查的困难程度，被告人逃跑、毁灭证据或继续犯罪的风险程度。根据这些标准，欧洲人权法院在一起涉及大规模白领犯罪的特别复杂的案件中，认定审前羁押多达数年并无不当。但是，欧洲人权法院同时指出，如果长时间羁押，乃因刑事司法机关持续不作为而致，则在任何时候都绝难具有正当性。

---

① 1996年《中国刑事诉讼法》第69条第1款、第3款。

② 《法国刑事诉讼法典》第145条1。

③ 《德国刑事诉讼法典》第121条第1款。

④ 《意大利刑事诉讼法典》第303条［羁押的最长持续期］。

中国刑事诉讼法的规定，与欧洲各国有相似之处，即如有必要，法律规定的羁押期限可以延长。但关键问题是，根据中国刑事诉讼法，是否延长羁押期限，是由检察官而不是由法官来决定。前文已经指出，检察官的职责是发现案件事实并提起公诉。从实践经验来看，只要案件尚未侦查完结，检察官总是倾向于继续羁押犯罪嫌疑人。只有法官，因为与刑事侦查工作无关，才能对是否应当延长羁押期限做出公正裁决。法官做出裁决的基础，更重要的是保护公民的自由，他总先假设公民是自由的，而不是应继续受到羁押。

5.《欧洲人权公约》规定，被羁押者有权就羁押是否公正向法院提起申告，要求法院对羁押进行司法审查①。这就是欧洲人身权利保护程序（habeas corpus procedure）。通过多个判例，欧洲人权法院确立了若干人身权利保护规则：提起申告的被羁押者必须享有获得律师帮助权；必须享有听证地点与时间的知悉权；必须享有查阅案件侦查卷宗以便为听审做准备的权利；必须享有当庭出席听审的权利。被羁押者可以聘请律师，听审遵循抗辩制诉讼规则。但迄今为止，欧洲人权法院仍未认为，辩护律师必须出席听审。若被羁押者的申告被驳回，在“短时间”后，可再次提起申告。至于多长算“短时间”，欧洲人权法院在一项判例中认为，一个月的期限可以接受。

欧洲各国刑事诉讼法规定的人身保护程序，与《欧洲人权公约》的规定大体一致。欧洲人权法院还将通过新的判例，推动确立更多人身权利保护规则。

根据中国法律，被羁押者只能向检察官而不是向法官提起申告。提起申告的理由，只能是羁押已经超过法定期限。以其他理由对羁押是否公正提起申告，似乎并不存在。由此可见，中国刑事司法制度，不允许被告人积极参加到对司法机关的裁决提出质疑的程序中来，纠问制的影响依然很深。1996 年中国刑事诉讼法引入了抗辩制审判模式。根据刑事诉讼法基本原理，在抗辩制庭审中，被告人有权积极参加到对其定罪量刑的控辩争论中。那么，在决定其人身自由的裁决中，难道不应赋予

---

① European Convention on Human Rights, Section 1, Article 5, 3.

被告人积极参与的权利吗？

四、搜查与扣押

1. 在保护公民个人免受非法搜查与扣押的问题上，欧洲各国的法律规定略有差异。例如，西班牙十分重视对私人住宅的法律保护。根据西班牙宪法，警察只有在犯罪正在实施或刚实施完毕的情况下，才可对公民住宅进行无证搜查。西班牙于1992年制定的一项法律规定，为了保护公共安全，如果警察“有充分理由相信”与毒品有关的犯罪正在一处私人住宅中实施，就可以对该住宅进行无证搜查。该法颁布后，西班牙国内就其是否合宪进行了激烈的争论。结果，西班牙宪法法院于1993年废止了该法律，负责制定该法的西班牙司法部长也被迫辞职。可见，西班牙对私人住宅的法律保护很有力度。

德国和法国对搜查和扣押的限制较少。德国宪法宣称，公民住宅神圣不可侵犯，但同时规定，如果向法官申请搜查证的程序可能妨碍有效搜查，警察有权进行无证搜查。在德国司法实践中，警察一向以没有足够时间申请搜查证为由而进行无证搜查。德国联邦宪法法院认为这种做法违宪，并设计了一套严格规则，要求地方各级法院建立值班法官制度，保证每天24小时都可以签发搜查令。警察如果采取了无证搜查，就必须提交一份报告，详细说明搜查细节，还必须陈述未能找到法官签发搜查令的原因。然而，德国警察还是不大在意联邦宪法法院设计的规则；德国各级地方法院也并未建立值班法官制度；警察仍在各地进行着无证逮捕。这种情况的发生，也许是因为德国联邦宪法法院没有将非法搜查得来的证据列入必须予以排除的证据之列。众所周知，在保护公民人权免受刑事司法机关不当侵犯方面，证据排除规则的作用十分重要。但欧洲各国法院，不愿意像美国那样充分利用这一有效机制。

2. 在涉及搜查与扣押的问题上，欧洲人权法院已经公布了大量判例。欧洲人权法院所遵循的普遍原则是，对个人自由的限制与剥夺，必须遵循国内法和公正原则的要求。至于何时决定实施搜查与扣押，欧洲各国刑事司法机关享有自由裁量权，但必须符合以下两项基本要求：第一，对私权的限制或剥夺，必须是为了满足迫切的社会需要；第二，对私权的限制或剥夺，还必须与所追求的合法目的相适应。据此，欧洲人权法院对法国提出批评，认为法国警察在是否应当采取搜查与扣押措施、搜查与扣押多少财物、搜查与扣押应持续多长时间、搜查与扣押的范围多大等方面，完全由自己说了算，自由裁量权过大。

欧洲人权法院还认定，任何受到搜查与扣押的人都有权提起申告。其申告可以向法院提出，也可以向其他有权对其私权受到侵犯进行有效复查的独立机构提出。以前，欧洲各国法院通常认为，只要搜查已经结束，即使对该搜查提起申告，法院也无法再保护其合法权益了。而被搜查者遭受搜查后要求见法官之时，搜查往往已经结束，因而，被搜查者根本无法提起申告。欧洲人权法院认为，这乃是对司法审查设置障碍，违反《欧洲人权公约》的规定。因此，这些国家的法律必须修改。

3. 根据中国的刑事诉讼法，搜查、扣押与人身检查，显然未被列为侵犯私权的措施，只在“侦查”一章予以规定，被视为收集证据的简单步骤[①]。中国宪法在人权法案中明确规定，保护公民的尊严，保护公民的住宅不受侵犯，保护公民的通信自由。但在刑事司法实践中，公安机关在何时、以何种方式进行搜查、扣押以及人身检查方面，拥有过大的自由裁量权。公安机关甚至可以在未征得犯罪嫌疑人同意的情况下强行对其搜身。被搜查者、人身被检查者以及财物被扣押者，似乎没有申告权。

如果站在中国宪法保护公民自由和私人住宅安全的高度来考察，我们必须对公安机关在搜查、扣押、人身检查以及其他限制或剥夺私权的强制措施方面所拥有的过于广泛并且不受限制的自由裁量权，提出质疑。中国刑事诉讼法要符合中国宪法规定，就必须从立法上明确规定：在什么情况下，公安机关可以进行合法搜查与扣押；在什么情况下，公安机关的搜查与扣押将构成对公民自由的非法侵犯。中国刑事诉讼法还应进一步规定，凡个人自由受到不当侵犯的，均有权向法院提起申告，

---

① 1996年《中国刑事诉讼法》第二编第二章第四节、第五节、第六节。

请求法院予以司法审查。

五、侦查阶段对被告人的讯问

1. 欧洲人权法院审理的案件，常有涉及警察使用暴力、非人道或羞辱的方式讯问被告人的情况。类似案件的频繁发生，令人吃惊。人们宁愿相信，欧洲国家的警察早已不再这样对待被告人，但事实并非如此。当然，根据欧洲各国国内法，此类讯问手段均属违法。

《欧洲人权公约》第3条规定：禁止使用酷刑；禁止以不人道或羞辱的方式对待被告人。欧洲人权法院通过判例，将该规定又向前推进了一步。欧洲人权法院认为，即使某种讯问被告人的手段尚未构成酷刑、不人道或羞辱的程度，但只要警方采取了强迫和压制的方式，也可能违反《欧洲人权公约》。理由是：如果允许警察采取强迫和压制被告人的讯问行为，将违反被告人所拥有的沉默权和不得强迫自证其罪的权利，而沉默权和不得强迫自证其罪的权利，正是《欧洲人权公约》一贯保护的公正审判权所包含的两项重要原则。在多个判例中，欧洲人权法院并不满足于简单宣告通过强迫和压制被告人而取得口供的行为违法，而是进一步认定，通过非法方式取得的被告人口供，不得在法庭上作为证据使用。显然，证据排除规则的确立，成为欧洲人权法院保证其判决得以执行的重要手段。

欧洲人权法院在审理1978年北爱尔兰恐怖主义分子案件[①]时，认定英国警察通过强迫和压制方式讯问被告人属于违法行为。看来，在认定通过强迫和压制被告人而取得口供的行为违法方面，欧洲人权法院从不

---

① Ireland v. the United Kingdom, judgment of 25 April 1978, Series A No. 26. 该案涉及英国警察讯问爱尔兰恐怖主义疑犯时所使用的“五种技术”（five techniques）。这“五种技术”与最近美军在位于巴格达的阿布格来布监狱所使用的方法类似，即用黑色布袋将疑犯头部包严；将疑犯持续暴露于噪声喧天的环境中；剥夺疑犯的睡眠、食物和饮水；迫使疑犯以紧张姿势长时间站立。欧洲人权法院认为，这“五种技术”构成不人道与有辱人格的待遇。

容许任何例外。即使有时政界声称恐怖主义分子对社会和公众具有严重威胁，因而需要采取“更为有效”和“更能促使被告人供述”的讯问方式，欧洲人权法院也始终坚持其立场。综观当今世界各国审理伊斯兰恐怖主义分子的司法实践，欧洲人权法院这种以人权为导向的政策，值得肯定。

2. 在一些判例中，欧洲人权法院还对被告人在警察讯问阶段或讯问前是否有权聘请律师的问题进行了司法审查。曾几何时，欧洲人权法院不愿将《欧洲人权公约》赋予被告人的聘请律师权适用于刑事侦查阶段。直至1996年，欧洲人权法院才在一项判决中认定，在警察讯问过程中，被告人有权聘请律师。

《欧洲人权公约》规定，被告人无力担负律师费时，如果为了公正审判的需要必须聘请律师的，他应获得法律援助，免费得到律师帮助[①]。究竟什么情况下构成“为了公正审判的需要”，欧洲人权法院在判例中进行了解释。一般而言，是指被告人可能被判处重刑或者案件在证据或法律方面存在疑难。当然，欧洲各国国内法是否总能满足欧洲人权法院的这一要求，尚不得而知。

但欧洲人权法院并不认为，被告人在警察讯问过程中可以享有律师在场的权利。欧洲人权法院不想脱离欧洲各国的法律规定。欧洲各国对警察讯问过程中律师在场权，规定了若干限制。欧洲人权法院只是认为，在警察讯问过程中，被告人可以与辩护律师商讨。

欧洲人权法院还认为，在警察讯问过程中被告人有权获得律师帮助，仅适用于：被告人的沉默或回答对随后程序中的辩护具有决定性意义，例如被告人在警察面前供述，其口供在庭审中将作为证据。但欧洲人权法院并不认为，若违反了被告人的律师帮助权，就必须将被告人的口供作为非法证据予以排除，欧洲人权法院并不准备将证据排除规则这一严厉惩戒用在此类案件中。

1996年欧洲人权法院通过一项判决对被告人的律师帮助权进行了重要改进。以往一些欧洲国家，在警察讯问前或讯问中，被告人很难与

---

① European Convention on Human Rights, Section 1, Article 6, 3c.

辩护律师进行商讨。例如法国法律规定，被逮捕的被告人在被警察讯问的最初 24 个小时无权获得律师帮助。这一规定在 2000 年被修改了，显然这是欧洲人权法院通过判例予以推动的结果。现在，在法国，被羁押的被告人，在警察讯问开始时可有半小时与律师商讨，然后，20 个小时以后再次会见律师。这一改革有些缩手缩脚。因为，半小时实在太短，被告人与辩护律师难以商讨出辩护策略。在如此短的时间内，律师能做的，便是建议当事人不回答警察任何问题。这对于警察进一步讯问十分不利。

在欧洲其他一些国家，被告人的律师帮助权更充分一些，如德国。德国被告人可以在警察讯问前或讯问中与辩护律师商讨，但辩护律师不能进入讯问室。西班牙、意大利的情况大致相同。在俄罗斯，只有被告人受到逮捕时，才享有律师帮助权。仅允许被逮捕的被告人与律师商讨不大合理，因为，未被逮捕的被告人，在被搜查或被警察盘问时也需要律师的帮助。

警察讯问阶段对被告人律师帮助权的限制，说明在欧洲大陆，传统的纠问制刑事诉讼理念仍有影响。纠问制刑事诉讼制度下，刑事诉讼程序的终极目的便是发现事实真相。被告人在警察讯问阶段的供述，被认为是达到这个目的的决定性因素。人们担心，警察讯问时律师在场，会妨碍警察发现案件真相。因此，即使警察的讯问阶段毫无疑问的是整个刑事诉讼中的关键阶段，在警察讯问过程中，被告人也只能单独面对警察。一旦被告人向警察做了供述，生米便煮成熟饭，一切无可挽回。如果被告人的口供在庭审中作为证据采纳，那么，在随后的诉讼程序中，被告人与辩护律师再商讨出怎样的辩护策略，都将无济于事。为了避免出现这种情况，一些欧洲国家如意大利和俄罗斯规定，警察在没有律师在场的情况下讯问被告人而取得的被告人供述，不得在法庭上作为证据予以采纳。

3. 另外一个重要问题是，警察在开始讯问前是否必须告知被告人享有沉默权以及与律师进行商讨的权利。在西班牙、意大利和德国，警察在开始讯问前必须告知被告人享有这些权利；但并不是所有欧洲国家都如此。迄今为止，欧洲人权法院尚未就此问题发表意见。问题是，如果被告人未被告知其享有沉默权和与律师进行商讨的权利，这些权利便仅是纸上谈兵，没有实际意义。有人说，很多被告人都清楚他们享有什么权利。这种想法真是过于天真。

4. 在讯问被告人方面，中国的法律规定与欧洲各国截然不同。中国刑事诉讼法第 93 条规定："犯罪嫌疑人对侦查人员的提问，应当如实回答。"据说，这种规定源自中国传统以及中国刑事司法所遵循的查明犯罪事实的原则。

要求被告人如实回答警察讯问，说明传统的纠问制诉讼理念在相当程度上统治着中国刑事司法。早先，这种纠问制讯问方式在西方国家也存在过，但现已被废除了。废除的原因有二：第一，心理学家证明，强迫与压制很难达到查明案件真相的目的。非出于自愿而做出的供述，难具可信性。第二，刑事诉讼法所追求的保护人权的目标制约着其另两个目标即效益与效率。

1982 年的中国宪法明显朝着保护人权的方向迈进，它明确规定保护人权，公开宣称个人尊严不容侵犯[①]。如果说宪法规定不是空洞的政治宣言，那么可以说，中国宪法所确立的以人权为导向的宗旨，并没有被中国刑事诉讼法所充分体现。

近年，有中国学者建议赋予被告人不得自证其罪的权利，使被告人不再被迫回答讯问。如果这一建议被采纳，中国刑事司法就将与国际社会通行的法律正当程序原则相一致。联合国《公民权利和政治权利国际公约》就将不得自证其罪的权利列入诉讼权利之一。

如果对中国刑事诉讼法第 93 条进行修改，还需要对另外两个问题做出恰当规定：第一，在警察讯问阶段，被告人在什么程度上享有律师帮助权？第二，在讯问开始之际，应以什么方式告知被告人所享有的沉默权和律师帮助权？

如果要对中国的警察讯问制度进行变革，仅修改刑事诉讼法第 93 条的规定远远不够。为了保证警察执行新的讯问制度，还必须为警察提

---

① 《中华人民共和国宪法》第 33 条第 3 款规定："国家尊重和保障人权。"第 38 条规定："中华人民共和国公民的人格尊严不受侵犯。"

供足够的指导，中国的法院也需要针对新的警察讯问制度制定详细规则。从西方国家已有经验来看，对警察进行重新培训很有必要。重新培训，可以教会他们如何按照新的法律规定行事。

六、庭　审

（一）从纠问制向抗辩制的转变

自19世纪末以来，欧陆各国便一直处于从纠问制向抗辩制庭审模式转变的进程之中。西班牙、斯堪的纳维亚半岛各国、葡萄牙、意大利先后采用了抗辩制庭审模式。近20年，东欧各国如俄罗斯、捷克、罗马尼亚和克罗地亚也在循着相同方向变革。

欧陆各国的抗辩制庭审并无统一模式，而是存在差异。尽管如此，欧陆各国一致引入抗辩制，理由以下：

第一，纠问制法官为审问者和裁判者的双重身份，不符合现代宪法。现代法官的职责不是对被告人进行盘问，而是对公诉人与被告人之间的争讼进行裁断，使被告人免受无事实根据的指控。

第二，从心理学角度，纠问制法官必须承担的多重任务，难以集于一身。纠问制法官必须讯问被告人，询问证人，完成直接询问与交叉质询，还必须对证据进行审查，并最终决定被告人是否有罪。为了准备庭审，法官必须通读案卷，仔细阅读警察和检察官收集的全部案卷材料。阅卷时法官会受到卷宗影响，不言而喻。因此庭审中法官很难公正听取各方证据。

第三，纠问制庭审中，被告人及其辩护律师很难辩护。辩护方没有机会提出自己对案件的看法，只能在法官对证人进行正式询问过程中进行辩护。也许只有这时，辩护方才可能有机会对法官是否正式采纳某证据施加影响。

抗辩制庭审并不存在上述缺陷。被告人及其辩护律师可以自由辩护。控辩双方诉讼地位对等，各方陈述案件的弱处以及分析证据后得出的不同可能性，均清晰可鉴。可以想见，若被告人感到已获得充分辩护，对有罪判决，便容易接受。

1996年中国刑事诉讼法遵循这种国际趋势，采用抗辩制庭审模式，正是基于同样理由。

德国等仍坚持纠问制庭审模式，但吸收抗辩制庭审内涵，以缓和纠问制的苛厉。控辩双方均可向法官申请调查新证人或调取新证据，除个别情形外，法官一般不会驳回此请求。法官听取证据时，控辩双方均可向证人提出新问题，对证据提出其意见。可见，德国庭审实际已演变为盘问法官与控辩双方之间的抗辩式问答。

（二）法官的职责——在抗辩制庭审中查明事实

在欧洲，人们时常认为，抗辩制庭审的诉讼目标不是查明事实真相。这种观点并非空穴来风，而是美国一些抗辩制庭审给人的印象。庭审中，在公诉人与辩护律师出示证据时，美国法官一般是被动的；美国公诉人和辩护律师不受法官制约，有时他们会将法庭辩论演变成戏剧性的争斗，设法转移陪审团寻找案件真相的注意力。但美国抗辩制庭审这种富有争议性的现象，在欧洲并不存在。

对抗辩制庭审提出的另一个批评是，根据诉讼原理，查明案件真相的责任不应在控辩双方而应在法官，而抗辩制却正好相反。其实，这种指责，混淆了抗辩制的概念与事实。事实是，在抗辩制庭审中，检察官的首要职责是尽量客观地出示证据，以使案件事实得到确认。而在欧洲抗辩制庭审中，法官有权积极参与查明事实的过程。

当然，法官在证据出示过程中的参与程度，欧洲各国略有不同。在西班牙，19世纪末便确立的庭审模式是法官完全控制庭审。法官阅完全部侦查案卷以后，确定哪些事实和证据不够明确，需要在法庭上进行认定；哪些证人需要传唤到庭。在典型的西班牙式庭审中，只有法官认为对澄清案件疑点有帮助的证人才会出庭。法官传唤证人到庭，并监督控辩双方对证人的询问。可以说，西班牙式庭审是传统纠问制与现代抗辩制结合的产物。

比西班牙晚近约一百年的意大利刑事诉讼法更侧重抗辩，它赋予法官更积极的角色，又限制法官权力。为保证公正审判，在庭审前，法官看不到控方收集的全部案卷。只有那些庭审无法质证的笔录和证据报告①，会附在起诉书后。庭审进行中，控辩双方先询问证人，然后法官询问证人。因不知证人向警察录过何等证词，故法官很难找到需向证人发问的恰当问题。意大利法官也可以传唤新证人，引入新证据，但仅在控辩双方已出示完全部证据且绝对有必要时，方可如此。

意大利有一位法官在庭审中表现相当积极。被告人提起上诉，称法官主动调取新证据，有违抗辩制庭审原则，理由是，抗辩制要求控辩双方在庭审中出示证据。此案一直打到意大利宪法法院。宪法法院认为，抗辩制庭审的目的是查明案件真相，因此法官有权提出新问题，有权调取新证据。看来，使案件真相大白，正是抗辩制法官的职责所在。

在瑞典，法官职责有很大不同。为了不影响控辩双方出示证据，瑞典法官遵守抗辩制庭审的应有限制，一般不积极参与。法官尤其不得帮助检察官出示证据，因为，法官不能成为又一个检察官。但当辩护方需要帮助时，法官可以积极提供建设性意见，可帮助其分析问题，甚至可为之传唤新证人。

中国的抗辩制庭审似乎也与纠问制因素相混合。中国刑事诉讼法第43条规定："审判人员必须收集能够证明被告人有罪或者无罪的各种证据。"但是，法官在庭审中能够在什么程度上完成这种纠问制职责，则不得而知。一方面中国刑事诉讼法第156条规定，法官对证据出示予以严格控制，即检察官和辩护人需经法官允许才可向证人发问。但另一方面中国刑事诉讼法又并未授权法官依其需要传唤新证人到庭或调取新证据。这些互相矛盾的规定表明，法官若想真正参与到中国刑事诉讼法第43条所规定的查明真相的过程，很有难度。

在欧洲国家不可能存在的，是中国刑事诉讼法第157条规定的内容："对庭审中未到庭的证人的询问，可以通过宣读证人证言笔录来代

---

① 指证人死亡、出国或搬到其他地方无法出庭的情形。这种情形实践中发生很少。——译注。

替。”这一规定，与中国刑事诉讼法第47条规定的直接言词原则[①]根本不相容。直接言词原则要求，证人证言必须在法庭上经过控辩双方询问、质证以后，才能作为定案依据。中国法官在庭审中以宣读证言笔录来代替直接询问和交叉质询证人的惯常做法，彻底丧失了抗辩制最关键的内核即凡对被告人做出不利证言的证人，辩护方均有权进行交叉质询。欧洲人权法院在很多判例中不厌其烦地强调辩护方交叉质询权利的重要意义，目的便在于，交叉质询权不仅对辩护方至关重要，它对于查明案件真相，更是意义非凡。

（三）讯问被告人

在庭审中，究竟由谁、何时讯问被告人，欧洲各国形式各异。在西班牙，检察官和辩护律师均可以要求被告人作证。若是检察官请求讯问被告人，被告人将受到检察官富有刺探性的提问，无法在不受干扰的情况下首先将自己对案件的意见表述出来。被告人的这种境况，与纠问制庭审开始之时法官讯问被告人的情形并无二致。

意大利被告人地位有利得多。检察官发表完公诉意见以后，辩护律师请求被告人作证。被告人有机会对检察官提出的有罪证据进行答辩，可以冷静观察检察官以什么方式证明指控以及有罪证据有多少，还可以对不采纳检察官证据的理由，提出合理解释。只有在辩护律师完成首轮直接询问后，检察官才可对被告人进行交叉质询。

俄罗斯刑事诉讼法的规定又有不同，被告人可在庭审任何阶段作证，因此，被告人有权在对他最为有利的庭审阶段作证。但被告人何时作证，必须征得法官同意。可见，俄罗斯法官在抗辩制庭审中，依然作用强大。

在中国抗辩制庭审中，对被告人的讯问始于庭审之初，被告人不得不在检察官出示证据证明其有罪之前进行辩解。根据中国刑事诉讼法第155条，首先由公诉人讯问被告人。看来，中国被告人必须与西班牙被

---

① 1996年《中国刑事诉讼法》第47条明确规定：“证人证言必须在法庭上经过公诉人、被害人和被告人、辩护人双方讯问、质证，听取各方证人的证言并且经过查实以后，才能作为定案的根据。”

告人面临同样的难题，但中国被告人的境况更糟，因为他们必须如实陈述事实真相。显然，传统的纠问制理念又一次严重干扰了现代抗辩制。欲破除之，中国被告人在庭审中的地位必须重新界定。

七、结　语

欧洲刑事诉讼改革还有很多措施，因与中国刑事诉讼改革并不直接相关，不再一一赘述。我相信，欧洲各国刑事诉讼制度的改革发展，可为中国刑事诉讼改革提供多角度借鉴视角。撷取那些既符合中国法律原则又合乎中国传统的措施和制度，作为变革参照物，必有裨益。

中国刑事诉讼改革者需谨记，刑事诉讼法是“贫苦人的宪法”，它比宪法更能直接影响普通人的生活，因此，刑事诉讼法改革比任何其他法律改革更为重要。一部新的、提升人权和人格尊严的刑事诉讼法，一个将效益、效率与人权保障和谐统一、恰当平衡的刑事司法制度，应是中国刑事司法改革的核心目标。

专题七 德国防止酷刑的三重法律执行机制

——联合国、欧洲理事会、德国*

一、引　言

在人类历史上，酷刑向来与刑事司法相伴，迄今仍有余音。在欧陆，曾几何时，酷刑被正式作为官方机构刑事执法的必须手段而存在。根据罗马—教会法中的证据规则，在严重刑事案件中，只根据两名可靠目击证人的证言，或者只根据被告人的口供，法官便可判处被告人犯有重罪。如果犯罪嫌疑人实施犯罪时找不到两个目击证人，而且犯罪嫌疑人拒绝供述，法院可以判令对其施以酷刑促其供述，以便使审判得以继续。自13世纪至16世纪，酷刑在欧陆泛滥，刑讯逼供司空见惯。

16世纪，欧陆开始倡导较为宽缓的刑罚方法，例如自由刑被大力推广，取代死刑与肉刑；僵化的证据法也发生新变化：如果目击证人不足两名并且被告人拒绝供述，则可判较轻刑罚。自此，酷刑在欧陆的使

---

* 本文原文使用英文撰写。译者为颜九红，北京政法职业学院教授，中国人民大学法学博士。本文系约阿西姆·赫尔曼教授根据提交给由北京大学法学院人权研究中心于2006年5月6日举办的“《联合国禁止酷刑公约》的执行与中国刑事司法改革国际学术研讨会”的论文修改而成。中文译文发表于《北大国际法与比较法评论》第5卷（总第8期）北京大学出版社2007年版，第3~23页，

用方始减少。在17、18世纪的伟大启蒙时代中，人权为导向的自然法思想昌盛，酷刑则受到尖锐批判。国家对个人拥有绝对权力的观点受到质疑，而个人拥有天赋人权、国家不得随意侵犯的思想逐渐深入人心。从实践角度，酷刑亦备受苛责。意大利著名刑法学家切萨雷·贝卡利亚在1764年写道："酷刑在这方面堪称完美：只要有罪之人身心强壮足以忍住酷刑之苦，便可无罪开释；而无罪之人如果身体羸弱不堪酷刑折磨，亦可获罪。"[①] 在一片责挞声中，自17世纪末叶，欧陆各国便着手逐步废除酷刑。

但酷刑并未就此在欧洲绝迹。20世纪，在德国、苏联和其他几个欧洲国家，公民失去了其在争取个人自由斗争中所取得的自由，重又成为国家独裁权力的附庸。警察与其他政府机构大肆使用酷刑，甚至使之成为制度化的执法手段；因为这些执法机构没有任何合法授权，于是便秘密施行酷厉暴行。结果，不仅给受害人带来个人难以忍受的极端痛苦，也给全体国民带来巨大灾难。

正是出于对以上灾祸的深刻反省，各国以及国际社会纷纷采取措施，建立各种制约机制，以避免人类社会重蹈覆辙。在立法方面，不但各国在国内法层面上有禁止使用酷刑的规定，禁止酷刑的国际公约也得到各国支持。欧洲各国的反酷刑约束机制在三个层面上展开，这便是：国内立法、联合国公约以及欧洲公约。

二、禁止酷刑的三重法律约束机制

（一）国内立法——德国

德国宪法规定，"被拘押者不得受精神与肉体虐待"，但并未明文禁止酷刑，当然，此乃欧陆传统使然。与其他欧陆国家的宪法一样，德国宪法在保护个人权利的规定方面措辞抽象，语义宽泛。德国宪法视人格尊严为人权核心，德国宪法第1条明确规定："人格尊严不容侵犯"，并

---

① Cesare Beccaria, Dei delitti e delle pene , Giuffre Editore, Milano, 1973.

宣称：尊重和保护人格尊严是所有公共机构的职责。德国宪法还规定："每个人有权拥有人身安全。"德国宪法规定的"人格尊严"与"人身安全"两个条款，就被解释为含有禁止酷刑以及任何残忍、不人道和有辱人格待遇或处罚之义。为有效执行宪法的人权保护，德国宪法还规定，任何人的权利若被公共机构侵犯，均有权向法院提出控告。在德国，法院的监督职责正在于保护公民个人免受其他政府权力机构的侵犯。

纳粹独裁统治时期德国刑事司法机构的倒行逆施，促使第二次世界大战后的德国在 1950 年刑事诉讼法典上特别增加一条规定：禁止以不当方法讯问犯罪嫌疑人、被告人和证人。德国刑事诉讼法典还规定："不得采用虐待、疲劳战术、伤害身体、服用药物、折磨、欺骗或者催眠等方法，影响他人决定与行使自己意志的自由。只允许在刑事诉讼法准许的范围内实施强制"，以及"禁止以刑事诉讼法不准许的措施相威胁"。为执行以上禁止性规定，德国刑事诉讼法典还规定，违反这些禁令而取得的证供，即使被讯问者同意，也不得作为证据使用[①]。

可以说，德国刑事诉讼法典的以上规定，与国际公约所规定的禁止酷刑以及残忍、不人道或有辱人格的待遇或处罚一类条款相比，为德国刑事司法机关的侦讯活动设置了更高的人权保障标准。因为从一般意义上讲，德国刑事诉讼法典所禁止的疲劳战术与欺骗，并不构成酷刑、残忍、不人道或有辱人格的待遇或处罚。譬如在一个案件中，德国警察仅对犯罪嫌疑人有一点怀疑，却告诉他业已掌握大量有罪证据，于是犯罪嫌疑人招供了，但德国法院认为由此获得的疑犯口供不能作为证据使用。还有一个案例，警察连续 30 个小时不间断讯问犯罪嫌疑人而获得的口供，法院也将之作为应当予以排除的证据而不予采信。确立如此严格的证据排除标准，宗旨便是公民的自由意志与人格尊严必须得到全面保护。

同样，德国刑法典对酷刑、残忍、不人道和有辱人格的待遇也做了规定。德国刑法典将造成身体伤害、强制和以胁迫手段取得证供的行为

---

① 见《德国刑事诉讼法典》第 163a 条［禁止的讯问方法］第 1 款和第 3 款。

规定为犯罪，并予以刑罚处罚。

《国际刑事法院罗马规约》第 7 条和第 8 条规定了反人道罪与战争罪。这些罪名都包含有酷刑行为。德国业已批准《国际刑事法院罗马规约》，因此，其规定已成为德国法律的组成部分。《罗马规约》第 7 条和第 8 条规定的酷刑行为，德国法院可以定罪处刑。

（二）联合国文件与机构

1948 年《世界人权宣言》是联合国在禁止酷刑以及残忍、不人道或有辱人格的待遇或处罚方面所发布的第一个国际文件。1966 年联合国大会通过、1976 年生效的《公民权利和政治权利国际公约》第 7 条重申了这一规定，但比《世界人权宣言》有更大进步，即规定：对任何人，均不得未经其自由同意而施以医药或科学试验。《公民权利和政治权利国际公约》第 7 条还有一特别之处与其他条款不同，即不允许有任何紧急情势下的例外[①]。但从另一方面看，《公民权利和政治权利国际公约》并没有确立任何保护人权的监督执行机制，而只令各缔约国采取必要步骤保护人权。

然而，大量酷刑行为仍在很多国家时有所闻。有鉴于此，瑞典政府于 1973 年首先提请联合国大会审议这一问题。根据瑞典的提案，联合国大会于 1975 年通过了《保护人人不受酷刑和其他残忍、不人道或有辱人格待遇或处罚宣言》。《宣言》虽不具有法律约束力，但它首次对酷刑概念进行了界定[②]，并列举了各国应当采取的酷刑防止措施。

基于瑞典政府的再次倡议，1977 年联合国大会开始起草具有法律约束力的反酷刑国际公约。因为政治冲突不断，公约起草过程十分漫长，最终，联合国大会于 1984 年通过了《禁止酷刑和其他残忍、不人道或有辱人格的待遇或处罚公约》（下称《联合国禁止酷刑公约》），并于 1987 年生效。《公约》的生效，仅仅迈出了禁止酷刑国际法律保护的第一步。

---

① 见《公民权利与政治权利国际公约》第 2 部分第 4 条第 2 款。

② 见《保护人人不受酷刑和其他残忍、不人道或有辱人格待遇或处罚宣言》第 1 条第 1、2 款。

《联合国禁止酷刑公约》正式规定了酷刑的定义[①]。根据公约，酷刑的构成要件有三：第一，必须有使某人在肉体或精神上遭受剧烈疼痛或痛苦的任何行为；第二，该行为必须故意实施；第三，该行为必须因某种目的而实施，如取得口供或惩罚某人。

《联合国禁止酷刑公约》同时规定了酷刑的重要例外，即“纯因法律制裁而引起或法律制裁所固有或附带的疼痛或痛苦不包括在内”[②]。显然，这是政治妥协的结果。但这一规定为削弱公约对人权的保护，大开方便之门，与公约初衷相悖。譬如，伊斯兰缔约国，只要其国内立法仍旧保留石刑[③]、鞭刑[④]、断手刑，那么继续判处和执行这些传统刑罚，便属合法。

《联合国禁止酷刑公约》没有对残忍、不人道或有辱人格的待遇或处罚予以界定，这主要是因为《公约》的重点是禁止酷刑。至于如何在各国领域内防止残忍、不人道或有辱人格的待遇或处罚，则由缔约国自己解决。各缔约国有义务采取必要步骤禁止酷刑与其他虐待行为。

《联合国禁止酷刑公约》创建了“禁止酷刑委员会”，帮助施行国际监督机制。禁止酷刑委员会由 10 名专家组成，每年两度聚于日内瓦。缔约国有义务每 4 年向禁止酷刑委员会提交一份该国为履行公约义务所采取措施的报告。另外，禁止酷刑委员会还收到大量来自非政府组织递交的报告作为信息来源。

若禁止酷刑委员会收到报告称一缔约国境内经常施行酷刑，便可开始调查，不过其调查权十分有限。公约缔约国与酷刑被害人均可在一定条件下将另一缔约国未履行公约的行为提交委员会，但委员会对该事项

---

① 见《禁止酷刑和其他残忍、不人道或有辱人格的待遇或处罚公约》第 1 部分第 1 条。

② 同上。

③ 石刑，以投石来将人处死的行刑方式。有的伊斯兰国家如伊朗 1979 年后采用的法典规定，不可以只用一块石头来击毙犯人，“石头不能大到犯人只挨了一两下就死去，但它也不能小到称不上是石头的地步。”为防止石刑执行时在石头的大小上出现错误，政府提供石头，并用卡车押运到行刑地点。直到 2003 年，伊朗方废止石刑。

④ 一些伊斯兰国家通行鞭刑处死。根据《古兰经》或伊斯兰教圣战精神制定的法律，通常以 100 下鞭笞来惩罚通奸者。

调查完毕后，只可将其意见告知有关缔约国。因为禁止酷刑委员会不是司法机构，因此无权对个人控告做出裁决，也无权判处赔偿金。

在对《联合国禁止酷刑公约》草案进行激烈争辩期间，1980 年哥斯达黎加提交了一份《选择议定书》（Optional Protocol）草案，建议对酷刑行为进行更为有效的遏制。草案建议，国际检查团应有权根据其需要访问监狱、拘押所或其他被报告发生有酷刑行为的场所。没有预先通告的访问，有助于揭露事实真相；检查团据此公布的报告，才具有应有的威慑效果。遗憾的是，由于一些国家强烈反对，哥斯达黎加的草案未获通过。

几年后，建议国际检查团随时到访的议案再次提到联合国的议事日程。2002 年联合国大会通过了《禁止酷刑选择议定书》，规定“防止酷刑分委员会”有权定期到访缔约国，各缔约国有义务准许分委员会成员不受限制地进入某人现押或可能被关押的处所。各缔约国必须向分委员会提供其可能需要的一切相关信息。分委员会可以提出建议和评论意见，但无权对案件做出裁决。虽然《禁止酷刑选择议定书》并未准许临时造访，但显然已比《联合国禁止酷刑公约》取得了重要进步。只是迄至今日，批准《禁止酷刑选择议定书》的国家仍未达到法定生效数量。

德国也尚未批准《禁止酷刑选择议定书》，但批准所需程序业已启动。德国已经批准了《公民权利与政治权利国际公约》和《联合国禁止酷刑公约》，因此，这两项公约的规定，已成为德国法律的组成部分。

根据《联合国禁止酷刑公约》的要求，德国已向禁止酷刑委员会提交了几份报告。对于德国的报告，禁止酷刑委员会提出的批评意见是：“《联合国禁止酷刑公约》第 1 条所规定的关于酷刑的准确定义尚未融入德国法律秩序之中。”这一评价似乎依据不足，因为德国批准《联合国禁止酷刑公约》以后，《公约》第 1 条的规定已成为德国法律的组成部分；而且，《公约》第 1 条所列所有酷刑行为，《德国刑法典》均规定为犯罪。

但禁止酷刑委员会对德国提出的另一个批评意见，需要认真对待。禁止酷刑委员会从非政府组织收到大量报告，指控“德国警察有虐待行为，逮捕时尤其如此”。禁止酷刑委员会还特别指出，在多个案件中，当某人指控警察有虐待行为时，竟受到警察局的反指控，指控该个人犯有诽谤罪。对于禁止酷刑委员会提出的批评意见，德国政府积极予以回应：委员会报告的每一个案件，德国都会认真调查，并确保类似行为不再发生。然而，时至今日，德国警察虐待疑犯的报道，仍不时见诸报端。

（三）欧洲文件和机构

1. 欧洲公约

欧洲禁止酷刑的法律框架，在国际文件与机制方面与联合国相似。但欧洲禁止酷刑保护机制更系统、更有成效。

1950 年欧洲理事会（Council of Europe）协商大会（Consultative Assembly）通过了《欧洲人权与基本自由公约》，该公约于 1953 年生效。欧洲理事会成立于 1949 年，旨在促进欧洲的民主统一。欧洲理事会创建之时，欧盟尚未存在。欧洲理事会与欧盟是不同的两个机构。欧洲理事会通过的《欧洲人权与基本自由公约》与联合国《公民权利与政治权利国际公约》齐名，简称《欧洲人权公约》。《欧洲人权公约》第 3 条规定："任何人均不得使用酷刑、不人道或有辱人格的待遇或处罚。"

《欧洲人权公约》与联合国《公民权利与政治权利国际公约》相比，不同之处在于，《欧洲人权公约》第 3 条没有明确禁止"残忍的待遇或刑罚"。至于为何如此，报告中没有提及。但实际上理由很明显：酷刑与不人道待遇或处罚已含有"残忍"之义，再规定"残忍的待遇或处罚"，实属多余。欧陆立法一向标榜简约准确，不必要之言自不赘述。

两大公约相同之处在于都规定：在禁止酷刑方面，不允许有任何例外，在战争状态、战争威胁、国内政局动荡或任何其他社会紧急状态，此规定亦丝毫不得予以逾越。

德国于 1952 年批准《欧洲人权公约》，因此，该公约的规定已成为德国法律的组成部分。从技术上讲，《欧洲人权公约》应与德国普通国内法具有同等效力。但在德国，一般均认为，《欧洲人权公约》具有更高的法律效力；从一般法律规则来说，新法应优于旧法，但与之相反，德国批准《欧洲人权公约》以后制定的国内法，均不可与该公约的规定相抵触；而且，所有德国法律在解释时也都必须与《欧洲人权公约》的要求相一致，理由是德国制定新法时不得违背德国所承担的国际义务。另外，《欧洲人权公约》在保护人权方面具有特殊的重要意义，因此必须具有高于普通法律的效力。

以《联合国禁止酷刑公约》为模本，欧洲理事会于1987年通过了《欧洲防止酷刑和不人道或有辱人格的待遇与处罚公约》（简称《欧洲防止酷刑公约》）。德国于1989年批准《欧洲防止酷刑公约》。同年该公约正式生效。

与《联合国禁止酷刑公约》相比，《欧洲防止酷刑公约》没有对酷刑进行界定，理由是：在酷刑定义中，只将特定行为列为酷刑行为，则未被明文列入的行为，恐有被视为合法行为的危险。而且根据欧陆传统，立法中一般不包含定义。

2. 欧洲防止酷刑委员会

为强化对酷刑的遏制，根据《欧洲防止酷刑公约》的规定，建立了欧洲防止酷刑委员会。欧洲防止酷刑委员会所拥有的职权与哥斯达黎加1980年向联合国提出的建议相似，但欧洲防止酷刑委员会的代表不仅可以定期访问（periodic visits）欧洲理事会成员国，还有权对成员国进行临时到访（ad hoc visits）。出访前，欧洲防止酷刑委员会必须通知接访国，但往往通知刚刚发出，欧洲防止酷刑委员会临时到访团就可能立即出现在接访国。欧洲防止酷刑委员会有权到访任何拘押场所，有权单独进行会见。这样的访问，与国际红十字委员会进行的访问具有相同之处。

访问结束，欧洲防止酷刑委员会将起草一份报告；在必要时，还将提出建议。报告旨在完善对酷刑的防范措施，而非谴责当事国。收到报告的国家有权答辩。根据《欧洲防止酷刑公约》，欧洲防止酷刑委员会与具体当事国之间的交流与合作严格保密。如果当事国不予合作或拒绝按照委员会的建议改进工作，委员会将发表公开声明。

时至今日，欧洲防止酷刑委员会的绝大多数报告，都在征得当事国的同意后公开予以发布。例如，2005 年 12 月，欧洲防止酷刑委员会到访德国后将其报告公开发布，报告在说明代表团到访地点、被访警员以后，认为没有必要提出改进建议。但最近，欧洲防止酷刑委员会到访其他国家尤其是东欧和东南欧国家以后，常常感到在报告中提出改善拘押场所条件的建议，很有必要。通常，委员会与当事国进行磋商，多数情况下，当事国公开予以答复，阐释其将采取哪些措施进一步保护被拘押者的权利。

欧洲防止酷刑委员会的日常运作实践表明，委员会对酷刑的控制富有实效。从委员会发布的报告可以看出，委员会的调查比较彻底，委员会与当事国之间的合作比较紧密。因为欧洲不大，所有欧洲国家都是近邻，并且多数欧洲国家都是欧盟大家庭的成员，因此，紧密合作在欧洲具有可行性。从这一角度来看，联合国《禁止酷刑选择议定书》在未来生效以后，依之设立的联合国防止酷刑分委员会能否像欧洲防止酷刑委员会一样对酷刑进行严格而卓有实效的控制，我们尚需拭目以待。

需要提出的另一问题是：联合国禁止酷刑委员会与欧洲防止酷刑委员会是否进行不同的工作。如果欧洲国家出现了酷刑行为需要监督和控制，两大国际机构，即一个是总部设在法国斯特拉斯堡的欧洲防止酷刑委员会，另一个是总部设在瑞士日内瓦的联合国禁止酷刑委员会，是否真正有必要并肩进行调查合作呢？一旦联合国《禁止酷刑选择议定书》在未来生效，联合国防止酷刑分委员会将像欧洲防止酷刑委员会一样有权对缔约国进行定期到访，那么，此问题将变得尤为迫急。如果两个机构不合并，那么，建议在欧洲领域内，联合国防止酷刑分委员会与欧洲防止酷刑委员会进行协作。

3. 欧洲人权法院

除欧洲防止酷刑委员会外，在欧洲还有一个机构同样承担防止酷刑、保护人权的职责，这就是根据《欧洲人权公约》于 1959 年在法国斯特拉斯堡成立的欧洲人权法院。欧洲人权法院的职权是对《欧洲人权公约》确保的各项权利与自由是否在各国得到执行进行监督。凡欧洲公民，若其在国内业已穷尽所有法律救济，仍可以向欧洲人权法院提出控告，控告其受《欧洲人权公约》保护的权利受到侵犯。在大量案例中，欧洲人权法院判定当事国的国内法与《欧洲人权公约》的要求相违背；还有相当数量的案例，欧洲人权法院判定当事国的做法与《欧洲人权公约》第3条关于禁止酷刑的规定相违背，因此完全可以说，欧洲人权法院的司法审查富有成效。多年来，在诠释酷刑、不人道和有辱人格的待遇或处罚的内涵方面，欧洲人权法院已经积累了丰富的判例法原则。

欧洲人权法院在审案时，需要对一国是否违反《欧洲人权公约》的规定进行判断，其判决是说明式的而不是命令性的，欧洲人权法院无权废止任何欧洲国家的国内立法，也无权撤销其行政决定或司法裁决。但欧洲人权法院的判决对责任国又具有法律约束力，可以使其负起采取必要补救措施的义务。在一些案件中，有关责任国必须修改其国内立法，以与欧洲人权法院的判决要求相一致。虽然欧洲人权法院的判决仅对案件具体当事国具有约束力，但却经常被作为纲领性指导意见而被所有欧洲国家效仿。

如果欧洲人权法院认定违背《欧洲人权公约》的情形确实存在，可以向受害方判处“合理补偿”（just satisfaction），即判令责任国向被害方支付金钱损害赔偿和非金钱损害赔偿。

欧洲人权法院遵循的基本原则是不直接干预国内法，依此原则，欧洲人权法院从未判令：非法获得的证据必须予以排除。也正因如此，欧洲人权法院拒绝将通过酷刑取得的证据予以排除，即使酷刑是《欧洲防止酷刑公约》所规定的对人权最为严重的侵犯，也同样如此。欧洲人权法院宁愿断言：“决定证据的可采性是国内法院的首要职责，对此，欧洲人权法院不能取而代之。”

早先，对于所有告到欧洲人权法院的案件，由欧洲人权委员会进行筛选。被筛掉的案件便不能再进入欧洲人权法院的审理日程。所有控告违反《欧洲人权公约》的案件，均首先被提交欧洲人权委员会。如果欧洲人权委员会无法使案件当事双方友好和解，便起草一份报告，经几道程序性步骤以后交由欧洲人权法院审理。为简化《欧洲人权公约》的监督机构，强化欧洲人权法院的司法特性，欧洲人权委员会于1998年被撤销。如今，任何控告均可直接向欧洲人权法院提出。当然，欧洲人权委员会存续期间撰写的报告，至今仍为欧洲人权法院诠释《欧洲人权公约》的重要信息源。

三、《欧洲人权公约》第3条

（一）定义

1. 酷刑

欧洲人权委员会第一次尝试为酷刑下定义以将酷刑与不人道和有辱人格的待遇或处罚相区分，是在1969年丹麦等国诉希腊一案[①]中。该案涉及希腊军事政变后政治犯拘押场所的恶劣境况。欧洲人权委员会认为，故意造成严重身体或心理伤害的行为构成不人道和有辱人格的待遇或处罚，而酷刑则是为获取信息或施加惩罚而故意实施的特别严重且属于加重情形的不人道待遇。有辱人格的待遇或处罚自成一类，其构成需要实施了违反本人意愿或良知的严重羞辱行为或强制行为。

欧洲人权委员会对酷刑的界定与《联合国禁止酷刑公约》相似。联合国公约的规定对欧洲机构并无约束力，但可用来解释欧洲法。

在实践中，酷刑与不人道待遇之间的界限，主要在于所致伤害的严重程度。至于如何衡量伤害程度的严重性，主要是看虐待行为的持续时间、对身体与心理的影响程度、被害人的性别、年龄、健康状况以及虐待行为与方式。如果实施了造成极大伤害的行为，则不论被害人性别、年龄、心理状况如何，一般均认定为酷刑行为。

然而，具有里程碑意义的重要案件即爱尔兰诉英国一案[②]却表明，酷刑与不人道待遇之间并无明显界限。该案涉及英国警察讯问爱尔兰恐怖主义疑犯时所使用的“五种技术”（“five techniques”）。这“五种技术”与最近美军在位于巴格达的阿布格来布监狱所使用的方法类似，即用黑色布袋将疑犯头部包严；将疑犯持续暴露于噪声喧天的环境中；剥夺疑犯的睡眠、食物和饮水；迫使疑犯以紧张姿势长时间站立。欧洲人

---

① Denmark et al. v. Greece, 15 November 1969, YB XII.

② Ireland v. the United Kingdom, judgment of 25 April 1978, Series A no. 26.

权委员会于1972年认定，此“五种技术”构成酷刑。可5年以后欧洲人权法院却认为，“五种技术”未造成酷刑一词所含有的“特别严重、特别残忍的痛苦”，因此认定其为不人道与有辱人格的待遇。或许，欧洲人权法院的判决基于某种政治考量，也不大情愿将英国与施加酷刑扯上联系。

直到1996年，欧洲人权法院在审理阿克扫依诉土耳其一案①中，才首次判定警察行为构成酷刑。此案中，土耳其警方将卡迪什自治运动组织一成员的双臂从背后绑牢并将双臂吊起来，结果致使其双臂残废。自此案后，欧洲人权法院在其审理的案件中多次认定酷刑行为的存在，例如在阿依丁诉土耳其②一案中认定土耳其警方在拘押场所强奸一卡迪什妇女的行为构成酷刑，又如在塞尔穆瑞诉法国一案③中，警察对被拘押者多次实施全身重击，并扯住其头发令其一边快跑一边被多人痛击，致使其遭受身体上的剧烈痛苦与情感上的极度压迫，欧洲人权法院认定该案中的警察行为构成酷刑。此案中，欧洲人权法院还进一步指出，对人权更深入的理解，需要将以前认定为不人道待遇的行为进而认定为酷刑。

2. 不人道待遇或处罚

如前所述，如果虐待他人并造成严重伤害但其目的或严重程度又不足以构成酷刑的，是不人道待遇。欧洲人权法院与欧洲人权委员会在大量案例中认定存在不人道待遇或处罚。不给食物和水，不提供医疗，只要在严重程度上超过最低水准，即被认定为不人道待遇；囚室严重拥挤、污秽不堪以及将被拘押者与其家人隔绝，都被认定为不人道待遇。在塞尔库克诉土耳其一案④中，土耳其安全部队捣毁塞尔库克等人的家园与所有其他个人财物使其无家可归，也被认定为不人道待遇。在著名的卡迪什分裂组织领袖奥贾兰诉土耳其一案⑤中，欧洲人权法院认为，

---

① Aksoy v. Turkey, judgment of 18 December1996, ECHR 1996 - VI, Vol. 26, §64.

② Aydin v. Turkey judgment, op. cit., para. 106.

③ Selmouni v. France, judgment of 28 July 1998, ECHR 1999 - V.

④ Selcuk and Asker v. Turkey, judgment of 24 April 1998, ECHR 1998 - II, p. 19, §78.

⑤ Oecalan v. Turkey, 2003.

由不具独立性的军事法院法官判处死刑，构成不人道处罚。

一般认为，只有国家机构人员故意实施造成伤害与痛苦的行为才构成不人道的待遇或处罚。然而，在几个案例中，欧洲人权法院与欧洲人权委员会还认定，不人道待遇或处罚的构成不一定必须要求有故意。在卡拉什尼科夫诉俄罗斯一案①中，囚犯卡拉什尼科夫在异常拥挤、卫生条件极差的囚室中身患重病。欧洲人权法院认为，尽管无法推断监狱管理机构故意造成如此伤害，也构成不人道处罚。在这类案件中，欧洲人权法院舍弃故意要素，显然意在帮助俄罗斯与其他东欧国家改善监狱监管条件。可以预见，以后几年中还会有更多类似控诉来自这些国家。

3. 有辱人格的待遇或处罚

一般认为，使被害人感到恐惧、精神极度痛苦、自卑低贱并因此冒犯其人格尊严或人身安全的待遇或处罚，是有辱人格的待遇或处罚。酷刑与不人道的待遇或处罚的构成，要求造成身心伤害，而有辱人格的待遇或处罚，只要求使被害人严重蒙羞，就可以构成。比如粉碎他人的身体或道德抗御，或者迫使他人违背其意愿或良知行事，就是典型的有辱人格待遇或处罚。

欧洲人权法院审理的首件需要对“有辱人格”概念进行廓清的重要案件是提乐诉英国一案②，该案涉及肉刑。马恩岛是爱尔兰海上的一个英国小岛，根据马恩岛的刑法，15 岁男孩提乐被判施以用桦木笞笞击三下的刑罚，并由警察在警察局施刑。欧洲人权法院认为，这种刑罚视被害人为国家机构威权的对象，包含制度性暴力，因此构成有辱人格的处罚。但在后来的案件中，对于学校中采取的较轻微的体罚，欧洲人权法院并未认定其有辱人格。

在决定一种待遇或处罚是否有辱人格时，欧洲人权法院与欧洲人权委员会一直持中庸立场。对囚犯搜身，一般不认为有辱人格；但若一囚犯不存在任何身上有违禁品的怀疑而遭受每周一次从头到脚的彻底搜身，就有所不同，可能构成有辱人格的待遇。监狱管理机构发布的正常

---

① Kalashinikov v. Russia, European Court, Judgment of July 15, 2002, RJD 2002 - VI.

② Tyrer v. the United Kingdom, judgment of 25 April 1978, Series A no. 26.

监规一般不属有辱人格，但若年老体衰的囚犯被迫从事令人筋疲力尽的体力劳动，则违反《欧洲人权公约》第3条的规定。

欧洲人权委员会与欧洲人权法院还认为，经常性种族歧视与其他歧视也可能构成有辱人格的待遇。在史密斯与格来迪诉英国一案[①]中，因性取向问题，一群英国武装部队士兵遭到开除。欧洲人权法院的判决措辞谨慎："基于多数人的偏好而对无此偏好的少数人施加的待遇，很难排除在《欧洲人权公约》第3条所禁止的范畴之外"。但此案中军队开除那些士兵，欧洲人权法院并不认为其有辱人格。

（二）举证责任与调查责任

通常，在拘押期间受到伤害的被押者很难证明其所受伤害系警察或监狱管理机构所为。在这个问题上，欧洲人权法院与欧洲人权委员会的解决方法有所不同。

在日比其诉奥地利一案[②]中，犯罪嫌疑人日比其被警察拘押期间遭受伤害而留下的严重瘀青与颈部后遗症，被保留下来，清晰可见。日比其称：警察讯问他时对其实施了重击与狠踢；但警察予以否认，称日比其的伤是其戴手铐自伤身体造成的，他们还说，日比其想逃离警车但失足摔倒并撞到警车后门上。

按照一般诉讼规则，日比其必须对其指控承担举证责任。但欧洲人权法院指出，此案是一个典型案例，因为在这种情况下，显然不可能有独立的证人，被害人日比其难有机会证明其指控的真实性。因此，欧洲人权法院将举证责任倒置，令奥地利警方承担举证责任，对日比其的伤情如何造成，提供合理解释。而奥地利警方所提供的解释无法令人信服，故欧洲人权法院认定，日比其受到了虐待，并且这种虐待行为已构成有辱人格的待遇。

在其他案例中，当被害人无法证明其受到警方虐待时，欧洲人权法院解决问题的办法堪称另辟蹊径。欧洲人权法院认为，若被害人提出的

---

① Smith and Grady v. the United Kingdom, judgment of 27 September 1999.

② Ribitsch v. Austria, judgment of 4 December 1995, Reports of judgments and decisions 1996, p. 26, § 34.

其遭受了虐待的指控具有合理怀疑，那么，按照《欧洲人权公约》的要求，该国司法机构应着手进行调查。如果该国司法机构没有进行调查，或者虽进行了调查，但调查既不彻底也不有效，那么，欧洲人权法院就会认定该国违反了《欧洲人权公约》第3条的规定，而且还违反了《欧洲人权公约》对缔约国规定的保证在其领域内人人享有《公约》规定的权利与自由的义务。

在前文提及的阿克扫依诉土耳其一案①中，欧洲人权委员会的解决措施更胜一筹。因为土耳其有关机构没有就阿克扫依究竟受到何等待遇的问题予以充分合作，因此，欧洲人权委员会代表直接前往土耳其听取证人的证言。可以看出，在解决这一案件时，欧洲人权委员会简直就像是一个旨在寻找事实真相的初审法院。

以上案例表明，欧洲人权法院与原欧洲人权委员会如何进行不懈努力，在程序性机制的帮助下，将《欧洲人权公约》变成真正卓有实效的人权保护工具。

四、引渡与遣返

《欧洲人权公约》未对一个人是否有权于公约缔约国停留做出规定。但欧洲人权法院与欧洲人权委员会在多个案件中认定，如果一个人被引渡或遣返以后可能遭受酷刑或任何其他虐待，则不得予以引渡或遣返。此原则为欧洲人权法院在1989年审理具有里程碑意义的索尔凌诉英国一案②时，得以首倡。

索尔凌具有德国国籍，精神不正常，被指控于18岁时杀害了其在美国弗吉尼亚州的女友的父母。索尔凌逃到英国，后被抓获。美国要求英国引渡索尔凌，但索尔凌坚决反对引渡，并将案件告到欧洲人权法院。欧洲人权法院在判决中认为，若英国将索尔凌引渡到美国，将违反

① Aksoy v. Turkey judgment, OP. Cit., Para. 106.

② Soering v. the United Kingdom, judgment of 28 July 1998, ECHR 1999 - V.

《欧洲人权公约》第 3 条的规定。虽然，因为《欧洲人权公约》并未明文禁止死刑，因而欧洲人权法院不能以《欧洲人权公约》第 3 条禁止将一个人引渡到可能被判处死刑的国家作为判决理由，但欧洲人权法院认为，若索尔凌被引渡到美国，将在美国弗吉尼亚州受到审判并面临死刑。在弗吉尼亚州，一个人被判处死刑到最终被执行死刑，平均相隔 7 年。在弗吉尼亚州警戒度极高的死囚牢房中生活 7 年，意味着索尔凌将"有遭受《欧洲人权公约》第 3 条所设定门槛以外的待遇的真正危险"。因为美国监狱的监管条件一向备受诟厉，因此，欧洲人权法院未对这种待遇究竟是否构成酷刑、不人道或有辱人格的待遇予以明确认定的做法，从外交角度，显然不合时宜。

索尔凌判例意义重大，在于两个方面：第一，该案涉及的不是违反公约的行为确已发生，而是一旦引渡，很有可能发生。欧洲人权法院认为，只要索尔凌可以证明其具有遭受虐待的"真实危险（real risk）"就已足够。第二，在索尔凌案件中，违反公约的国家不是英国，而是美国，当欧洲人权法院判令禁止引渡索尔凌时，并未判令英国对其管辖领域以外可能发生的事承担责任，而是认为，在索尔凌案件中，不引渡义务"乃《欧洲人权公约》第 3 条内在固有之义"；如果引渡，"将明显违背《欧洲人权公约》第 3 条的精神与宗旨"。

有意思的是，《联合国禁止酷刑公约》也包含相同的"内在固有义务"，即不得将一个人引渡到"确有理由相信其会遭受酷刑的国家"。然而，它很难与《欧洲人权公约》相提并论，因为《联合国禁止酷刑公约》的保护仅限于一个人可能遭受酷刑的情形；而且，在联合国层次，也不存在一个像欧洲人权法院那样的执行机构。

索尔凌判例对大量遣返案件具有重大影响。在这些案件中，欧洲人权法院将同样标准适用于遣返。欧洲人权法院需要评估将要被遣返的人是否有遭受虐待的真实危险。在查哈尔诉英国一案[①]中，查哈尔具有印度国籍，他是印度朋加邦（Punjab）锡克分离主义运动的积极支持者，英国决定将他遣返回印度。查哈尔称：若回到印度，他便会受到印度政

---

① Chahal v. Great Britain, European Court, Judgment of November 15, 1996, RJD 1996 - V.

府的虐待。印度政府保证不会虐待他。欧洲人权法院对印度政府的承诺进行了认真考虑，但尽管如此，其结论仍然是虐待危险高度存在。另外，在 H. L. R. 诉法国一案[①]中，被法国抓获的一哥伦比亚毒贩称，若他被法国遣返回哥伦比亚，恐怕会遭到哥伦比亚国际毒品组织的报复，但欧洲人权法院认为，没有足够证据证明确有这种危险，因此法国可以遣返他。

在一些案件中，欧洲人权法院认为，虐待危险不一定必须来自政府公共机构。在一个案件中，欧洲人权法院判令，若被遣返者具有被内战中的私人团体处死的真实危险，则遣返将违背《欧洲人权公约》第 3 条的规定。德国法院的立场，相对来说限制比较严格，要求虐待必须来自公共机构。至于德国法院的立场是否符合《欧洲人权公约》的规定，有必要提出质疑。

五、酷刑可以为了拯救生命而施加吗？

2002 年的达史讷案件[②]在德国引起激烈争论，即在异常状况下，公共机构施加的酷刑或其他虐待行为是否可以接受？在达史讷案件中，一个富有家庭的 11 岁男孩被绑架了。警方将犯罪嫌疑人抓获，但疑犯一直拒绝供出藏匿人质的地点。实际上，人质早已被疑犯杀掉了，可疑犯却想让审讯他的警官相信人质仍然活着。为了小男孩的生命安全，高级警官达史讷命令其下属威胁疑犯：若再不说出人质藏匿地点，便施以暴力，疑犯终于屈服并供出人质尸体藏匿之处；但达史讷与其下属却被指控实施了“强制（coercion）”，不得不面临刑事审判。法院做出了具有妥协意味的判决：判处达史讷及其下属有罪，但所处刑罚仅仅是警告。如此轻缓的处罚，在“强制”一类案件中，此前从未判处过。

德国法院对达史讷案件的判决结果，既得到赞同，也饱受批评。赞

---

① H. L. R. v. France, European Court, Judgment of April 29, 1997, RJD 1997 - III.

② Daschner case, Judgment of the Regional Court of Frankfurt/Main of December 20, 2004, not published. See Report of Amnesty International: web. amnesty. org/report2005/deu - summary - eng.

成者认为，不论在什么情况下，哪怕整个国家的生存面临危险，宪法所保护的疑犯的人格尊严也不容冒犯，酷刑也同样不能使用。而且，在禁止酷刑方面，《欧洲人权公约》与《联合国公民权利与政治权利国际公约》都不允许有任何例外。

批评者则认为，达史讷案件不是一个普通的酷刑案件，在这个案件中，警方冒犯疑犯的人格尊严，是为了他们所想的那样去拯救被绑架小男孩的生命、去维护这个小男孩的人格尊严。如果疑犯将人质抱住并用枪抵住他的头颅，警方在无计可施时甚至有权射杀疑犯。从这个角度看，不允许警方以实施暴力相威胁逼迫疑犯说出人质藏匿地点，而这又正是救孩子的唯一途径，就实在太不合情理了。至于《欧洲人权公约》与《联合国公民权利与政治权利国际公约》对酷刑的绝对禁止，对达史讷案件的判决结果持批评意见者认为，两个国际公约都规定保护人的生命，因此，若为拯救另一个人生命所必需，就不应当认定为虐待行为。

在德国所进行的争论说明，依靠公众舆论解决一个特别个案（exceptional case），总是困难的。特别个案也永远不应作为确立一般法律原则的依据。

在德国，对于达史讷案件的争论仍在继续。但不应忽视的是，在德国国内发生的争论，与国际间对美国关塔那摩美军基地所使用的讯问技术所进行的争论，迥然有异。美国政府争辩称：虐待关押于关塔那摩美军基地的疑犯，是为保护美国人民之所必需，因此，应当拓宽可以接受的合法讯问技术的范围。但是，迄今，始终没有证据证明，美国人民的生命面临迫近的危险；也没有证据证明，虐待关塔那摩美军基地的疑犯，是保护美国人民的唯一途径。

六、酷刑心理

谈及酷刑问题时不应忘记的是，酷刑问题绝非单靠法律条款与处罚规定就可以解决的。从心理学角度审视酷刑与其他虐待行为，很有必要。具有决定性意义的问题是，一个人怎么就会对另一个人施用酷刑或其他虐待行为呢？如果认为施用酷刑的人天性卑劣，则大错特错。施用酷刑或其他虐待行为的公共官员与殴打妻孩的家庭暴力实施者完全不同。1971 年美国著名心理学家金巴尔多教授进行了一项非常著名的斯坦福监狱模拟试验，试验结果表明，一个人正在扮演的角色对于其行为会产生怎样重大的影响。

在金巴尔多教授的试验中，若干心理正常的青年大学生被放在模拟监狱中，并被随机分成“犯人组”与“看守组”。按照原定计划，试验将持续两周，但不到 6 天，试验便草草结束。那些由大学生扮演的“看守”很快进入角色，为使“犯人”就范，他们羞辱“犯人”，逼迫“犯人”遵守监规。起先“犯人”十分不满，继而纷纷反抗，结果几个“看守”便拳脚相加，滥施淫威。未及数日，所有人均笼罩在真正的监狱气氛中。由男大学生扮演的“看守”，完全被他们的“看守”角色所辖制，他们的暴虐行为表明，新角色怎样扭曲了他们的人性：“看守”们已经失去了对真相的认识，对于他们而言，在模拟的监狱中施暴，就是其正常生活。

对关押在关塔那摩美军基地和阿布格来布监狱中的人实施暴行，以及在世界很多地方的警察看守所、拘押所和监狱中存在的酷刑与其他虐待行为，都证实了金巴尔多教授的试验结果。但应当关注的，则是采取什么措施来解决这些问题。

首先，应当对警察与其他法律执行者进行教育培训。在这方面，已有长足的进步。1984 年《联合国禁止酷刑公约》要求，在对法律执行者进行培训和教育中，关于禁止酷刑的相关信息和内容必须有充分体现。《联合国禁止酷刑公约》还规定，联合国禁止酷刑委员会若发现缔约国存在酷刑或其他虐待行为，应通告该国并提出适当解决建议。可以想见，在联合国禁止酷刑委员会提出的建议中，会包含倡议培训与教育执法者的内容。

在欧洲层面，也有同样进展。欧洲防止酷刑委员会在对欧洲理事会成员国的酷刑或其他虐待行为情况撰写常规报告（regular reports）时，如有必要，将建议该国进一步培训法律执行官。在实践中，欧洲防止酷刑委员会的相关控制措施更是严密。成员国在与欧洲防止酷刑委员会进行合作时，通常均会宣称，它们将会更加重视对执法人员的培训。

其次，欧洲人权法院、欧洲人权委员会以及欧洲各国法院审理的众多案例表明，在欧洲国家还存在大量酷刑与其他虐待行为，其中东欧与东南欧国家居多。看来，培训与再教育，也并不总能有效制止酷刑。个中缘由有可能是教育者施教时往往只注重法律问题。单单警示警官殴打疑犯违法、任何虐待行为都会受到法律制裁是远远不够的；执法官员对这一套说教并不陌生。

有必要以斯坦福监狱模拟试验结果的经验作为基础展开培训，向被培训者解释执法者角色的心理学含义。警官需要学会如何处理人际冲突，以及如何避免冲突的发生。如有可能，培训内容还可包含角色扮演。当然，如果期待一夜之间就开始这种培训，不切实际，因为这种培训需要先行有较长时间认真筹备，需要有心理学家的参与。还应看到，心理学培训需要花费的时间更长，毕竟，江山易改，本性难移。

七、结　　语

毋庸置疑，制定措辞严谨的法律条款来禁止酷刑与其他虐待行为，很有必要；但必须指出，当今世界的主要问题却在于：法律规定没有得到严格执行。将《联合国禁止酷刑公约》的执行只交给各国政府，显然远远不够，设立国际机构如联合国禁止酷刑委员、欧洲人权法院、欧洲防止酷刑委员会，更有必要，它可以使人权保护更加卓有实效。虽然在这方面联合国与欧洲理事会已经做出了认真的努力，然而，防止酷刑与其他虐待行为、有效保障人权，仍然任重而道远。不仅在欧洲，而且在世界其他地区，对执法机构施行酷刑的遏制，仍需进一步得到强化。

专题八
被害人保护在德国刑法和刑事诉讼法中的发展
——永无止境的发展史*

一、引　言

在过去的一个世纪里，犯罪被害人在德国刑事诉讼中的地位曾多次发生重大变化。在日耳曼和加洛林王朝时代，被害人是诉讼程序的发动者和程序进展的推动者。① 随着国家专断刑罚权力的强化以及纠问制程序的引入，被害人逐渐丧失了其主体地位。尽管在理论上尚保留被害人对犯罪行为的告发权（Anzeigebefugnis），但实际上被害人对诉讼程序的启动权以及对程序进展的控制权已经转移到纠问制法官的手中，被害人在诉讼过程中仅作为证人出现。19 世纪中叶，德国各邦对刑事诉讼法进行了一系列改革，在此期间，公诉检察官制度以及公开和言辞审理的

---

* 原文用德文撰写。译者为黄河，德国波鸿鲁尔大学法学院博士研究生。译文原载于《南开法律评论》2010 年。

① Hierzu und zum Folgenden Weigend, Deliktsopfer und Strafverfahren, 1989, S. 28 ff.; E. Schmidt, Einführung in die Geschichte der deutschen Strafrechtspflege, S. 37 ff.; Koch, Denunciatio, Zur Geschichte eines strafprozessualen Rechtsinstituts, 2006.

主审程序被相继引入，但被害人的地位却没有多大提升。

1871年的《帝国刑法典》以及1877年的《帝国刑事诉讼法典》的出台给被害人地位的提升带来了转机，其中刑法典赋予了被害人控告权（Strafantragsrecht），刑事诉讼法典则引入了强制起诉程序、自诉以及从属诉讼程序（Nebenklage）。[①] 然而，这一改革的起因并不在于人们对已逐渐被遗忘的古老的诉讼程序中被害人主体地位的怀念（Rückbesinnung），也不在于人们对重构被害人的程序地位的希冀。改革的目的旨在统一德国各邦的法典，其中最关键的是立法者采纳了学者们通过激烈争辩而形成的立法建议。

虽然颁布制定了一系列法典，但被害人在刑事诉讼实践中仍然是"被遗忘的角色"（vergessene Figur）。[②] 这一状况在1943年基于战时节省目的而引入的附带民事诉讼程序（Adhäsionsverfahren）中依旧没有丝毫改变。[③] 在附带民事诉讼程序中，被害人可以主张实现自己的损害赔偿请求权，这一程序的优点在于可以避免同一案件事实在之后的民事诉讼程序中被重复确认。[④]

20世纪80年代以来，被害人保护在德国出现了深刻变革。立法者将刑事诉讼构筑成打击新型犯罪的强力武器，在查明案件事实的过程中不断采用先进的科技手段，同时在刑事诉讼中也开始重新关注之前不为人们重视的犯罪被害人。这一变化可归因于学术界关于犯罪被害人的新争论以及国内外学者对犯罪被害人学的研究（viktimologische Forschungen），而犯罪被害人学主要探讨被害人在刑事诉讼中的地位以及如何在刑事实体法中重新确立这一地位。[⑤] 在这一发展变革中，值得

---

① Weigend (Fn. 1), S. 110 ff.

② Weigend, ZStW 96 (1984), 761.

③ 附带民事诉讼程序（Adhäsionsverfahren）与从属诉讼程序（Nebenklage）是有区别的，后者指特定犯罪的被害人或受害人的亲属，在检察官提起的公诉程序中提起从属诉讼，从属诉讼权利人有广泛的程序参与权，如发问权和证据调查申请权。而附带民事诉讼权利人则不享有这些权利。——译者注

④ Weigend (Fn. 1), S. 164 ff.; Hilger, in: Erb u. a. (Hrsg.), Löwe/Rosenberg, Die Strafprozessordnung und das Gerichtsverfassungsgesetz, Bd. 8, 26. Aufl. 2009, Vor § 403 Rn. 3 ff.

⑤ Weigend (Fn. 1), S. 13 ff.; Kühne, in: Erb u. a. (a. a. O.), Bd. 1, 26. Aufl. 2006, Einl. Rn. 125.

深思的是：刑事诉讼中人们新思想碰撞的火花是如何产生的？1984 年秋季召开的德国第 55 届法律人大会上，人们围绕“犯罪被害人之法律地位”的主题进行了探讨。① 最后法律人大会做出决议：建议以多学科的视角来重新确立被害人的地位。这次会议的召开成为 1986 年《被害人保护法》的立法基础。②《被害人保护法》做了许多与德国刑事诉讼程序的结构相对接的改动。这些改动不只是针对强奸犯罪的被害人，而是着力改善所有犯罪被害人的地位。《被害人保护法》出台以后，学界和政界很快达成了需要进一步做补充性立法的共识。此外，2001 年 3 月 15 日，欧盟理事会在框架决议中提出了改善刑事诉讼程序中被害人地位的详细建议。③ 这些立法建议推动了许多强化被害人保护的法律的出台，其中主要包括：1994 年《犯罪抗制法》④、1998 年《证人保护法》⑤、1999 年《确立刑事程序中犯罪人和被害人和解法案》⑥、2004 年《被害人权利改革法》⑦ 以及 2009 年《被害人权利改革第二法案》⑧。

这一时期立法状况的急剧变革也造成了很多问题：各个改革法案之间没有形成一个统一的体系；人们没有花时间去研究刑事诉讼被害人地位的应然性的和基本法律政策中的新规则；每一部新法案都只是对已被人们所认知的具体问题进行专门修正；立法改革以一种小的、徘徊式的小碎步前进着。在一定程度上，这一拼缝式改革（Patchwork - Reform）令人们不禁想起刑事诉讼法典中其他领域的改革也同样如此。尽管在立

---

① Verh. des 55. DJT：Rieβ, Gutachten C für den 55. Deutschen Juristentag, Bd. 1, 1984, C 1 ff; Referate v. Hammerstein u. Odersky (a. a. O.), Bd. 2, 1984, L 7 ff. und L 29 ff.

② BGBl. I S. 2496. Zum Inhalt des Gesetzes siehe. Böttcher, JR 1987, 133; Jung, JuS 1987, 157; Rieβ/Hilger, NStZ 1987, 145; Weigend, NJW 1987, 1170.

③ Rahmenbeschluss 2001/220/JI, ABl. EG, Nr. L 82, S. 1 v. 22. 3. 2001.

④ BGBl. I S. 3186. Siehe Dahs, NJW 1995, 553; König/Seitz, NStZ 1995, 1.

⑤ BGBl. I S. 820. Siehe Caesar, NJW 1998, 2313; Rieβ, NJW 1998, 3240; Seitz, JR 1998, 309.

⑥ BGBl. I S. 2491. Siehe Rieβ, in: Müller - Dietz u. a. (Hrsg.), Festschrift für Heike Jung zum 65. Geburtstag am 23. April 2007, 2007, S. 751 (S. 759); Tolmein, ZRP 1999, 409.

⑦ BGBl. I S. 1354. Siehe Ferber, NJW 2004, 2562; Hilger, GA 2004, 478; Stiebig, Jura 2005, 592.

⑧ BGBl. I 2280. Siehe Bung, StV 2009, 430.

法改革的论证说明中，立法者强调被害人权利改革不会导致被告人受到歧视，① 对基本原则的遵循也不会改变，但强化被害人地位将不可避免地导致被告人负担的加重。这个问题在相关性的改革过程中也基本上没有被讨论过。

以下部分将从1986年制定的《被害人保护法》开始对被害人保护在德国发展中的重要方面做出阐述，当然这一阐述过程不限于改革进程中“暂时性的最终形态”（vorläufigen Endzustand）。② 为了论述的方便，本文将对整个改革历程中涉及的问题单独列出做集中讨论。回顾德国被害人保护的改革进程，可以从以下四个重要方面入手：增加被害人的知情权和获得律师帮助的权利；完善对被害人和证人人格权利的保护；改革从属诉讼制度；完善有利于被害人的损害赔偿制度。考虑到每一次单独的立法改革都带来数量巨大的制度变革，在此只择取其中较为重要的新规则来进行说明。

二、被害人保护的发展

（一）被害人知情权和获得律师帮助权的新发展

1. 对程序终局性裁决的知情权

1986年《被害人保护法》增加了所有犯罪被害人均享有知情权（Informationsrecht）（《刑事诉讼法》第406d条第1款）。任何被害人均应依申请被告知相关法庭程序之终局性裁决。这一规定可以避免被害人产生自己被遗忘或疏远的感觉，因为如果被害人无法获知诉讼中是否发

① Entwurf der Bundesregierung zum Opferschutzgesetz, BT - Drs. 10/5305, S. 1; Entwurf der Bundesregierung zum 2. Opferrechtsreformgesetz, BT - Drs. 16/12098, S. 12; Hilger, GA 2004, 478 (486). Kritisch dagegen Bung, StV 2009, 430 (431 ff.).

② 经过与本文作者赫尔曼教授商量，赫尔曼教授表示，他在文中将“暂时”与“最终”这两个矛盾的词语用在一起，主要是为了表达一种讽刺，因为立法者们总是认为对被害人的立法改革已经完成了，无须再做修改，但是没过多长时间，又不得不将新的被害人的立法改革提上议事日程。——译者注

生了对自己可能不公正的情况，则被害人完全有可能觉得自己被司法程序所淡忘或忽视。

2004 年《被害人保护法》扩大了被害人知情权的范围。起诉便宜原则使得很多诉讼程序在起诉阶段就终止，而被害人则有权依申请被告知程序终止的相关决定（《刑事诉讼法》第 406d 条第 1 款的新规定）。基于被害人人身安全的考虑，《被害人保护法》还要求法官或检察官及时告知被害人关于被告人开始或停止羁押和其他限制人身自由的强制措施或者犯罪人刑罚执行中的宽缓（Vollzugslockerungen）以及休假的情况（《刑事诉讼法》第 406d 条第 2 款）。[①] 当然，只有在被害人主动申请并证明自己对此有合法利益时，法官或检察官才需要履行告知义务。

2. 获得律师帮助权

被害人参与诉讼程序的重要规定来自于 1986 年《被害人保护法》的规定，即被害人在侦查阶段就享有获得律师帮助的权利（《刑事诉讼法》第 406f 条）。律师费用需由被害人（从属诉讼权利人除外）自己承担，除非被害人有经济困难。[②]

根据《被害人保护法》的有关规定，被害人律师只有在法官和检察官询问时才有在场权，在接受警察询问时被害人律师无权在场。在实践中对被害人的询问一般是由警察来完成的，这样被害人律师的在场权受到很大的限制。然而，关于被害人保护的改革问题，立法者在一定程度上还落后于联邦宪法法院的步伐。联邦宪法法院早在 1974 年就在判例中写道：基于法治国原则，在询问证人时，一般情况下应当允许其律师在场。[③] 直到 2009 年《被害人权利改革第二法案》中才将允许律师在警察询问过程中的在场权纳入法条中（《刑事诉讼法》第 406f 条第 1 款第 2 句），同时规定了在询问任何证人时都允许其律师在场（《刑事诉讼法》第 68b 条第 1 款第 2 句）。但是这一规定可能会打破被害人和被告人权利的平衡状态，因为被告人在接受警察调查和讯问的过程中是无

---

① 宽缓（Vollzugslockerungen）主要是指犯罪人可在监视或无监视的情形下，离开监狱学习、工作或单纯外出。——译者注

② Weigend, NJW 1987, 1170 (1173).

③ BVerfGE 38, 105.

权要求其律师在场的。2009年《被害人权利改革第二法案》本来希望纠正这一不平等的状态，但是立法过程中遇到了很大的阻力，因为侦查机关基本上不同意这一规定，原因在于警察讯问中获取的被告人自白在侦查阶段扮演着重要角色，而且经验表明，没有律师在场比有律师在场更容易获取被告人的自白。①

1986年《被害人保护法》之后，被害人除了可以依申请要求律师在场之外，还可以申请其信赖之人（比如其亲属）陪伴出席接受询问（《刑事诉讼法》第406f条第3款），这种心理照顾有利于缓解强奸和性犯罪被害人的心理负担，而且有助于更好地查明案件事实。根据1986年《被害人保护法》，是否准许被害人之信赖之人在询问过程中在场的自由裁量权掌握在侦查机关的领导手中。在2004年《被害人权利改革法》中进一步强化了被害人的地位，它规定只要是被害人之信赖之人不影响调查目的的实现，均应当准许其出席被害人的询问。

3. 阅卷权

1986年《被害人保护法》规定了被害人享有受法律保障的阅卷权（被告人同样也享有该项权利），但是阅卷权的行使必须通过其律师来实现（《刑事诉讼法》第406e条第1款）。如果存在被告人或其他人员较大的值得保护的利益时，可以基于个人隐私信息保护的理由排除被害人阅卷权的行使（《刑事诉讼法》第406e条第2款）。

虽然刑事诉讼法中对被害人行使阅卷权规定了这一限制性条款，但被害人行使阅卷权在实践中仍会引发新的问题，因为被害人会接触到相关信息，从而可能侵犯被告人的隐私，另外以查明事实为目的而行使阅卷权的过程中被害人可能会滥用该权利，以至于限制了被告人进行防御辩护的机会。② 当然更加严重的隐患在于被害人会从卷宗获取到相关信息，从而在主审程序中作为证人出庭作证时有意或无意地进行有利于自

---

① Der Streitstand ist wiedergegeben bei Senge, in: Jung u. a. (Hrsg.), Festschrift für Egon Müller, 2008, S. 693. Wie zu erwarten, lehnt Senge als ehemaliger Bundesanwalt beim Bundesgerichtshof ein Anwesenheitsrecht des Verteidigers ab.

② Hilger (Fn. 4), § 406e Rn. 3 und 9; Thomas, StV 1985, 433; Weigend, NJW 1987, 1170 (1174).

己而对被告人不利、不公正的陈述。[①] 2004 年的《被害人权利改革法》进一步加大了这一隐患，因为该改革法案规定：从属诉讼权利人（即有权提起从属诉讼，但自己选择放弃提起从属诉讼的被害人）享有在主审程序中的在场权。(《刑事诉讼法》第 406g 条第 1 款第 1 句)。一般情况下，享有从属诉讼权利的被害人在主审程序中必须作为证人出庭作证，但是法庭在听取被告人辩护意见和其他证人作证完成之后才开始听取被害人陈述。从属诉讼权利人在主审程序中一直在场，导致被害人在作证之前不应当知道被告人及其他证人的相关陈述这一基本原则（《刑事诉讼法》第 58 条第 1 款、第 243 条第 2 款第 1 句）被破坏。因此，被害人保护可能会危及案件事实真相的发现和导致被告人地位的恶化。

4. 被害人对自己所享有的程序性权利的知情权

只有当被害人知道自己享有什么权利后，他才可能去行使自己的权利。1986 年《被害人保护法》规定了被害人享有新的权利（《刑事诉讼法》第 406h 条）。被害人保护协会认为 1986 年《被害人保护法》所笼统规定的告知义务还不完备，而且欧盟理事会的框架性决议更加完善地规定了被害人如何以及何时被告知相关信息。[②] 因此在 2009 年《被害人权利改革第二法案》中对告知义务做出了细致和扩大性的规定（《刑事诉讼法》第 406h 条）。如今，法律明文规定：通常情况下，应当以“容易理解”的“语言”“尽可能早”地以书面形式告知被害人相关信息。德国法官协会针对告知义务的扩大化提出了异议，认为它使得刑事追诉机关负担过重。[③]

（二）通过完善对证人保护来实现被害人人格的保护

1. 发问权的限制

在侵犯性自主权犯罪行为的主审程序中，被害人作为证人出庭作证

---

① Hierzu und zum Folgenden Roxin/Schünemann, Strafverfahrensrecht, 26. Aufl. 2009, § 65 Rn. 14; Schünemann, NStZ 1986, 193 (199); Weigend, NJW 1987, 1170 (1174).

② Art. 4 des Rahmenbeschlusses 2001/220/JI, ABl. EG, Nr. L 82, S. 1 v. 22. 3. 2001.

③ Stellungnahme des Deutschen Richterbundes zum Entwurf des 2. Opferrechtsreformgesetzes v. März 2009, S. 4. Online – version unter http: //ww. drb. de.

时可能会受到对其个人隐私生活进行的详细而有侵略性的发问，以此来证明被害人对此犯罪行为是有过错的。[①] 虽然法律明确规定："可能给证人带来耻辱"的问题禁止发问，只有当这一问题对查明案件事实来说是必不可少时，才允许提问（《刑事诉讼法》第68a条第1款），但是该规定并不能消除实务中的种种陋习。因而1986年《被害人保护法》规定，涉及个人隐私生活领域的问题禁止提问。

这次立法改革对被害人保护来说只是往前迈出了一小步。[②] 从司法实务中的案例来看，改革并没有取得预期的效果，尤其是在联邦最高法院，为了查明案件事实的需要，在对证人的可信度进行核实的提问时，往往放宽对发问权的限制。[③]

2. 证人作证时被告人需退庭

如果被害人作为证人需出庭作证，则被害人与被告人在法庭上的碰面可能会使被害人有心理上的负担，因此1986年《被害人保护法》规定：被害人证人（其他证人也可以有此权利）在作证时，如果存在严重不利于其身心健康的紧迫危险时，可以要求在被告人不在场的情况下完成作证（《刑事诉讼法》第247条第2款）。当然在这种情况下，虽然被告人在返回法庭时被告知证人证言的基本内容，但是他的防卫辩护权将因无法与证人进行直接对质而受到限制。

3. 排除主审程序中的公开审判

此外，被害人保护可能会限制主审程序中的公开审判原则，该项限制性规定来自1986年《被害人保护法》。当然，这项规定并不只是保护被害人，而是涵盖了所有程序参与人及证人。目前，只有在程序参与人或证人的个人生活因公开审理而可能损害其"值得保护的重大利益"的情况下，才能排除主审程序的公开审理。根据《被害人保护法》，只要公开审理的利益不超过个人生活的利益，就可以看成是"值得保护的利益"（《法院组织法》第171b条）。当然，与法官需要在个案中对公开

---

① Dahs, NJW 1984, 1921; Weigend, NJW 1987, 1170 (1191); jeweils m. w. N.

② Böttcher, in: Gössel u. a. (Hrsg.), Strafverfahren im Rechtsstaat, Festschrift für Theodor Kleinknecht zum 75. Geburtstag am 18. August 1985, 1985, S. 25 (S. 37).

③ BGHSt 13, 252; 21, 334 (360), Böttcher, JR 1987, 133 (139).

审理和个人生活这两者的利益做出权衡这一规定相比，更为重要的法律规定是：当今法律规定了在被害人不再作为主审程序之证人和从属诉讼权利人时，对其个人生活的保护。

4. 影音录制证人证言以及同步影视询问证人

1998 年《证人保护法》对证人和被害人保护做出了进一步规定。该立法的原因是：很多针对儿童的性犯罪的诉讼程序会给以证人身份在主审程序中出庭作证的儿童造成特别的心理负担。[①] 虽然《证人保护法》的规定涉及所有证人，但这一立法保护首先针对的是被害人保护，因为通常情况下被害人是作为控方证人出现的。

根据法律规定，未成年人证人（立法最初规定为 17 周岁以下，2009 年《被害人权利改革第二法案》之后将年龄调整为 18 周岁以下）可以在审前程序中通过影音方式将其证言录制下来，在特定的前提下，可以在主审程序中播放该影音证人证言来代替其出庭做重复性证人证言（《刑事诉讼法》第 58a 条、第 255a 条）。[②]

在审前程序中同样存在保护证人的必要性，为避免其与被告人发生冲突，侦查法官可以与证人在特殊的房间内会面，并将其询问过程通过同步影音传输的方式呈现给其他诉讼参与人。借助传输技术可以直接或通过法官间接对证人进行提问（《刑事诉讼法》第 168e 条）。在询问过程中录制的影音资料可以在后来的主审程序中播放。为了尽量避免被害人与被告人的冲突而致使不利于被害人健康的严重情况发生，在主审程序中可以不在法庭内对被害人进行询问，而是在其他地方通过视频会议的方式询问被害人，并同步传输至法庭上（《刑事诉讼法》第 247a 条）。

5. 委托律师

1998 年《被害人保护法》进一步规定：如果存在维护其值得保护的利益的必要性，证人在询问过程中可以委托律师，而且律师费用由国家承担（《刑事诉讼法》第 68b 条）。针对严重犯罪，特别是就性领域

---

① Rieβ, NJW 1998, 3240; Caesar, NJW 1998, 2313 (2314).

② Über den unmittelbaren Gesetzeszweck hinausgehend ermöglicht § 58a StPO auch Video – Aufnahmen bei drohendem Beweisverlust.

的犯罪情形对被害人进行询问时，被害人申请要求律师帮助的，必须为其指定律师。2009 年《被害人权利改革第二法案》扩大了证人获得律师帮助的权利范围。如果委托律师对于证人之值得保护的利益而言是必需的，则须为其指定律师。这也是立法中第一次规定：只要有值得保护的利益，就应当为被害人指定律师，不再区分案件是否为特定的犯罪。另外，2009 年《被害人权利改革第二法案》还规定：如果存在证人值得保护的“特殊情况”，应当加以说明，以确定是否存在证人委托律师的例外情况。

（三）彻底重构从属诉讼制度

1. 改变和彻底扩大从属诉讼权利

立法改革的重点在于重构从属诉讼制度。从属诉讼使被害人有权加入检察官提起的公诉中，行使自己独立的诉讼权利并充当第二检察官的角色。起初只有在检察官针对自诉案件提起公诉的过程中被害人才有权加入。1986 年《被害人保护法》将从属诉讼从自诉案件的限制中解脱出来。与自诉案件相比，从属诉讼的范围扩大至侵害个人法益（höchstpersönliche Rechtsgüter）的犯罪行为，如杀人未遂、特定的性侵犯、故意伤害、遗弃以及其他严重侵犯人身自由的犯罪行为（《刑事诉讼法》第 395 条第 1 款）。重构从属诉讼的立法理由考虑的不是报应和被害人利益的补偿（Rache - und Genugtuungsinteressen des Opfers），而是被害人的保护需求。如今被害人（主要是性犯罪的女性被害人）被赋予了从属诉讼的权利，他们有机会积极地参加到主审程序中来，以对抗不合法的罪责负担（Schuldzuweisungen）和来自被告人方面的其他攻击。

尽管从属诉讼制度有了根本性的改变，但这并没有使 1986 年的《被害人保护法》完全过时。法律仍然保留了被害人及遇害人的近亲属在侮辱犯罪以及工业产权和著作权犯罪中提出强制起诉申请的可能性。考虑到严重侵害个人法益犯罪案件中允许进行从属诉讼的新的发展趋势，人们还无法接受在整个类似的严重侵害被害人个人法益的犯罪中进行从属诉讼，因此，在这些犯罪中仍然排除从属诉讼的可能性。随后新修订的相关法律迈出了纠正这一不平衡性的第一步，立法者谨慎地扩大了可提出从属诉讼的犯罪行为的范围，其中新增的条款主要有：买卖人口（《刑法》第232条至第233a条）、组织和强迫卖淫（《刑法》第180a条，第181a条）以及尾随跟踪骚扰行为（《刑法》第238条）。

2009年《被害人权利改革第二法案》又进行了进一步的改革，虽然仍是以逐条逐项的修改方式将可提出从属诉讼的犯罪行为的范围一点点扩大（这次立法改革主要针对的是强迫结婚和强制进行性行为，《刑法》第240条第4款），然而此项改革的重大意义在于新增了一项一般性条款，即如果“基于特别理由，尤其是因为犯罪行为的严重后果而致使被害人觉得有必要维护自己的利益时”，任何一个“本条所列举之外的违法行为”的被害人均有权提起从属诉讼（《刑事诉讼法》第395条第3款）。同时，《被害人权利改革第二法案》为了对从属诉讼制度进行彻底改革，立法者放弃了传统而谨慎的法律改革路线。虽然联邦政府提交的草案中所附带的立法理由强调：“严重后果”是指被害人已经或可能受到的身体和精神上的严重伤害。①然而在正式的法律条文中并没有将这一限制性规定纳入其中。这次立法改革不仅彻底取消了之前所规定的从属诉讼要以犯罪行为侵犯个人法益为限的限制，而且同时为无限制地扩大和重新有针对性地修改从属诉讼制度开启了大门。如果被害人在财产犯罪中遭受重大损失，例如，丧失了为职业教育而筹备的积蓄或养老保险等，则法院在面对这些严重的犯罪行为后果时几乎无法拒绝被害人提出的从属诉讼申请。遭受重大财产损失的被害人的律师往往建议其当事人提起从属诉讼，目的在于按自己的意愿去影响刑事诉讼程序中案件事实的调查，从而使民事诉讼程序中的举证更加容易。从属诉讼之目的不再是抗拒被告人不合理的罪责负担，而是实现经济上的利益。于是从属诉讼的功能开始从防御手段向攻击手段转变。假如被害人为自己所损失的财产而抗争，并且当被害人及其代理律师相对于检察官而言不再是诉讼程序的客体时，那么在强奸和性犯罪案件的庭审中经常出现的

---

① Gesetzentwurf der Bundesregierung zum 2. Opferrechtsreformgesetz, BT - Drs. 16/12098, S. 49.

被害人与被告人之间的激烈冲突将会愈演愈烈。[①]

当然也不能完全排除在很多从属诉讼中被害人有大量的不诚信的行为发生，以至于从属诉讼演变成群体诉讼（Massenverfahren）。[②] 重大的主审程序的重构，使被告人在主审程序中要面对众多的起诉人。著名的"康特甘案件"（Conterganverfahren）表明，[③] 以这种方式进行的诉讼程序改革会带来很多的麻烦。

2. 主审程序中从属诉讼权利人的权利

从属诉讼权利人有权在主审程序中维护自己的利益，尤其是在陈述案情和对抗被告人不合理的罪责负担时。从属诉讼权利人主要有如下权利：主审程序（包括不公开审理的案件）中的在场权、获得律师帮助权、阅卷权、请求听审权、提问权、申辩权、申请举证权。对于这些权利，改革法案在内容上没有做更改。但是在从属诉讼权利人是否应当保留其举证申请权这一问题上，人们还有一些争议。在学界，学者们仍对此有反对意见，认为从属诉讼权利人对被告人所提出的罪责负担进行防御辩护是没有必要的，而且会导致诉讼迟延。[④] 但是立法者听取了律师和被害人保护协会的意见，从而保留了从属诉讼权利人的举证申请权。这一点与当今从属诉讼作为进攻手段的功能是相吻合的。

如前所述，被害人出席整个主审程序并且作为证人所作的证言已经

---

① Kritik auch bei Bung, StV 2009, 430 (434 ff.); Schünemann (Fn. 32), S. 691.

② 译者注：涉及为数众多的当事人及利害关系人。

③ Siehe Herrmann, ZStW 85 (1973), 255 (258) mit Nachweisen. 译者注：20 世纪 50 年代末至 60 年代初，德国医药公司 Gruenenthal 研制的一种新的镇静安眠药 Contergan 投放市场，用于治疗早期孕妇的失眠症。但是这种安眠药导致德国上千新生儿肢体严重畸形。据德国受害者联合会提供的数字，受害新生儿人数达 5000 人。1971 年，该制药厂为受害者基金会提供了 5600 万欧元，德国政府也提供了大约 5100 万欧元。至今，由此致残的人还在为他们的养老金和相关部门交涉。这是德国历史上最严重的一次医药事故。

④ Weigend (Fn. 1), S. 512, und ders. NJW 1987, 1170 (1175) jeweils mit Nachweisen; weitere Nachweise bei Hilger (Fn. 4), § 397 Rn. 8.

不再被认为是“公正无偏见”（unbefangenen）的证人证言。[①] 但是如果被害人同时以证人和从属诉讼权利人的身份出现时，上述问题就变得有些棘手。被害人既作为负有陈述案件事实真相义务的证人出现，同时他也作为具有利益导向的（interessengeleitete Parteierklärung）一方当事人出现而进行陈述。因此在处理被害人证人证言的可信度时要加倍小心。[②]

3. 诉讼费用援助和国家承担被害人的律师费用

在改革法案出台以前，从属诉讼权利人就已经有权委托律师并申请诉讼费用的援助。从属诉讼权利人只有在个人收入和财产状况不能全部或部分支付律师费用的情况下，才有可能获得诉讼费用的援助。1986年《被害人保护法》对这一规则基本上予以保留。但是1998年《证人保护法》将国家承担被害人律师费用的规定纳入法条中，从而将从属诉讼权利人分为两类（《刑事诉讼法》第397a条）。性犯罪、杀人未遂以及买卖人口犯罪行为的被害人以及因犯罪行为而死亡的被害人的近亲属如果作为从属诉讼权利人出现时，有权申请为其指定律师。即使从属诉讼权利人有足够的手段支付其律师费用的，也同样可以获得免费的被害人律师的帮助。其他犯罪行为的被害人作为从属诉讼权利人出现的，则只能申请诉讼费用援助。

2009年《被害人权利改革第二法案》对“为被害人指定律师”做出进一步的规定。该法案极大地扩展了被害人有权获得为其指派免费律师的犯罪行为的范围（《刑事诉讼法》第397a条）。这一立法改革的动因来自于被害人保护协会的呼吁和要求。被害人保护协会的立法建议使得提供诉讼费用援助的前提条件得以放宽。之前所规定的提供诉讼费用援助需具备“事实和法律上的困难”（Schwierigkeit der Sach - und Rechtslage）的法律条文被废止，因为即使在一些简单的案件中都不应

---

① 公正无偏见的证人证言是指证人在作证时仅以自己在犯罪行为发生过程中的所见所闻为依据。有偏见的证人是指证人在主审程序中听到了被告人和其他证人的陈述，从而使得自己的证言有意或无意地受到之前被告人和其他证人在法庭上所作的陈述的影响。——译者注

② Kritisch auch Schünemann (Fn. 32), S. 693.

当过分要求被害人独自去维护自己的利益。[①] 被害人在提起从属诉讼之后，没有委托律师的，在诉讼过程中仍有权向法院申请为其指定免费的律师和申请诉讼费用援助（《刑事诉讼法》第406a条第1款）。作为从属诉讼权利人的被害人在审前程序中也有权提出该相应的申请。

毫无疑问，国家慷慨地为被害人提供免费的律师及诉讼费用援助实际上将刑事诉讼的重担推给了被告人——立法者一再表示这不是立法的本意。虽然1986年《被害人保护法》规定，在从属诉讼起诉人或者从属诉讼权利人已经委托了律师，而被告人"显然"自己无法进行有效辩护的情况下，法官可以为被告人指定律师进行辩护（《刑事诉讼法》140条第2款第1句）。但是这种为被告人指定辩护的裁量权掌握在法官手中，相比之下，只要被害人满足指定律师的前提条件则法官必须为其指派律师。假如被害人自费委托律师辅佐其诉讼，但是当被告人因经济困难无法自费聘请辩护律师时，是否也应该为被告人指定辩护律师来进行强制辩护？对于这个问题，立法者完全没有做出规定。对此，法院应承担起义务，使失衡的诉讼过程重新变得平衡和公正。

（四）损害赔偿制度的改革

改革过程中最重要的问题是完善犯罪行为人和被害人之间的损害补偿（Schadensausgleich）问题。立法者不仅对现行法律体系中的附带民事诉讼进行了修改，而且增加了不同的、新的半程序半实体性的制度，使得被害人如今享有很多的选择机会，从而在刑事诉讼程序中得以实现自己的民事权益。下面将对其中的重要方面进行阐述。

1. 附带民事诉讼

如果损害赔偿请求权是基于犯罪行为所产生而且也属于民事法院所管辖，那么通过附带民事诉讼程序，被害人有权在刑事诉讼的范围内行使自己的损害赔偿请求权。附带民事诉讼对于被害人而言有许多好处，被害人只需提出附带民事诉讼的申请而不需要提交民事起诉书。地方法

---

① Gesetzentwurf der Bundesregierung zum 2. Opferrechtsreformgesetz, BT - Drs. 16/12098, S. 54.

院在审理附带民事诉讼程序时也无须强制律师代理（Anwaltszwang），因为在刑事诉讼过程中贯彻的是职权调查原则，被害人无须自己澄清案件事实并依申请提供证据进行证明，这一点与民事诉讼法不同。

理论上，附带民事诉讼能起到简化诉讼的功能，因为两个相互独立的法院对同一案件事实进行认定显然是多余的，但实际上从1943年它被纳入法条以来几乎没有发挥过多大的作用。[①] 刑事法庭的法官担心附带民事诉讼会增加自己的工作量，因此经常利用法律的规定从刑事判决中排除附带民事诉讼的相关请求，例如申请损害赔偿对于刑事判决的执行“不合适”，特别是会导致诉讼迟延（旧《刑事诉讼法》第405条第2句）。[②] 而且基于费用上的考虑（aus gebührenrechtlichen Gründen），律师对附带民事诉讼程序并不感兴趣。[③]

改革草案试图对附带民事诉讼程序进行改革，以使之更具实践操作性并对被害人更有吸引力。最初，1986年的《被害人保护法》对其做了些许谨慎的修正。规定如果诉讼标的价值超过地方法院民事程序规定的限额（5000欧元），被害人仍可以向地方法院提出损害赔偿请求权。另外，法律允许在附带民事诉讼中做出基础和部分判决（Grund und Teilurteile）。在基础判决中，刑事法庭仅对损害赔偿请求权的理由和根据做出判决，具体的赔偿数额由随后的民事诉讼程序来确定（《刑事诉讼法》第406条第1款第2句）。最后《被害人保护法》还规定，基于平等对待原则，被告人应当同被害人一样享有提供诉讼费用援助的权利（《刑事诉讼法》第404条第5款）。

由于1986年《被害人保护法》的改革并没有使附带民事诉讼程序在实践中被经常使用，2004年《被害人权利改革法案》试图重新对附

---

① Rieβ, Gutachten C für den 55. Deutschen Juristentag, Bd. 1, 1984, C Rn. 43; Meier/Dürre, JZ 2006, 18 (19); Spiess, Das Adhäsionsverfahren in der Rechtswirklichkeit, 2008, S. 108 ff.

② 译者注：该条文在2004年6月24日经过了修订，现行德国《刑事诉讼法》已经不存在该条文。参见《联邦法律公报》第1部分，第1354页。

③ 译者注：基于费用上的考虑是指，律师在附带民事诉讼程序中所能得到的律师费少于他在刑事诉讼程序外另行提起民事诉讼要求损害赔偿所能得到的律师费。

带民事诉讼程序进行改革，使之焕发新的生命力。[①] 如今，被害人应当"通常情况下尽可能早地"被告知其享有提起附带民事诉讼的权利（《刑事诉讼法》第406h条第2款）。与以前不同的是，如今附带民事诉讼程序允许被害人及其继承人与被告人达成一项具有执行力的调解协议（《刑事诉讼法》第405条第1款）。在判决中法院拒绝审理附带民事诉讼的权利会受到限制，只有出于对"被害人利益的特殊考虑"，或者在刑事诉讼程序中法官认为审理附带民事诉讼是不合适的，尤其是会给刑事程序造成"重大"迟延的情况下，法官才有权拒绝受理被害人之附带民事诉讼的请求（《刑事诉讼法》第406条第1款第3句、第4句）。

该法案通过以后，在学界立即招来质疑的声音，反对者指出，既然人们在实际生活中没有接受附带民事诉讼制度，那么在法律体系中该制度就显得毫无意义。[②] 该质疑在司法实务中得到了证实。2007年和2008年在地方法院审理的案件中只有大约5000件判决中审理了附带民事诉讼，在州法院审理的案件中附带民事诉讼的案件分别只有大约450件和600件。[③] 法院对附带民事诉讼拒绝审理的态度应该加以改变，以使之类似于法国刑事诉讼中的民事诉讼（Action civile），即法官负有对被害人在附带民事诉讼中提出的损害赔偿请求权进行审理的义务。[④] 然而在2009年被害人权利改革法中，这一问题并没有得到彻底解决。

2. 犯罪人与被害人的和解与损害赔偿

刑事制裁（Sanktionsrecht）体系强调的是被害人的利益，[⑤] 如今只要犯罪人能全部或部分地补偿其行为所造成的损失，则可以考虑犯罪人的利益，对其进行宽大量刑。1986年《被害人保护法》在已有的司法

---

① S. hierzu Meier/Dürre, JZ 2006, 18.

② Hilger, GA 2004, 478 (485); Dallmeyer, JuS 2005, 327 (330).

③ Statistisches Bundesamt, Strafgerichte 2007 und 2008, Tab. 2.1, 4.1; s. auch Spiess (Fn. 41), S. 152.

④ Zur Action civile s. Spiess (Fn. 41), S. 246 ff.; Pfefferkorn, Einführung in das französische Strafverfahren, 2006, S. 111 ff.

⑤ 刑事制裁（Sanktionsrecht）只是刑法的一部分，它只涉及刑罚的确定（量刑程序）。——译者注

实践的基础上做出规定：除了“被告人做出损害赔偿（Wiedergutmachung）的努力外”，“被告人与被害人达成的和解（Ausgleich）”可作为量刑的基本依据（《刑法》第46条第2款）。这种方式允许将物质损害赔偿之外的一些情节作为量刑的参考依据。

1994年《犯罪抗制法》迈出了关键性的一步，它将犯罪人和被害人的和解与损害赔偿作为宽大量刑和免除刑罚的依据（《刑法》第46a条）。[①] 随后犯罪人和被害人的和解主要应用于青少年刑法中，如今犯罪人和被害人的和解已经成为一项法律基础。犯罪人和被害人和解的前提是在第三方的主持下尽可能地促使犯罪人和被害人之间相互沟通的一个过程。在这一过程中，犯罪人的行为应当表明：他自愿承担责任，至少是真诚地为损害赔偿做出努力。只支付损害赔偿金并不能构成宽大量刑的理由。犯罪人还应当按要求通过另外的“个人义务”（persönliche Leistung）来表明其责任意识或者以“放弃个人权利”（persönlichem Verzicht）的形式来限制其个人权利。

除了实现传统的罪刑均衡和威慑犯罪的刑罚目的之外，犯罪人和被害人的和解使得在轻微和中等程度的犯罪案件中犯罪人与被害人能够达成协商以及实现损害赔偿。只有当犯罪人不仅对自己行为所造成的物质上的损失进行补偿，并且以作为额外要素的和解的形式去修复“犯罪对被害人所造成的精神上的创伤”时，[②] 这一目的才能够实现。

然而，由于缺乏具有良好社会教育学背景的调解员所组成的机构，所以实践中犯罪人和被害人的和解程序并不能无限地发挥作用。[③] 另外，只有当犯罪人和被害人双方对和解都能接受时，这种要求在犯罪人和被害人之间进行有效沟通的程序才能最终实现。而经验表明，这一程序在实践中并不能总是奏效。

1999年通过立法的形式在刑事诉讼法中确立了犯罪人和被害人的和解程序，立法试图强化刑事司法机关对这种在实践中较少被运用的和

---

① BGBl. I S. 3186.

② Alternativentwurf Wiedergutmachung, 1992, S. 38.

③ Lackner/Kühl, Strafgesetzbuch, Kommentar, 26. Aufl. 2007, § 46a Rn. 1; König/Seitz, NStZ 1995, 1 (2).

解制度的意识，并且通过制定程序上的制度来扩大这种和解程序的适用范围。[①] 立法表明检察官和法官负有明确的义务，即在任何诉讼阶段都应当审查并考虑是否能够适用犯罪人和被害人的和解，并在合适的情况下促成其实现（《刑事诉讼法》第155a条）。检察官和法官可以暂时中止诉讼程序以促成犯罪人和被害人的和解或损害赔偿（《刑事诉讼法》第153a条第1款第2句第5项）。和解程序也可以委托给私立机构来操作，为了实现这一目的，可以向该机构披露相关个人信息（《刑事诉讼法》第155b条）。但是经由立法重新修改之后，犯罪人和被害人的和解在实践中能否被人们广泛接受，尚有不少疑问。[②]

3. 在确定罚金和缓刑时考虑损害赔偿

立法改革同样也规定了损害赔偿在确定罚金和缓刑条件时应该起到的作用。2006年《司法现代化法》（Justizmodernisierungsgesetz）规定：如果不同意延期支付或分期支付罚金而给犯罪人履行损害赔偿造成困难时，法院应当同意犯罪人延期支付或分期支付罚金（《刑法》第42条第3款），[③] 并且支付被害人的赔偿金应当优先于罚金。1994年《犯罪抗制法》规定，在缓刑宣判时应当从两个方面来考虑损害赔偿。[④] 一方面，法律规定在缓刑宣判时要考虑犯罪人对损害赔偿做出的努力（《刑法》第56条第2款第2句），这一做法在法院的司法实践中早就存在，做出以上规定的目的仅是宣示意义（deklaratorische Bedeutung）[⑤]；另一方面，法律规定在确定缓刑条件时，法院可以将犯罪人履行损害赔偿的情况作为缓刑条件（《刑法》第56b条第2款）。在实践中被害人律师经常利用这一规定提出相应的申请，以相对简单的方式来确保犯罪人对被害人损害赔偿义务的履行。

4. 取回救济（Zurückgewinnungshilfe）

取回救济的方法使刑事追诉机关可以通过查封扣押的方式保全犯罪

① BGBl. I S. 2491.

② Beulke, in: Erb u. a. (Fn. 4), Bd. 5, 26. Aufl. 2008, § 155a Rn. 2 mit Nachweisen.

③ BGBl. I S. 3416.

④ BGBl. I S. 3186.

⑤ König/Seitz, NStZ 1995, 1 (2).

行为所得的财产及其替代物以便保护被害人的利益（《刑事诉讼法》第111b条第5款，《刑法》第73条第1款第2句）。这一救济方法可以在审前程序且被害人没有申请的情况下由刑事追诉机关依职权做出，然后被害人可以将查封扣押之后的财产或其替代物取回。

关于取回救济程序的法律规定相当复杂且不十分明确，所以在司法实践中很少被运用。[①] 取回救济程序只有在犯罪行为造成重大财产损失时才被启动。虽然人们呼吁简化该程序的法律规定，但在2006年出台的《强化犯罪案件中取回救济和财产征收法案》（Gesetz zur Stärkung der Rückgewinnungshilfe und der Vermögensabschöpfung bei Straftaten）中，立法者只是扩大和进一步完善了被害人针对被查封扣押的财产采取行动的可能性，并没有对该程序做出简化。[②]

（五）其他有关被害人保护的制度的改革和发展[③]

1. 通过修改管辖权规定来实现被害人保护

2004年《被害人权利改革法》规定：当案件中被害人有“特别的保护需求”时，检察官可以向地区法院提起公诉，而不是向有管辖权的地方法院提起公诉（《法院组织法》第24条第1款第3项）。这样一来就可以避免经过地方法院审理的第一审事实审案件因被告人上诉至第二审事实审之地区法院时所需要的对被害人的重新询问，从而可以减轻被害人额外的心理负担。[④] 但是这次以保护被害人为主要目的的立法改革却剥夺了被告人第二次事实审的机会，被告人无权对针对自己的有罪证据（Belastungsbeweise）提出重新审查的要求。

2. 人们对控告制度的重新认识

相当一部分犯罪行为只有在被害人提起控告后才会被追究法律责

---

① Rieβ, Gutachten C für den 55. Deutschen Juristentag, Bd. 1, 1984, C Rn. 52.

② BGBl. I S. 2350.

③ 为使译文结构上更符合中文阅读的习惯，故将原文中的相关内容稍作适当调整。——译者注

④ 根据德国《法院组织法》第135条，对地区法院审理的第一审案件，被告人只能向联邦最高法院提起法律审上诉（Revision），联邦最高法院仅对法律问题进行审理。——译者注

任。(《刑法》第 77 条)。对于这种告诉才处理的案件，只有当被害人提起控告，要求追究犯罪嫌疑人刑事责任，国家刑罚权才开始启动。是否提出控告要以不同的利益权衡为依据。例如，对家庭成员间的盗窃行为（《刑法》第 247 条）是否提出控告要考虑维护家庭关系的和睦；对侮辱和侵犯个人隐私的行为是否提出控告要考虑对被害人个人隐私生活的保护（《刑法》第 194 条第 1 款、第 205 条）；对侵入住宅和损害财物的行为是否提出控告要考虑犯罪行为是否具有轻微特征（《刑法》第 123 条第 1 款、第 303c 条）。对于一部分告诉才处理的犯罪案件，例如轻微故意或过失伤害（《刑法》第 230 条第 1 款）、数额较小盗窃和侵占财物（《刑法》第 248a 条）、损害财物（《刑法》第 303c 条），在没有被害人控告的情况下，检察官可以基于“特殊公共利益”而对告诉才处理的犯罪提起公诉。

在过去，控告备受人们质疑，人们认为它可能导致刑法得不到平等实施以及可能作为被害人的强迫工具而被滥用。[①] 然而在今天，控告却被认为是合法的，而且控告制度被认为是具有实际操作性的。因此在近十几年被害人保护法的改革过程中并没有对控告权做出修改。

3. 自诉制度

被害人有权对直接涉及自己生活领域的非严重的犯罪行为以自诉的形式提起诉讼（《刑事诉讼法》第 374 条以下）。被害人通过自诉不仅维护了自己的权益，而且维护了国家刑罚权。如果涉及公共利益，检察官可以对此类犯罪行为提起公诉。

在实践过程中，自诉对于被害人而言是把双刃剑（ein – zweischneidiges Schwert）。虽然被害人享有独立的追诉犯罪的权利（如果被害人希望，也可以获得律师的帮助），但是自诉往往需要花费大量的时间和金钱，并且自诉的胜诉率很低。因此人们经常将自诉比喻为“自诉人的受难记”（Leidensweg des Privatklägers）。[②] 在法的实现上自诉几乎不起作

---

① S. Rieβ, Gutachten C für den 55. Deutschen Juristentag, Bd. 1, 1984, C Rn. 93 ff. mit Nachweisen; Schmid, in: Laufhütte/Rissing – van Saan/Tiedemann (Hrsg.), Strafgesetzbuch, Leipziger Kommentar, Bd. 3, 12. Aufl. 2008, Vor § 77 Rn. 1.

② Rieβ, Gutachten C für den 55. Deutschen Juristentag, Bd. 1, 1984, C Rn. 23 und 26.

用。官方的司法统计资料显示，2006 年和 2007 年自诉案件数量分别为 564 件和 528 件。[①] 由于自诉在司法实践中意义不大，人们多次建议取消自诉制度。[②] 令人惊讶的是，过去几十年的法律改革并没有试图去改革自诉制度以使之焕发新的生命力，也因此与强化被害人地位的普遍性发展趋势背道而驰。

4. 强制起诉程序

当检察官认为犯罪行为并不存在而终止侦查程序时，被害人在不同意检察官的决定而又不能提起自诉的情况下，可以通过强制起诉程序来请求审查检察官的该项决定（《刑事诉讼法》第 172 条以下）。被害人可以先向总检察长提出抗告（Beschwerde），抗告被驳回时，被害人可以通过律师向州高等法院申请裁判。如果法院做出应当提起公诉的裁定，则检察院必须执行。

强制起诉程序的主要功能在于维护法定起诉原则，实现被害人保护只是其次要结果。[③] 因此，检察官基于起诉便宜原则做出的不起诉处分不能通过强制起诉程序来审查。随着起诉便宜原则在轻微及部分中等犯罪案件中的引入，检察官利用起诉便宜原则对大部分诉讼程序做出不起诉处分，因此很多人呼吁，应当利用强制起诉程序对检察官不起诉裁量之起诉便宜原则的基础进行审查。[④] 当然，法院不能以自己的自由裁量来取代检察院的自由裁量的地位，但是法院可以审查检察院的自由裁量有无法律上的瑕疵（rechtlich fehlerfrei）。虽然很多人赞成以这种方式对检察官的不起诉自由裁量权进行法律上的限制，但是最近的立法改革并没有对此做出改动。立法者之所以没有对强制起诉程序做修改，可能是

---

① Statistik des Bundesamtes: Strafgerichte 2006 und 2007, Tabelle 2.1.

② Hilger (Fn. 4), Vor § 374, Rn. 13 mit Nachweisen.

③ Graalmann-Scheerer, in: Erb u. a. (Fn. 4), Bd. 5, 26. Aufl. 2008, § 172 Rn. 1; Meyer-Goβner, Strafprozessordnung, Kommentar, 52. Aufl. 2009, § 172 Rn. 1.

④ Nachweise bei Graalmann-Scheerer (Fn. 31), § 172 Rn. 4; siehe auch Rieβ, Gutachten C für den 55. Deutschen Juristentag, Bd. 1, 1984, C Rn. 113; Schünemann, in: Michalke u. a. (Hrsg.), Festschrift für Rainer Hamm zum 65. Geburtstag am 24. Februar 2008, 2008, S. 698; Dölling, in: Müller-Dietz u. a. (Fn. 11), S. 77 (S. 85).

因为在司法实践中强制起诉程序很少被利用而且成功的概率不大。[①] 因而人们认为强制起诉程序的主要意义在于预防作用。[②]

三、结语——对未来趋势的初步展望

过去25年的改革历程表明，对于被害人的地位的提升已经演变成为“刑事政策上的恒定状态”（kriminalpolitischen Dauerzustand）。[③] 迄今为止这个发展过程仍在进行，以至于我们无法断定改革的步伐是否能就此止步。

如果在已经发生法律效力的判决中，在法院违反法律规定，未按《刑事诉讼法》第406h条的规定告知被害人相关权利的情况下，被害人是否有权申请“恢复原状”（Wiedereinsetzung in den vorigen Stand）使自己能作为从属诉讼权利人重新参与诉讼呢？在这一问题上，联邦宪法法院没有考虑主流观点，而是认为法律没有对此做出相应规定，从而驳回当事人的宪法诉讼请求。联邦宪法法院在判决的附带意见中写道：法院违反告知义务时，被害人能否受到恢复原状规则的保护，这是被害人权利改革法应当完善的地方，立法者对这一问题没有做相应规定，从法律政策上来说是令人惋惜的。但是，联邦宪法法院对这一问题无权做出评价，因为这是立法者应该做的事，法院仅对合宪性问题进行处理，对于法律政策上的问题，法院并不发表意见。[④]

最近，学者们基于宪法所要求的公正审判和听审原则建议进一步修改《被害人保护法》。[⑤] 他们认为：首先，被害人应当有权在主审程序中陈述接受审判的犯罪行为对其生活造成的影响，以及有权陈述从被

---

① Graalmann - Scheerer (Fn. 31), § 172 Rn. 3.

② Beulke, Strafprozessrecht, 10. Aufl. 2008, Rn. 344.

③ Bung, StV 2009, 430 (433). “刑事政策上的恒定状态”是指立法改革对被害人地位的改善并没有结束，而是一直且将永远处于立法者的议事日程上。——译者注

④ BVerfG, Nichtannahmebeschl. v. 9. 10. 2007 - 2 BvR 1671/ 07. S. dazu Wenske, NStZ 2008, 434.

⑤ Hierzu und zum Folgenden Walther, GA 2007, 615 und JR 2008, 405.

害人角度出发量刑会对自身生活产生的结果，至少对于享有从属诉讼权利的被害人来说，他们应当有权向法院提出补充性的起诉状；其次，被害人也应当有权在判决做出之前被听取其对被告人待审羁押的意见；再次，针对那些基于起诉便宜原则的考量而做出的不起诉处分决定和终止诉讼程序的协商应当征得从属诉讼权利人的同意；[①] 另外，还应该增加被害人寻求法律救济的机会；最后，宪法应当明确刑事追诉机关所负有的义务，即首先要对“可能的”被害人的控告进行预先审查，从而在侦查程序中减少初始嫌疑（Verdichtung des Anfangsver dachts）。[②]

这些立法上的建议会引起未来《被害人保护法》的新一轮的改革浪潮。但是人们也应当考虑到，目前被害人已有的很多参与诉讼的权利在实践中很少被运用到，在这种情况下，我们应当谨慎地对待这一问题：即对刑事司法的实践会产生影响的改革在何种程度上是合适的，如果新的改革与过去已经发生的很多改革没有区别，那么我们不能排除新的改革仍旧只是具有象征性影响的可能性。同时，人们也不能忽视另一个问题：即在这场人为推动的改革进程中，被告人可能会承接起之前被害人的角色，从而使得被告人逐渐转变成另一个在刑事诉讼中“被遗忘的人”。

---

① Gesetzentwurf des Saarlandes v. 4. 3. 2009, BR - Drs. 65/3/ 09; Böttcher, in: Jung u. a. (Fn. 17), S. 87. S. auch Barton, JA 2009, 753 (757).

② Walther, in: Müller - Dietz u. a. (Fn. 11), S. 1045.

专题九 关于中国《刑事诉讼法修正案（草案）》的报告*

一、引　言

法国著名政治哲学家孟德斯鸠（1689—1755）说，刑事诉讼法典应成为普通人民的宪章。通过这一阐述，孟德斯鸠强调的是，在保障普通人民的个人权利方面，刑事诉讼法的作用特别重要。宪法所规定的保障公民个人权利和自由的一般性条款和原则，都不像刑事诉讼法的条款那样对普通人民的生活发生直接的影响。刑事诉讼法的两大功能之一，是清晰界定公安机关、检察机关和法院在处理具体刑事案件中具有哪些权限。刑事诉讼法的第二大功能，是为有成效、有效率地进行刑事诉讼活动提供基础。

任何立法活动，都必须对刑事诉讼法的两大功能——即通过刑事侦查与处罚犯罪而保护公众利益和保障公民个人权利——予以妥当均衡。为了达成这一目标，不同的国家，采取了不同的解决方案。构成任何这些解决方案之基础的主要理念，都一直是——并应当总是——

---

* 原文用英文撰写。译者为颜九红，北京政法职业学院教授，中国人民大学法学博士。中文译文原载于《比较法研究》2012 年第 2 期。中国人民大学书报资料中心《诉讼法学、司法制度》2012 年第 5 期全文转载。

去找寻那些为该国国民所普遍接受的答案。与此同时，这些解决方案应当为构建和谐的社会生活奠定基础；而且，这些解决方案还必须与世界各国接受的保障个人权利的国际准则相一致。

这些因素，将形成本文对《中华人民共和国刑事诉讼法修正案（草案)》（以下简称草案）提出以下意见的基础。当本文将草案提出的解决方案与外国法进行比较时，基于比较而提出的意见，不仅包括与德国法的比较，而且包括与其他国家法律的比较，只要这些国家的法律看起来与中国刑事诉讼法修改的讨论相关。

另外，本文的评述将不限于草案；只要有必要，本文也将对现行《刑事诉讼法》典[①]的条款予以评述。当然，由于本文的评述，依据的英文文本系草案中文本的非官方英译，因此，误译或错译若存在，恐有影响评述准确性之虞。

二、对草案具体条款的意见

（一）讯问犯罪嫌疑人

在讯问犯罪嫌疑人方面存在一个重大问题。因为，草案的规定与现行《刑事诉讼法》的规定明显不一致。一方面，草案第 49 条第三句话建议引入一个新的规定：“不得强迫任何人证实自己有罪”。另一方面，现行《刑事诉讼法》第 93 条的一个规定——草案未予修改——要求犯罪嫌疑人“应当如实供述”。犯罪嫌疑人拒绝回答的权利，局限于与案件无关的问题。

当犯罪嫌疑人被要求回答问题，并且，最重要的是，被要求如实回答问题的同时，如何实现草案规定的“不得强迫任何人证实自己有罪”，仍不清楚。除非犯罪嫌疑人是无辜的，否则，要求“如实供述”只不过

① 因原文系于 2011 年完成，其时 1996 年《中华人民共和国刑事诉讼法》为现行《刑事诉讼法》，故本文所有指称“现行《刑事诉讼法》”处，均指我国 1996 年修订通过的《中华人民共和国刑事诉讼法》。——编者注

就是要求犯罪嫌疑人供认案件事实，而要求犯罪嫌疑人供认案件事实，只不过就是自证其罪的行为。

要求犯罪嫌疑人如实供述的规定，似乎是基于传统的中国法律理念。根据这种传统的法律理念，犯罪嫌疑人处于从属地位，应当无条件地顺从政府权力，通过准确供述案件事实与政府合作。犯罪嫌疑人不具有，至少在最初不具有一个可以享有中国宪法规定的不被强迫自证其罪的权利以及其他公民权利的独立公民地位。

从比较法的角度考察，可以发现一个令人感兴趣的现象，即要求犯罪嫌疑人如实供述的程序性规定，也曾经在欧洲国家的历史上存在过。在欧洲古老的纠问式诉讼制度中，犯罪嫌疑人仅被视为刑事诉讼的客体，是刑事侦查的核心。在这种古老的纠问式诉讼制度中，犯罪嫌疑人没有任何诉讼权利，只应当供认案件事实。

然而，欧洲于18世纪发轫的启蒙运动，因自然法法学理论的发展和人权入宪的光大，在西方世界，从根本上改变了犯罪嫌疑人在刑事诉讼中的地位。今天，如果再要求犯罪嫌疑人自证其罪，将被认为是对人类人格尊严的侵犯。而且，由于犯罪嫌疑人一般并不知道他享有不被强迫自证其罪的权利，因此，在西方各国，一般都同意必须赋予犯罪嫌疑人拒绝回答的权利。

中华人民共和国顺应这一国际发展趋势，在保障个人权利方面，已取得重要进步。中华人民共和国宪法第2章详细列举了公民的基本权利。中华人民共和国宪法第38条明确规定："中华人民共和国公民的人格尊严不受侵犯。"

仅将这一宪法条款的设计视为符号化政策宣言而不产生任何法律后果，是没有根据的。就这一点而言，要求犯罪嫌疑人必须如实供述这一传统性要求，如何与保障公民人格尊严不受侵犯的宪法规定保持一致，就必然成为一个问题。因此，负责起草草案的法律专家不仅必须正视一个法律问题，还必须正视一个宪法问题。首先，草案的起草者必须正视草案第49条的规定与现行《刑事诉讼法》第93条的规定之间存在的矛盾。其次，草案的起草者还必须解决要求犯罪嫌疑人如实供述的条款与中国宪法保障人格尊严的规定相矛盾的问题。

公安机关的成员已提出的争论意见是，令犯罪嫌疑人如实供述，是刑事执法活动得以顺利进行必不可少的前提条件；如果刑事诉讼法没有对“犯罪嫌疑人应如实供述”予以规定，公安机关和其他侦查机关要解决刑事案件，就会极其困难，甚至根本不可能。然而，历史已经证明，这种假设是完全错误的。不论在西方还是在东方，其他国家尽管都赋予犯罪嫌疑人沉默权，但其刑事司法机关仍然成功破获成千上万件刑事案件，成功证明犯罪人有罪。在这一背景下，可以指出的令人感兴趣的一点可能是，如果说在过去还能以使用酷刑乃追求案件真相之必需作为正当理由进行争辩，那么，今天，这是一种没有根据的神话，已经是普世公认了。

（二）调查阶段辩护律师的帮助权

与现行《刑事诉讼法》第96条一样，草案第33条也规定，犯罪嫌疑人只有在被侦查机关第一次讯问后，才有权委托辩护人。但是，对犯罪嫌疑人的第一次讯问，必须被视为整个刑事诉讼程序中具有决定意义的重要阶段。不论刑事侦查人员是否依法要求犯罪嫌疑人如实回答讯问，第一次讯问对犯罪嫌疑人都至关重要。如果没有辩护律师的帮助和建议，犯罪嫌疑人面对的将是刑事侦查机关强大而不受制约的权力。刑事侦查人员可以毫无顾忌地提出任何问题；也可以毫无顾忌地使用任何技术和手段，直到犯罪嫌疑人就范，作出自我归罪的供述。一旦犯罪嫌疑人的口供已被取得，生米便已煮成熟饭，这个刑事案件就已经基本定型。当侦查机关第一次讯问犯罪嫌疑人完毕以后，辩护律师能够为犯罪嫌疑人提供帮助的空间已经极为有限了。即使犯罪嫌疑人在随后的刑事诉讼活动中接受辩护律师的建议，拒绝再次供述，进行第一次讯问的刑事侦查机关取得的口供或者讯问录音，也可能被用作定案的证据。

从比较法的角度考察，要求犯罪嫌疑人在没有辩护律师帮助的情况下接受第一次讯问，看来是传统的纠问式刑事诉讼制度的典型做法。必须强调的是，今天，在西方各国以及东方很多国家，都不再继续沿用这种程序性模式。不同的国家采取了不同的步骤，为犯罪嫌疑人在警察讯问阶段提供律师的帮助。本文将举出多个法例，以表明中国的草案可以采取的解决方法，存在多种方案可供选择。

根据德国法，刑事侦查一开始启动，犯罪嫌疑人就有权请律师提供帮助。在警察讯问犯罪嫌疑人这一问题上，德国正努力转向属于传统的纠问式模式与对抗式因素之间的中间道路。犯罪嫌疑人有权在任何时间向辩护律师进行咨询；在第一次讯问前以及在第一次讯问期间，犯罪嫌疑人也都有权再向辩护律师进行咨询。而且，必须告知犯罪嫌疑人有此权利。另外，犯罪嫌疑人无权让辩护律师于警察讯问期间在场。立法者担心，如果讯问时辩护律师坐在犯罪嫌疑人的旁边，可能会妨碍警察的讯问。但是，这不排除犯罪嫌疑人可以随时停止回答问题，以便他能给辩护律师打电话联系的可能性。

意大利法则采取了更具对抗性和人权取向的方法。在任何一次讯问之前，都必须告知犯罪嫌疑人有获得律师帮助的权利。如果犯罪嫌疑人提出请求，就必须允许辩护律师于讯问时在场。

根据美国法，保障犯罪嫌疑人的权利，则更进一步得以强调。根据著名的米兰达规则，在任何一次讯问被剥夺自由的犯罪嫌疑人之前，都必须告知犯罪嫌疑人有权于讯问期间让其聘请或请求指派的辩护律师在场。米兰达规则还进一步要求，一旦犯罪嫌疑人要求律师在场，则讯问必须停止。只有当辩护律师到场后，讯问方可继续进行。

在美国以及其他很多国家，一直有那种允许辩护律师于警察讯问时在场可能严重妨碍追求真相并因而迫使刑事侦查机关释放犯罪人的争论。但是，实证研究无法证明这一假设。

鉴于这些可选择方案，《中国刑事诉讼法修正案（草案）》所建议的完全排除犯罪嫌疑人第一次讯问时的辩护律师帮助权，似乎可以重新考虑。

（三）非法证据的排除规则

草案第53条引入非法证据排除规则，以约束刑事司法机关的执法活动。这是迈向实现人权保障的重要一步。但必须承认的是，非法证据排除规则，将不是解决一切问题的灵丹妙药。为使警察不再滥用权力，对公安人员进行重新教育、培训，并将每个警官的执法活动置于严格的纪律监督之下，可能更为重要。

草案第 53 条第一句规定："采用刑讯逼供等非法方法收集的犯罪嫌疑人、被告人供述和采用暴力、威胁等非法方法收集的证人证言、被害人陈述，应当予以排除。"针对已经发生的以及仍然不时存在的刑事侦查机关滥用权力所导致的严重问题，非法证据排除规则之引入，具有明确的目的，即致力于表明个人自由和人格尊严以及刑事司法的公平性，将得到更为有效的保障。

但必须追问的是，一个如此不加区别的证据排除规则怎样在实践中起作用？试想，如果证据排除规则没有例外，所有从犯罪嫌疑人或证人那里非法获得的证据，即使只是违反了一个不重要的或技术性规则，这看起来可行吗？譬如，根据草案第 53 条，如果刑事侦查人员未遵循草案第 117 条规定的新内容，因而未告知犯罪嫌疑人如果供述可以从宽处理，那么，该犯罪嫌疑人的供述就不得不被排除。

与其他国家的比较证明，一个不加区别的非法证据排除规则隐含的危险是，刑事司法机关在司法实践中很可能不严肃对待对这一规则。例如，在俄罗斯联邦共和国，俄罗斯宪法和俄罗斯刑事诉讼法典均规定了非法取得的证据应予以排除的一般规则；意大利刑事诉讼法典以及匈牙利刑事诉讼法典，也都规定了非法取得的证据应予以排除的一般规则。但是，事实是，在上述这三个国家，非法取得的证据应当予以排除的一般性规则，从未得到完全的遵循。

在俄罗斯，权力主义时代遗留下来的传统做法依然主宰着这个国家的日常刑事执法活动。警察、刑事侦查人员以及检察官依然重复其传统的习惯做法，并未严格遵循俄罗斯刑事诉讼法典的规定，而且，腐败遍布。在意大利，意大利最高上诉法院（Corte di Cassazione）[①]不时通过制造一些人为的争论，不断缩小应被排除的非法证据的范围。在匈牙利，各级法院直接将刑事诉讼法典规定的非法证据排除规则解释为一种宣言式条款，不具有实际拘束力，因而，不需要时刻予以遵循，以这种简单的方法来规避非法取得的证据应予以排除的一般规则。

对草案第 53 条第一句如何予以进一步修改，解决方案可以参考草案第 53 条第二句的规定。草案第 53 条第二句规定："违反法律规定收集物证、书证，严重影响司法公正的，对该证据应当予以排除。"这意味着，对非法取得的物证和书证的排除，仅限于该物证和书证的收集手段严重影响司法公正的情况。尽管这一规定也具有一定的含糊性，但是，这一规定表明，对于那些成功破获的刑事案件，究竟刑事侦查机关所取得的证据是否应当予以排除，可以留待法官进行权衡，法官可以在保护公众利益与侵犯人权的严重性之间进行均衡考察，并就非法取得的证据是否应当予以排除，作出裁量。因此，本文的建议是，对草案第 53 条第一句就非法取得的供述或证言予以排除的规定，可以参考草案第 53 条第二句的规定，进一步予以修改。从比较法的角度考察，西班牙刑事诉讼法采取了与草案第 53 条第二句相似的解决方案，即应予以排除的非法取得的证据，限定在该非法取得的证据侵犯了公民的基本权利与自由的范围之内。

---

① Corte di Cassazione，意大利文。英文写作 the Court of Cassation. 译作最高上诉法院。The Court of cassation does not re – examine the facts of a case, they are only competent for verifying the interpretation of the law. For this, they are appellate courts of the highest instance. In this way they differ from systems which have a supreme court which can rule on both the facts and the law of a case. The Court of Cassation exists also to "ensure the observation and the correct interpretation of law" by ensuring the same application of law in the inferior and appeal courts. In addition, it resolves disputes as to which lower court (i. e., penal, civil, administrative, military) has jurisdiction to hear a given case. 意大利最高上诉法院的职责，不在于重审案件的事实部分，而仅在于审查法律解释是否正确，是最高审级的上诉法院，也因此而不同于其他国家那种既可以审查案件事实又可以审查法律适用的最高法院。意大利最高上诉法院的职责，还在于通过确保下级法院和上诉法院对法律做出一致的解释，以"确保法律的执行及其正确解释"。另外，意大利最高上诉法院还解决下级法院案件管辖方面的争议（如刑事、民事、行政、军事）。——编者注

（四）逮捕及其他强制性措施

1. 草案并未对现行《刑事诉讼法典》第66条所确立的一般性规定予以变革。现行《刑事诉讼法》典第66条规定，逮捕犯罪嫌疑人的决定权，由检察机关行使。这一规定，依据的是传统的社会主义法律理念，即检察机关被确立为法律的监督者（见现行《刑事诉讼法》第76条的规定）。

今天，不论在西方还是在东方，刑事司法制度已经都不再遵循这样一种法律理念了。犯罪嫌疑人的人身自由究竟是否应当受到剥夺或限制，决定权都不交由检察官，而是交给法官。世界很多国家之所以确立这样的制度模式，不是因为法官在法律学识上比检察官更胜一筹，而是基于人类的经验。人类社会的经验表明，检察机关与公安机关一样，都是刑事案件侦查活动的参与者，因此，对于是否应当逮捕犯罪嫌疑人，检察官很难站在一种超脱于刑事追究者的角度，去客观中立地做出决定。同时，心理学研究表明，政府权力在行使时，总是倾向于对个人产生压制性影响；另外，从宪法学角度来看，对个人权利的有效保障，只能在一个政府权力被另外一个独立的权力予以制约时，才能得以实现。

由此可见，必须追问的是，中国的检察官能否超脱于其追究犯罪的天职，能否以客观中立的态度决定是否剥夺犯罪嫌疑人的自由。当然，《中华人民共和国宪法》第37条规定，检察机关有权批准或者决定逮捕。对此，毫无疑问。但问题是，1982年制定的这一宪法条款，是否与今日宪法理论的发展和进步相一致。对个人自由实行更加有效的保障，不仅是今日世界各国宪法理论的侧重点，也已成为国际社会一项公认的准则。

当谈到将批准或决定逮捕的权力交由法官行使这个话题时，应当注意的是，在中国，法官并不真正具有其他国家法官所具有的独立性。但是，这一事实不应成为将批准逮捕的权力交由检察官行使的理由。因为，法官与检察官具有不同的职责。刑事侦查和控诉工作，不属于法官的职责范围。由此可见，无论如何，由法官来行使批准逮捕的权力，将比较具有客观性。

2. 取保候审与监视居住也会侵犯公民的个人自由。现行《刑事诉讼法》第 50 条规定，除了人民法院之外，检察机关甚至公安机关，也有权决定采取这两种强制措施。尽管这两种强制措施对人身自由的影响比逮捕稍逊一筹，但是，仍然会在相当大的程度上影响公民的人身自由。毕竟，这两种强制措施确定了比较长的限制公民自由的期限。例如，监视居住最长可达 6 个月；而取保候审的期限最长可达 12 个月。

因此，必须提出的问题是，赋予检察机关和公安机关以限制公民自由的决定权，究竟是否妥当。从比较法的角度，不论在西方各国还是东方国家，对犯罪嫌疑人是否采取取保候审和监视居住措施的决定权，均由法官来行使。

3. 与现行《刑事诉讼法》第 75 条的规定相同，草案第 97 条建议，在所采取的强制措施超过法定期限等情况下，犯罪嫌疑人有权要求解除强制措施。草案第 114 条进一步规定，在严格限定的几种情况下，譬如，司法机关违法采取搜查、扣押措施的，犯罪嫌疑人有权向该司法机关提出申诉或控告。如果没有理解错误的话，草案的这些规定没有赋予犯罪嫌疑人可以请求司法机关审查其被捕理由的一般性权利；也没有赋予犯罪嫌疑人可以请求司法机关撤销逮捕证的权利。

但是，犯罪嫌疑人有权请求审查其被捕理由或撤销逮捕证，在其他国家却得到一致公认。英国在 1215 年的《大宪章》中首先规定了人身保护令。随后，世界各国普遍规定人身保护令，为犯罪嫌疑人的人身自由确立法律保障机制。与这一世界发展趋势不同，草案并未赋予犯罪嫌疑人对逮捕提出申诉或控告的权利，这确实值得引起注意。既然草案第 114 条赋予犯罪嫌疑人有权对司法机关违法搜查和扣押提出申诉或控告，那么，依此推论，对逮捕这样一个对个人权利的侵犯比前两者都更为严重的强制措施同样设立犯罪嫌疑人的申诉控告权，应是题中应有之义。

有观点认为，如果被关押的犯罪嫌疑人被赋予这一权利，他会不断提出新的申诉理由要求开释，从而会给司法机关带来过重的办案压力。这种风险的避免，通过规定申诉和控告只能在特定时间段才能提出，就很容易做到。

（五）搜查、扣押以及技术侦查

1. 草案与现行《刑事诉讼法》一样，都没有将搜查和扣押界定为强制措施，而只是将搜查和扣押界定为取证方法。这里的问题是，搜查和扣押通常都对公民个人权利有所侵扰；而且，《中华人民共和国宪法》第37条和第39条对此亦予默认①，但中国现行《刑事诉讼法》及草案却均未将搜查和扣押界定为强制措施。

由于这一不妥当的制度设计，现行《刑事诉讼法》和草案均未对检察机关和公安机关的搜查权和扣押权予以制约，因此，不仅犯罪嫌疑人的权利面临受到侵犯的威胁，而且，那些与案件毫无关联的人的权利也面临受到侵犯的威胁。要想为公民的个人权利提供有效的保障，刑事司法机关仍未受限的自由裁量权就必须受到限制。因此，草案应当增加关于搜查和扣押在什么情况下以及通过什么方法才能合法实施的明确规定。

2. 草案新增的技术侦查一节（第147条至第151条），也存在同样的问题。为保障公民个人权利的目的，草案应在这一节中明确规定刑事司法机关有权使用哪些技术侦查措施；还应明确规定在什么情况下这些技术侦查措施能够合法实施。例如，在公民个人家中安装窃听器，或者在公民个人电脑中安装窃密装置，应当比在一个大型公寓的大堂安装监控镜头，设定更为严格的限定条件。

草案第114条第1款规定，可以对侦查措施提出申诉或控告。如果没有理解错误的话，这是一个一般性授权条款，应当涵盖草案第147条至第151条新增的技术侦查措施一节。但是，草案第114条第1款却规定应当解除的措施仅指“查封、扣押、冻结”。显然，草案在这一条款中漏掉了“技术侦查措施”。这一遗漏应当予以增补。

---

① 《中华人民共和国宪法》第37条第1款规定，公民的人身自由不受侵犯。第37条第3款规定，禁止非法搜查公民的身体。这一条规定，就将公民的人身自由与非法搜查禁令联系在一起。《中华人民共和国宪法》第39条规定，公民的住宅不受侵犯。禁止非法搜查或者非法侵入公民的住宅。这一条规定，则将公民住宅不受侵犯权与非法搜查禁令联系在一起。

三、结　　语

本文的评述，仅限于对业已发现的草案中存在的比较明显的问题提出建议和意见。草案和现行《刑事诉讼法》还存在一些不太明显的小问题，本文不拟论及。尽管本文就草案提出了以上诸种问题，但毋庸置疑，草案对于中华人民共和国刑事司法制度的进一步发展，将提供相当好的基础。

另外，刑事司法必须被看作一个活的有机体，它处处都深深植根于这个国家的社会生活和政治生活之中。中国刑事司法机关的日常实践存在一些严重的问题，这已不是什么秘密。但这些实务性问题，不属于本文的主题范围。

专题十
2012 年中国刑事诉讼法改革：带来多少变革？*

2012 年中国刑事诉讼法改革，或许是新一轮民主开放在中国政治和社会生活中业已蔚然成风的明证。个人权利之保障，已获提升。另外，警察之传统权力，不仅未受限缩，反而时有扩张。本文旨在对 2012 年中国刑事诉讼法改革带来的最重要变革，予以评论。同时，本文还将对其他国家近年刑事诉讼改革措施予以列举和分析，以期为未来中国刑事诉讼制度之进一步改革，提供更多可供选择的解决方案。本文主要提出以下观点：2012 年刑事诉讼法典增设的非法证据排除规则，存在缺陷。新增设的不得自证其罪之特权，与犯罪嫌疑人必须如实供述之传统义务，势不两立。继续保有检察官对逮捕之决定权，无法与国际法保持一致，也难以与其他国家之法律接轨。新增设的“指定居所”的监视居住，具有不受制约的警察拘禁（police custody）之特征，而这是世界上任何其他地方都不存在的法定措施。广泛而不受控制的警察侦查权，本应受到有效制约。刑事司法制度应是一个不断提升和改进、充满生机和

---

* 原文使用英文撰写。译者为颜九红，北京政法职业学院教授，中国人民大学法学博士。译文原载于《比较法研究》2013 年第 4 期。赫尔曼教授希望对译者的翻译工作致以谢忱，并向译者在他撰写文稿过程之中提出的建议以及提供的至为重要的中国法律信息，致以谢忱。北京大学王世洲教授对译文提出了极有见地的建议和意见，译者谨向王世洲教授致以由衷谢忱和崇高敬意。

活力的有机体。而 2012 年中国刑事诉讼法改革之遗留问题，有望在未来改革中得到解决。

一、引　言

各国刑事诉讼法典的作用，犹如地震仪，它们记录着一个国家政治和社会结构对刑事诉讼法律条款的影响。过去，在专制的国家里，刑事诉讼法典这一地震仪的指针，在一定程度上保持静止不动。那时，总体而言，得到最优先考虑的，是对犯罪的控制以及对既存政治制度的保护；而犯罪嫌疑人和被告人，则被视为低一级的从属物，必须接受高一级的国家机构强加于他身上的制裁。只是到了相对晚近的时代，多数国家的政治和社会生活地壳构造板块，才开始发生位移。而这正是各国国内乃至国际社会不断提出诸多哲学和政治新理念予以大力推动的结果。今天，各国刑事司法制度对效果和效率的追求，均必须受到公平原则、正当程序以及保障个人权利之要求的制衡。个人已经转变为在公共生活中扮演积极角色的自由而自治的公民，因而，在刑事诉讼程序中，个人也已同样转变为扮演积极角色的自由而自治的公民；并且，在某种程度上，这种转变依然处于持续进步的进程之中。在当今世界，刑事诉讼法典这台地震仪，往往在刑事司法必须达到的传统目的——通过高效的执法保护社会，和其新的目的——保障犯罪嫌疑人和被告人不受侦查机关和裁决机关之独断专行及权力滥用之害，两者之间，来回摆动。

一部刑事诉讼法典之全面改革，可以看作是一次政治大地震已然发生的明证。对于改革具有决定意义的，有以下两个问题：第一，何等政治力量对地震仪指针的跳动发生了影响？第二，立法机关决定以何种方式，在传统的权力主义犯罪控制价值观与现代的正当程序和保障个人自由的自由理念之间，重新予以平衡？应当说，针对上述两个问题，最能明显体现立法抉择的，便是规定拘留和逮捕、搜查、扣押以及使用技术侦查措施之要求的那些条款，因为这些强制措施正是侵犯个人自由最为严重、最易产生问题的措施。当然，对于改革具有重要意义的其他问题，还包括：新增设的排除规则，在何种程度上有助于限制侦查机关的权力？在哪些案件中，犯罪嫌疑人可以就其个人自由所受到的侵犯提出申告？

尽管由于历史原因，中国刑事诉讼法领域的地震性变革，略迟于其他国家，但是，中国刑事诉讼法的总体发展方向，与世界上其他国家刑事诉讼法典的发展方向，是基本一致的。1979 年制定的中国刑事诉讼法的主要目的，在于有效地进行犯罪控制。譬如，1979 年中国刑事诉讼法第 1 条规定，该刑事诉讼法典结合“无产阶级专政”的具体经验，为“打击敌人、保护人民”的实际需要而制定。在 1996 年，中国对 1979 年刑事诉讼法典进行了第一次改革，这次改革，在寻求中国刑事司法制度向现代化发展方面，采取了谨慎的改革步骤。从比较法的角度而言，保障人权可能并不是这次改革之主要目标，虽然犯罪嫌疑人和被告人之地位，得到一定提升，但提升程度还比较有限。

2012 年中国刑事诉讼法改革，则带来了前所未有的根本性变革。近年来，中国迅速发展；因为发展而带来的生机与活力，深刻影响了中国的政治、社会和经济生活。而 2012 年中国刑事诉讼法改革，或许正是这一发展的有力见证。与此同时，对于中国公民而言，他们更加重视个人权利；在公民权利与政府权力之间应当寻求平衡的理念，更加深入人心。2012 年刑事诉讼法改革，正是在这样一种民主开放的氛围中酝酿的。2012 年刑事诉讼法颁布前夕，立法机关就《刑事诉讼法修正案（草案）》向社会公众广泛征求意见。这一草案，不仅在公务人员层面，而且在公民个人层面，都得到广泛而热烈的讨论。在互联网上，一些中外撰稿人对《刑事诉讼法修正案（草案）》做出的若干修改，提出意见和建议。

晚近的民主氛围，为 2012 年中国刑事诉讼法所推出的广泛而深远的改革，提供了肥沃的土壤。刑事司法制度的重心应当从压制犯罪转向公正、公平以及保障人权这一政治意愿和公众共识，对此次改革，产生了明显而深刻的影响。最能见证这一新导向的便是，刑事诉讼法典第 2 条[①]新增“尊重和保障人权”内容，使得这个一向只注重犯罪控制的条款，现在也提出“尊重和保障人权”的要求。[②]

以下各部分，将对 2012 年中国刑事诉讼法改革带来的重要变革，逐一予以评论；本文还将对那些本应予以变革却并未变革的方面，提出意见和建议；另外，其他国家的刑事诉讼改革措施，如果对于分析中国的问题和不足有所裨益的话，本文也将予以介评。

二、对具体条款之改革的评论

（一）排除规则（第 54 条）

1. 第 54 条第 1 款第 1 句—— 一个过于宽泛的排除规则

可以说，中国刑事诉讼法第 54 条第 1 款引入之排除规则，是中国立法机关严格履行该法典第 2 条“尊重和保障人权”之一般性规定的明显标志。第 54 条规定了两种不同的排除规则。对于犯罪嫌疑人或者被告人的供述，引入了绝对的排除规则（categorical exclusionary rule）。第 54 条第 1 款第 1 句规定，采取刑讯逼供或者“非法方法”收集的犯罪嫌疑人、被告人供述，应当没有例外地予以排除。第 54 条第 1 款第 2 句规定的排除规则，可以看作是相对的排除规则（relative exclusionary rule），因为它规定，收集物证、书证不符合法定程序的，只有在“能严重影响司法公正”的情况下，才应当对该证据予以排除。

对采取刑讯逼供的方法收集的犯罪嫌疑人或者被告人的供述，予以排除，这一规定，使得中国法律与《联合国反酷刑公约》[③] 的规定相吻

---

① 如果没有另外标注，本文使用的刑事诉讼法典的条文序号，即指已于 2013 年 1 月 1 日生效的中国刑事诉讼法。

② 这一变革，明显沿袭《中华人民共和国宪法》条款。在 2004 年，《中华人民共和国宪法》第 33 条被修改，其中增加了一句话，规定“国家尊重和保障人权”。

③ 《联合国反酷刑公约》第 15 条规定：“每一缔约国应确保在任何诉讼程序中不得援引任何确属酷刑逼供做出的陈述为证据……”中华人民共和国在 1988 年批准了这一公约。

合，也与其他国家的法律①相一致。但进一步的分析表明，第54条第1款第1句规定的排除规则，显得过于宽泛。该排除规则规定，采用任何“非法方法”收集的供述，都应当无例外地予以排除。1998年颁布、2007年修正的《公安机关办理刑事案件程序规定》第51条第1款和第181条，在某种程度上规定得更加具体，因为这两个条款均严禁刑讯逼供或者使用威胁、引诱、欺骗的方法获取供述，当然，《公安机关办理刑事案件程序规定》以上两个条款，也使用了“其他非法方法”的字样。

我在拙文《关于中国〈刑事诉讼法修正案（草案）〉的报告》中曾经提出，必须追问的是，一个如此绝对的、不加区别的“非法方法”条款，怎样在实践中起作用。② 譬如，如果警察违反第117条第1款的规定，在没有出示证明文件的情况下讯问犯罪嫌疑人或被告人所取得的供述，就必须予以排除。同样，根据刑事诉讼法第118条第2款，侦查人员应当告知犯罪嫌疑人如实供述自己罪行可以从宽处理，那么，如果犯罪嫌疑人没有被告知此规定而做出的供述，也将不得采用。这里的问题是，在这些案件中排除证据，是否为保障犯罪嫌疑人或被告人的权利所必需。由于中国的刑事辩护律师无法知道刑事诉讼法新引入的“非法方法”条款究竟包含哪些方面，他们也许就不得不提出各种各样的动议，要求那些凡采用非法方法获取的犯罪嫌疑人或被告人的口供，均予以排除。

对非法取得的证据一律要求绝对排除的规则，不仅在中国，而且在其他国家，也有规定。但是，事实是，在其他国家的法律制度中，绝对的排除规则常常并未彻底执行。以下将举三例，以便说明不加区别的绝对排除规则，在不同的情况下，具有着怎样的局限性。

在俄罗斯，不仅在《刑事诉讼法典》中，而且在《俄罗斯联邦宪

---

① 见《德国刑事诉讼法典》第136a条。至于美国法，见LaFave，Israel，King，Kerr，Criminal Procedure，§ 6.2 (5th ed.，2009)。

② ［德］约阿西姆·赫尔曼：《关于〈中国刑事诉讼法修正案（草案）〉的报告》，颜九红译，载《比较法研究》2012年第1期，第158页；该文全文转载于中国人民大学书报资料复印中心《诉讼法、司法制度》2012年第5期，第68页。

法》中，都规定有绝对的证据排除规则（categorical exclusionary rules）。[①] 但是，据俄罗斯法律专家报告称，俄罗斯无法无天的过去那些权力主义的幽灵，迄今依然左右俄罗斯刑事司法机构。俄罗斯刑事司法机构常常无视俄罗斯宪法和法律的要求，对那些基于习惯性行为而非法取得的证据，予以采用。[②]

在意大利，意大利最高上诉法院（the Court of Cassation），对《意大利刑事诉讼法典》第191条规定的绝对的排除规则，采取了一种奇怪的限制方法。在一个毒品案件中，一个住处遭到搜查。意大利上诉法院认为，尽管对这一住处的搜查是非法的，但是在住处中发现和扣押的可卡因，仍然可以在法庭中作为证据使用。意大利上诉法院通过非理性的方式，将搜查与扣押予以隔离。意大利上诉法院在该案的判决理由中认为，一旦发现毒品，非法搜查行为即告结束。因此，扣押行为独立于非法搜查行为。这样，可卡因作为被扣押之物，就是可以采用的证据。意大利上诉法院还援引《意大利刑事诉讼法典》第253条第1款，因为该条款规定警方可以对犯罪之果（fruits of the crime）予以扣押。意大利上诉法院甚至认为，警方扣押犯罪之果这一法定义务，比排除规则享有优先适用权。[③]

在美国，在对绝对的排除规则予以限制方面，美国联邦最高法院采取了较为理性的步骤。由于美国实行判例法制度，因此，美国联邦最高法院不像意大利上诉法院那样因受制定法条款的约束而陷入自相矛盾的困境。譬如，美国联邦最高法院1961年在马普诉俄亥俄案件（Mapp v. Ohio）中，做出了具有里程碑意义的判决，认为如果警方的搜查行为是

---

① 《俄罗斯联邦刑事诉讼法典》第7条第3款和第75条；《俄罗斯联邦宪法》第50条第2款："在司法执行活动中，违反联邦法律而取得的任何证据，均不得采用。"

② 例如，见：Newcombe, Russia, in: Bradley, Criminal Procedure - A Worldwide Study, 2nd ed., 2007, 397ff. at 437; Thaman, The Nullification of the Russian Jury: Lessons for Jury - Inspired Reform in Eurasia and Beyond, 40 Cornell Intl. L. J. 355ff. at 375 - 377 (2007); Pomorski, Justice in Siberia: A Case Study of a Lower Criminal Court in the City of Krasnoyarsk, in: Communist and Post - Communist Studies 34, 447ff. (2001).

③ 意大利最高上诉法院的判决，1997年，Giustizia Penale 1997, 138。亦见意大利最高上诉法院的判决，1995年，Giustizia Penale 1995, 368。

非法的，那么，警方在犯罪嫌疑人家中搜查得到的证据，必须毫无例外地予以排除。[①] 设立排除规则的主要宗旨，就在于防止警察侵犯个人受宪法保护的权利。但是，在 1984 年，美国联邦最高法院通过引入善意诚信作为例外（a good faith exception），将绝对的排除规则，转变为相对的排除规则（relative exclusionary rule）。[②] 如果执行搜查的警官不知道他们依据的是一张无效的搜查证，他们的行为善意诚信，那么，就无须适用排除规则对其予以阻吓。由此，警官基于善意诚信获得的证据，就被认定为具有可采性。

中国刑事司法机关在执行刑事诉讼法第 54 条第 1 款第 1 句规定的排除规则时，一旦遇到如果没有例外这一排除规则就无法适用的问题，他们就一定会想出自己的解决办法，将绝对的排除规则转化为相对的排除规则。正如我此前指出的，对于第 54 条第 1 款第 1 句存在的问题，中国刑事诉讼法第 54 条第 1 款第 2 句的规定，可以提供可行的解决方案。根据第 54 条第 1 款第 2 句的规定，证据只有在其使用可能“严重影响司法公正”时，才应当予以排除。[③] 毫无疑问，根据这样的规定，采用刑讯逼供的方法收集的证据，必须始终予以排除。当然，立法还应当对刑讯逼供具体应包含哪些内容予以界定。[④] 至于还应当对适用哪些方法搜集的证据予以排除，西班牙法律的规定，可以借鉴。《西班牙司法权力组织法》（Spanish Organic Law on Judicial Power）第 238 条第 3 款规定，如果无视基本的程序性规定并因而使辩护权实际遭受损害而收集的证据，归于无效。[⑤] 这一规定，有助于对什么情况构成“严重影响司法公正”予以界定。

---

① 367 US 643.

② United States v. Leon, 468 US 897 (1984).

③ [德] 约阿西姆·赫尔曼：《关于〈中国刑事诉讼法修正案（草案）〉的报告》，颜九红译，载《比较法研究》2012 年第 1 期，第 158 页；该文全文转载于中国人民大学书报资料复印中心《诉讼法、司法制度》2012 年第 5 期，第 68 页。

④ 对酷刑概念的清晰界定，见《联合国反酷刑公约》第 1 条。

⑤ 在《加拿大人权和自由宪章》第 24 条第 2 款中，可以找到一个更加详细的条款：“以侵犯或背弃本宪章保障的任何权利或自由的方式取得”的证据，……如果考虑到所有的情况，认为在诉讼中采用这一证据，将使司法执行活动蒙羞的话，应当予以排除。

另外，中国刑事诉讼法第 54 条第 1 款第 1 句还有两个重要问题，值得探讨。一个问题是，对于非法取得的证据，如果犯罪嫌疑人或者被告人同意使用，是否可以采用。如果犯罪嫌疑人或者被告人同意就可以采用的话，便很容易诱使刑事司法机关通过施加压力来取得犯罪嫌疑人或被告人的同意。根据德国法律，这种证据，不得采用。《德国刑事诉讼法典》规定，对违反法律规定的禁令所获得的陈述，即使犯罪嫌疑人同意，也不允许使用。①

另一个问题是，中国刑事诉讼法第 54 条第 1 款第 1 句，并未就排除规则是否适用以及在什么程度上适用派生证据（derivative evidence）即毒树之果（fruits of the poisonous tree）的问题，予以关注。经验与教训表明，如果自非法取得的证据派生而来的其他证据具有可采性的话，那么，规定以非法方法直接取得的证据予以排除的规则，便往往只具有象征性意义。为了避免这一问题的发生，《西班牙司法权力组织法》规定，对于那些“侵犯公民的基本权利……而直接获得或者间接获得”的证据，予以排除。②

中国立法机关在刑事诉讼法典第 54 条第 1 款第 1 句留下的以上漏洞，有必要予以填补。其中一些问题，可以通过中华人民共和国最高人民法院的司法解释，予以弥补。但中国刑事诉讼法规定的“刑讯逼供”以外的“非法方法”，究竟是指什么方法，唯有制定该法的立法机关才能予以明确规定。

2. 第 54 条第 1 款第 2 句——主要具有象征性意义的排除规则

第 54 条第 1 款第 2 句针对的是不符合“法定程序”而收集的物证和书证。刑事诉讼法典第 134 条及以下条款，属于与搜查相关的法定条款。第 136 条第 1 款规定，进行搜查，必须向被搜查人出示搜查证。但是，在刑事诉讼法典或其他任何法律文件中都没有规定谁有权签发搜查证，在什么条件下搜查证可以签发，以及在什么情况下可以进行搜查。搜查犯罪嫌疑人与搜查其他人，并无任何区别。根据第 136 条第 2 款，

---

① 《德国刑事诉讼法典》第 136 条第 3 款。

② 《西班牙司法权力组织法》第 11 条第 1 款。同样，《哥伦比亚刑事诉讼法典》第 23 条，也对间接证据予以排除。

在执行逮捕的时候，遇有紧急情况，不另用搜查证也可以进行搜查，但是该条款再次未对这类搜查的构成要件予以界定。《公安机关办理刑事案件程序规则》第205条规定，搜查必须经县级以上公安机关负责人批准，但是，除此之外，《公安机关办理刑事案件程序规则》并未采取任何方式对搜查予以限制。同样，《人民检察院刑事诉讼规则》亦未对搜查予以任何限制。

法律或任何其他指导性规则的缺失，使得中国警察在进行搜查时，对于何时进行搜查，以及在何种范围内进行搜查，均拥有广泛的权力。尽管《中华人民共和国宪法》第39条明确规定，公民的住宅“不受侵犯”，但是，警察在夜间搜查私人住宅，没有法律限制。另外，如果法律不禁止警察对办公场所和商业楼宇进行持续数日的搜查，那么，这很可能导致办公场所无法办公，商业活动无法继续，无辜雇员失去工作。如果法律上不存在警察可能违背的法定限制，那么，第54条第1款第2句规定的排除规则，在很大程度上，将是一纸无效的禁令。同时，由于根据《刑事诉讼法》第136条①，警察实施的搜查，几乎不存在不合法性，因此，中国《宪法》第39条第2款规定的“禁止非法搜查……公民的住宅”，很可能就被克减为一条空文。

至于查封、扣押物证和书证，也存在同样的问题，因为，《刑事诉讼法》第139条及以下条款并未规定可以采取查封、扣押物证和书证措施的条件。上文提到的《公安机关办理刑事案件程序规则》，亦无相应规定。警官通常并不知道何种物品将在审判中为作证所需，因此，这可能诱使他们在办理具体案件时扣押为作证之必需以外更多的物品。而这在涉及扣押信函的案件中，将造成格外突出的问题，因为，它可能将违反中国《宪法》第40条第1款所保障的“公民的通信自由和通信秘密”。

《刑事诉讼法》第148条及以下条款规定的“技术侦查措施”值得予以更加密切的注意，因为，这些条款对警察有权实施什么种类的措

① 《中华人民共和国刑事诉讼法》第136条第2款规定：“在执行逮捕、拘留的时候，遇有紧急情况，不另用搜查证也可以进行搜查。”——译者注

施，也没有予以界定。众所周知，当今警察进行的侦查活动，采用了大量的技术侦查措施，它对公民隐私权的侵犯，比传统意义上的搜查和扣押，可能更加严重，而这已不是什么秘密了。典型的技术侦查措施，有电话窃听和电子窃听，各种不同种类的电脑辅助侦查，以及用于跟踪犯罪嫌疑人的全球定位系统。

第148条第1款的规定，似乎是对使用技术侦查措施的限制，因为该条款规定，仅在侦查那些该条款规定的犯罪类型时才有权使用技术侦查措施。但是，该条款列举的那些犯罪，还包括“其他严重危害社会的犯罪案件”。很明显，该条款这一宽泛的规定，足以包含几乎任何犯罪，尤其是，人们仍记得在过去历次“严厉打击刑事犯罪”的运动中，个案被视为是对整个社会的威胁。因此，很难期待第148条第1款规定的犯罪类型，会对技术侦查措施的使用，起到什么限制作用。

第148条第1款要求“经过严格的批准手续”，才可以采取技术侦查措施。但是，谁负责批准程序，在什么条件下，可以采取何等措施，仍是一个未解的问题。直到现在，县级以上公安机关的负责人，就有权批准技术侦查措施。如果这种做法在新的法律中不加变革，那么，仍将存在很大问题，即警察负责批准警察要做的事。这实难被看作一种限制警察权力、保障公民权利的有效程序。

对此，从比较法的角度应当提及的是，美国联邦最高法院借助于排除规则，逐步扩大个人权利的保障范围，并因而构建了一个普遍性制度，以现代的对个人自由的尊重，去制衡传统的对国家权力的使用。①另外，德国法院也将排除规则用作加强个人权利之保障的重要手段。②

（二）讯问犯罪嫌疑人——新法与旧法之冲突

就讯问犯罪嫌疑人之规定而言，2012年中国刑事诉讼法改革引发

---

① 对这一发展的详细阐述，见 LaFave, Israel, King, Kerr, supra note 4, at chapters 3 - 6; Bradley, United States, in: Bradley, Criminal Procedure - A Worldwide Study, 519ff., at 526ff. (2nd ed., 2007)。

② Weigend, Germany in: Bradley, Criminal Procedure - A Worldwide Study, 243ff., at 248ff. (2nd ed., 2007); Feeney, Herrmann, One Case - Two Systems, 242 f., 364, 369 (2005).

了相当大的困惑。代表着具有根本性差异的两种不同的官方政策，就像两块地壳构造板块，交相冲撞，在法律条文上留下很深的裂缝。一方面而言，刑事诉讼法典第 50 条增设不得强迫任何人证实自己有罪的新条款，使得中国法律看起来与其已经签署但尚未批准的《联合国公民权利与政治权利公约》相一致。[①] 但从另一方面而言，2012 年刑事诉讼法改革并未废除旧法的规定，仍然在第 118 条第 1 款要求犯罪嫌疑人对侦查人员的提问，应当如实回答，即 2012 年刑事诉讼法改革并未废除旧法的规定。可以肯定的是，第 50 条和第 118 条的两种规定，相互矛盾，无法调和。

犯罪嫌疑人应当如实回答的义务，是在中国 1979 年刑事诉讼法中首次予以规定的。那时，文化大革命的余波，依然影响着中国的政治生活，个人从属于党和政府的专政。严格执行的职权主义原则(inquisitorial principle)，主宰着刑事司法执法活动。犯罪嫌疑人被视为人民的敌人，受到控制。想要对官方政策提出意见的人，也几乎不敢发出他们的声音。1996 年中国刑事诉讼法改革之际，尽管中国的政治状况已经发生变化，但当时修改的刑事诉讼法典对于要求犯罪嫌疑人应当如实回答这一规定，并未触及。

2012 年刑事诉讼法修正案草案准备期间，对于究竟是否应当废除要求犯罪嫌疑人如实回答的义务，而代之以禁止自我归罪的特权，曾展开广泛的讨论。一些中国学者和律师建议，禁止自我归罪的特权，应给予优先考虑，取代如实回答的义务。但执法者，尤其是警界的代表，认为规定犯罪嫌疑人如实回答的义务，与有效的犯罪控制是密不可分的。[②] 最后，执法者在这一争论中获胜。这一事实表明，尽管政治生活已经普遍发生变化，但旧有的职权主义的一些理念，仍在发挥作用。另外，犯罪学家认为，不能过于简单地将犯罪人定义为人民的敌人；犯罪

---

① 《公民权利与政治权利公约》第 14 条第 3 款（g）项。

② Chen Guangzhong, Liu Mei, Reform of Criminal Evidence System in China, in: International Centre for Criminal Law Reform and Criminal Justice Policy ed., Promoting Criminal Justice Reform: A Collection of Papers from the Canada – China Cooperation Symposium, 1ff., at 5 (Vancouver 2007).

人通常是一些遇到社会问题或者心理有问题的个人。但这一学说，没有受到应有的关注。

正如我在《关于中国〈刑事诉讼法修正案（草案）〉的报告》中所提到的，与上述类似的争论，在100到200年以前的欧陆国家，也同样存在过。[①] 先前，欧陆很多国家的刑事司法机关，以职权主义原则为指导，坚信刑讯逼供是发现真相之必需。18世纪及19世纪早期，刑讯逼供在欧陆被废除，但此后，犯罪嫌疑人仍被要求做出供述，因为那时口供被视为“证据之王”（queen of proof）。自19世纪晚期起，禁止自我归罪的特权开始在欧洲各国引入。在20世纪的整个进程中，由于人权运动风起云涌，禁止自我归罪之特权更在相当程度上大大扩展了。

每一次进行这样的变革，都有严厉的批评相伴，尤其是侦查机关，他们认为，如果通过禁止自我归罪之特权保障犯罪嫌疑人的自主权（autonomy），那么，刑事司法制度就将崩溃。但历史证明，这些断言是毫无根据的神话；他们预言的灾难从未发生过。这一历史经验，对于中国立法机关准备未来的刑事诉讼法改革，应当是具有鼓舞性的。只要中国刑事诉讼法仍将禁止自我归罪之特权与犯罪嫌疑人如实回答之义务并列，其所依赖的就是不合乎理性的矛盾冲突；而条款之间保持和谐一致这一刑事司法执法活动的基本要求，将永难达致。

可以想象的是，在互相矛盾的两种法律规定之间，中国警方会决定将其要求犯罪嫌疑人如实回答的一贯做法，继续进行下去。由此，警官会在讯问之初，便告知犯罪嫌疑人有如实供述的法定义务。从心理学的角度来看，这将给犯罪嫌疑人施加相当大的心理压力。如果警官根据第118条第2款的规定，告知犯罪嫌疑人如实供述其罪行可以从宽处理的话，还将进一步加重犯罪嫌疑人的心理压力。犯罪嫌疑人会从完全不同的角度对这一告知进行理解，他们将会认为，这一告知意味着，如果不履行如实供述的法定义务的话，处罚会更重。

另一个问题是，警察讯问犯罪嫌疑人时，犯罪嫌疑人是否享有辩护

---

① ［德］约阿西姆·赫尔曼：《关于〈中国刑事诉讼法修正案（草案）〉的报告》，颜九红译，载《比较法研究》2012年第1期，第156页；该文全文转载于中国人民大学书报资料复印中心《诉讼法、司法制度》2012年第5期，第67页。

律师帮助权。过去，只有在第一次讯问以后，犯罪嫌疑人才享有律师帮助权。[①] 正如我在《关于中国〈刑事诉讼法修正案（草案）〉的报告》中所言，如果不允许辩护律师在犯罪嫌疑人被第一次讯问期间提供帮助，律师辩护权几乎就没有任何价值了。[②] 在这种情况下，警察会采用各种各样的讯问技巧，一直不断地讯问犯罪嫌疑人，直到他们取得犯罪嫌疑人的供述才肯罢休。

2012 年中国刑事诉讼法改革致力于解决这一问题，因此，2012 年中国刑事诉讼法第 33 条第 1 款第 1 句规定，犯罪嫌疑人“自被侦查机关第一次讯问……之日起，有权委托辩护人。”这一规定，似乎已在相当大程度上提高了犯罪嫌疑人的地位。但必须提出质疑的是，“自……之日起”的条文，是模糊的。这一条文可以被解读为，“自警察第一次讯问开始之时起”（from the beginning of the first police interrogation），犯罪嫌疑人即有权得到辩护律师的帮助。如果要想将律师辩护权变成防止警察采取暴虐不公的讯问措施的有效屏障，这一解读，将是对这一条文的正确诠释。但是，这一条文也可以被解读为，“在警察第一次讯问之日但不必在第一次讯问之前”（at the day of the first police interrogation but not necessarily before the first interrogation），有权委托辩护人。这一解读，将拔去 2012 年刑事诉讼法改革的利齿，因为警察可以一直讯问犯罪嫌疑人，而不受任何辩护律师的干预。若要使 2012 年中国刑事诉讼法改革增设的禁止自我归罪的特权，真正得到保障，就必须明令中国警察自其第一次讯问开始之时（from the beginning of the first interrogation），就应允许犯罪嫌疑人得到辩护律师的帮助。

如果自警察第一次讯问开始之时，就允许犯罪嫌疑人得到辩护律师的帮助的话，接下来的问题则是：新刑事诉讼法第 33 条第 1 款第 1 句，究竟意味着辩护律师可以在警察讯问时在场，还是在这一程序性阶段辩

---

① 见 1996 年中国《刑事诉讼法典》第 96 条；亦见《中国刑事诉讼法修正案（草案）》第 33 条。

② ［德］约阿西姆·赫尔曼：《关于〈中国刑事诉讼法修正案（草案）〉的报告》，颜九红译，载《比较法研究》2012 年第 1 期，第 157 页；该文全文转载于中国人民大学书报资料复印中心《诉讼法、司法制度》2012 年第 5 期，第 67 页。

护律师只能提供咨询，这仍是一个未解的问题。在这两者之间，存在重大差异。因为警察讯问，尤其是第一次讯问，乃是刑事诉讼程序中具有决定性意义的阶段。人们通常认为，审判使案件得到解决；但事实与人们的惯常思维不同，即往往不是审判，而是警察的讯问，使得案件得以解决。一旦警察已经设法获得犯罪嫌疑人的供述，辩护律师能够为其当事人提供的辩护，相对而言，已所剩无几。

另外，即使在警察讯问期间允许中国律师坐在犯罪嫌疑人的身旁，中国律师能够切实为其当事人提供怎样的辩护，仍不清楚。由于犯罪嫌疑人必须履行如实回答问题的法定义务，辩护律师能够做到的，只有努力确保犯罪嫌疑人不被强迫逼取供述而已。至于辩护律师能否建议其当事人保持沉默，仍有很大疑问。

鉴于上述这些未被解决的问题，只能说，新规定的第33条第1款第1句所引发的新问题，远远多于它已然回答的问题。必须进一步指出的是，在西方各国法律制度中，禁止自我归罪的特权，已经发展到除了规定沉默权以外，还进一步规定犯罪嫌疑人应当以其愿意的方式来回答问题（answer questions in a way the suspect wishes）。西方各国已经不断增加更多新的内容，进一步充实禁止自我归罪之特权的内涵。

根据德国法，在任何讯问之前，都必须告知犯罪嫌疑人和被告人他们涉嫌什么犯罪；而且，必须进一步告知犯罪嫌疑人他们有权做出供述，也有权保持沉默；另外，还必须进一步告知犯罪嫌疑人，在讯问之前，他就可以征求辩护律师的意见，并可以要求调取可证明其无罪的证据。① 德国联邦上诉法院（The German Federal Court of Appeals）在判决中认定，如果没有告知犯罪嫌疑人或者被告人有权保持沉默并有权征求辩护律师的意见，那么，所获供述不具有可采性。② 德国联邦上诉法院认为，如此下判的理由在于，如果没有告知犯罪嫌疑人或者被告人应当告知的内容，禁止自我归罪的特权将受到损害。

在美国，美国联邦最高法院在著名的米兰达判决中认定，美国联邦

---

① 《德国刑事诉讼法典》第136条第1款，第163a条第3款、第4款。

② 德国联邦上诉法院关于刑事事项的判决（Decisions of the Federal Court of Appeals in Criminal Matters）38 BGHSt 214（1992）；42 BGHSt 15（1996）。

宪法第五修正案规定的禁止自我归罪的特权，要求在讯问犯罪嫌疑人之前发出警告。[①] 与德国法相同的是，美国也规定，必须告知犯罪嫌疑人有权保持沉默，有权委托律师。但与德国法不同的是，美国在讯问犯罪嫌疑人之前发出的警告，必须包含堪称“战争宣言”（declaration of war）的信息，即告知犯罪嫌疑人，他将要做出的任何供述，都有可能在审判中被用作指控他、对他不利的证据。另外，美国法与德国法不同的是，美国法规定，一旦犯罪嫌疑人表达保持沉默的愿望，警察就必须停止讯问，不再继续。但另一方面，米兰达警告（Miranda warnings）必须只能在“羁押讯问”（custodial interrogation）前即犯罪嫌疑人无法自由离去的讯问前发出。譬如，如果警官在街上拦住一辆小汽车，就无须发出米兰达警告。

欧洲人权法院，作为欧洲法律制度的跨国守护者（transnational watchdog），在2008年具有里程碑意义的萨尔杜兹诉土耳其（Salduz v. Turkey）一案的判决中认为，根据《欧洲人权公约》第6条第3款第3项的规定，在警察第一次讯问期间（during the first police interrogation），就必须提供辩护律师。[②] 鉴于《欧洲人权公约》第6条第1款所保障的公正审判权，欧洲人权法院大法庭（the Grand Chamber of the Court）认为，“将警察在讯问期间所取得的没有得到律师帮助的犯罪嫌疑人的有罪供述，作为指控犯罪嫌疑人有罪的依据，将对辩护权在总体上造成无法弥补的损害”。[③] 欧洲人权法院的判决，对于欧洲理事会（the Council of Europe）其他成员国，并无法定约束力，但饶有兴趣的是，法国和比利时已经分别采取步骤，对各自国家的法律进行改革，以便使其法律与欧洲人权法院在萨尔杜兹一案中的判决相一致。[④]

以上所述关于禁止自我归罪的特权在西方所取得的最新进展，说明

---

① Miranda v. Arizona 384 US 436（1966）.

② Judgment of 27. 11. 2008，（36391/02），49 EHRR 421（2009）.

③ 同上注，第55段。

④ Thaman, Constitutional Rights in the Balance: Modern Exclusionary Rules and the Toleration of Police Lawlessness in the Search for the Truth, 61 University of Toronto Law Journal, 691, 716（2011）.

西方各国法律制度与中国法律乃是彼此分离的两个世界。为了填补这一离壑，中国可能还需要进一步发生更多的政治地震，以便使得在近年逐渐凸显人权保障之提升的新政策，获得更多的优势地位。

（三）强制措施

1. 逮捕和拘留 —— 旧的和新的缺陷

2012年中国刑事诉讼法改革，对逮捕和拘留的法律规定，只进行了微小的变革，对于由检察官而不是由法官决定犯罪嫌疑人逮捕的原则，没有触及。中国《宪法》第37条第2款，以及2012年中国刑事诉讼法改革未予变革的刑事诉讼法典第78条，均规定人民检察院或者人民法院，负责逮捕的批准或者决定。但是，在中国的司法实践中，负责批准逮捕的，是检察官。

检察官的这一权力，可以追溯到俄罗斯的传统。彼得大帝建立了检察机关，作为“沙皇的眼睛和耳朵”。检察官不仅负责刑事司法制度的运行，而且还监督其他所有政府官员，包括法官。[①] 在苏联时期，根据社会主义法制原则（the principle of Socialist legality），检察官的这一职能得到强化，检察机关属于独立的机构，负责对法律规定以及政府和党的政策之严格履行，予以监督。中华人民共和国采用了这种制度。但是，俄罗斯2001年改革已经大大削减了检察官的权力，而中国的刑事司法制度迄今仍然赋予检察官无所不在的权力。中国刑事诉讼法第1章，以及中国宪法，对此都有明确的规定。[②]

必须提及的是，将逮捕的决定权交给检察官行使这一中国制度，在当今世界，是独一无二的。在其他国家，不论是在西方各国，还是在以前实行社会主义制度的东欧各国，包括俄罗斯，均是由法官，而不是由检察官，负责逮捕的批准和决定。我在《关于中国〈刑事诉讼法修正案（草案）〉的报告》一文中曾经指出，将逮捕的决定权交到法官手里，

---

① Newcombe, Russia, in: Bradley, Criminal Procedure - A Worldwide Study, 2nd ed., 2007, 397ff. at 401.

② 《中国刑事诉讼法》第8条；中国《宪法》第129条、第131条。

有两个主要理由。[①] 从心理学的角度必须指出的是，令检察官站在独立和客观的立场上，对是否剥夺犯罪嫌疑人的自由予以决断，是困难的，因为，检察官随后可能必须决定是否对犯罪嫌疑人提出指控。而且，检察官还必须在审理该犯罪嫌疑人案件的法庭上出庭支持公诉。另外，根据现代宪法的要求，政府权力必须在不同的机构之间予以分配。因此，就犯罪嫌疑人是否应当被送到看守所之事，不应由检察官，而应由与该案的起诉没有关系的法官，来做出决定。

在这一背景下，有一个令人感兴趣的事实，值得关注，这就是2012年中国刑事诉讼法新增了一章，规定实施了犯罪行为但不负刑事责任的精神病人，应当予以强制医疗。根据这一新的法律规定，对精神病人采取强制医疗这一关涉侵犯个人自由的措施，不是由检察官决定，而是由法官决定。检察官只有权向法官提出采用强制医疗措施的申请。[②] 这确实是朝着正确方向前进的一步，由此，必须追问的是，对于逮捕和拘留，为何没有采取类似的步骤。

当然，尚有争论的观点认为，中国的法律规定，与联合国《公民权利与政治权利国际公约》第9条第3款第1句的规定，并无二致，该条款规定，任何因刑事指控被逮捕的人，应被“带见审判官或其他经法律授权行使司法权力的官员”。由于尚无负责执行该国际公约的法院，也没有为该公约的条款提供官方解释的其他机构，因此，很难说究竟这一观点是否有根有据。但是，尽管《欧洲人权公约》第5条第3款第1句的规定，与《公民权利与政治权利国际公约》的规定相同，欧洲人权法院却在多个案件中认定，由检察官决定逮捕，不符合《欧洲人权公约》第5条的规定。[③] 欧洲人权法院在判决意见中认为，检察官是刑事诉讼的一方，期待检察官在其作为诉讼一方的同一案件中公平行使司法权

---

① ［德］约阿西姆·赫尔曼：《关于〈中国刑事诉讼法修正案（草案）〉的报告》，颜九红译，载《比较法研究》2012年第1期，第159页；该文全文转载于中国人民大学书报资料复印中心《诉讼法、司法制度》2012年第5期，第69页。

② 《中国刑事诉讼法》第285条。

③ Huber v Switzerland, Oct 23, 1990, (12794/87), Series A, No 188; Niedbala v Poland, July 4, 2000, (27915/95), 33 EHRR 175.

力，是不可能的。欧洲人权法院认为，检察官为刑事诉讼之一方的事实，已足以使犯罪嫌疑人对检察官的公平性产生怀疑。

欧洲人权法院的判决，可能不能被视为是对《公民权利和政治权利公约》的解释。但是，考虑到欧洲人权法院在多个判决中的判决意见，如果认为授权检察官决定逮捕的中国法律，与《公民权利和政治权利公约》具有明确而完全的一致性，是很难成立的。

就被逮捕和被拘留的犯罪嫌疑人的权利而言，2012 年刑事诉讼法改革，对本当回答的重要问题，未置可否。根据联合国《公民权利和政治权利公约》第 9 条第 2 款的规定，"任何被逮捕的人，在被逮捕时应被告知逮捕他的理由，并应被迅速告知对他提出的任何指控"。根据中国刑事诉讼法第 91 条，公安机关逮捕人的时候，必须出示逮捕证。中国刑事诉讼法第 84 条规定了公安机关对被拘留的人的讯问。可以推定的是，在这两种情况下，都会向犯罪嫌疑人提供一些信息，但问题是，这样做，是否能够满足所有案件的需要。《欧洲人权公约》第 5 条第 2 款的规定，与《公民权利和政治权利公约》第 9 条第 2 款的规定相同。欧洲人权法院的阐释是，《欧洲人权公约》第 5 条第 2 款要求，对犯罪嫌疑人进行告知的程度，必须明确、具体，必须告知犯罪嫌疑人被剥夺自由的基本的法律和事实依据（the essential legal and factual grounds）。[①] 之所以规定如此复杂的告知信息，是因为，犯罪嫌疑人只有根据这些信息，才能对逮捕或拘留的合法性提出抗辩。因此，逮捕案卷的副本应当交给犯罪嫌疑人。

中国刑事诉讼法第 86 条第 1 款规定，检察官审查批准逮捕，可以讯问犯罪嫌疑人。但只有犯罪嫌疑人提出要求的，检察官才有义务讯问。但是，《公民权利和政治权利公约》第 9 条第 3 款第 1 句的规定要求，所有的关涉逮捕的案件，均应进行口头听讯（an oral hearing）。只有在犯罪嫌疑人有机会面对裁决者（decision - maker），向裁决者（decision - maker）解释他这方面的案件情况，并提出问题以后，才能

---

① Fox, Campbell and Hartley v United Kingdom , August 30, 1990, (12245/86), Series A, No 182.

做出剥夺犯罪嫌疑人自由的决定。在中国刑事诉讼法第 86 条第 1 款的规定下，犯罪嫌疑人很难有这样的机会，因为，该条款并无要求执法人员告知犯罪嫌疑人有权要求听讯之规定，因此，犯罪嫌疑人对此将无从得知。

中国刑事诉讼法第 115 条第 1 款第 1 项和第 97 条第 2 句规定，司法机关采取强制措施法定期限届满，仍不释放犯罪嫌疑人的，被羁押的犯罪嫌疑人，有权向该司法机关提出申诉。另外，第 95 条第 1 句规定，被采取强制措施的犯罪嫌疑人，有权申请变更强制措施。由此，被羁押的犯罪嫌疑人如果生病，可能可以申请转入监狱医院治疗。

如果对这些条款的规定理解得正确的话，那么，根据这些条款，犯罪嫌疑人无权就羁押是否正当合法（whether the detention is justified），提出要求复查的申诉。置言之，犯罪嫌疑人无权因不再有足够的证据证明他已实施了犯罪，而要求释放。根据第 161 条第 1 句的规定，在这样的案件中，警察应当释放犯罪嫌疑人，但是，犯罪嫌疑人自己不能提出同样的动议。看来，中国刑事诉讼法似乎建立在这样的假定之上，即警察对案件无所不知，因此，犯罪嫌疑人没有必要提出任何申诉。

我在《关于中国〈刑事诉讼法修正案（草案）〉的报告》一文中曾经论及，被羁押的犯罪嫌疑人，有权提出申诉，要求逮捕和拘留他的理由得到复查，要求新的证据得到听取，以及要求撤销逮捕证，这在其他国家的法律制度中，已得到普遍的公认。① 人们认为，这样的权利如此重要，以至于联合国《公民权利和政治权利公约》也予以规定。②

2. 指定居所的监视居住——警察拘禁（Police Custody）的一种新类型

根据旧的刑事诉讼法，监视居住只能在犯罪嫌疑人的住处执行；它是一种可以避免逮捕和拘留的强制措施。2012 年中国刑事诉讼法改革，创设了一种新类型的监视居住，这必定被视为一次重大的政治地震带来

---

① ［德］约阿西姆·赫尔曼：《关于〈中国刑事诉讼法修正案（草案）〉的报告》，颜九红译，载《比较法研究》2012 年第 1 期，第 159 页；该文全文转载于中国人民大学书报资料复印中心《诉讼法、司法制度》2012 年第 5 期，第 69 页。

② 《公民权利和政治权利公约》第 9 条第 4 款。

的后果，而这次政治地震在相当大的程度上扩大了警察的权力。中国刑事诉讼法第 73 条第 1 款第 2 句现规定，在一些案件中，如果监视居住在犯罪嫌疑人的住处执行可能有碍侦查的，可以在“指定的居所”（designated residence）执行。“指定的居所”，可以是警察选定的任何地方，只要不是羁押犯罪嫌疑人的场所即可。

这种新类型的监视居住，限定于涉嫌危害国家安全犯罪、恐怖活动犯罪、特别重大贿赂犯罪之案件。“危害国家安全”的法律用语，似乎相当模糊，它因此会容有各种各样的不同解释，尤其是在“严厉打击犯罪”的政治运动期间。正如上文所言，这样的限制，能否具有明显可见的限制作用，尚有疑问。[①]

这一新的法律规定，之所以得以通过，是因为，它可能会取代在警察的日常执法中迄今仍在使用的法外监视居住（extra - legal residential detention）。[②] 针对警察对犯罪嫌疑人随意使用法外监视居住、期限长短随心所欲的情况，第 77 条设定了监视居住最长不超过 6 个月的期限。唯此谨愿，法外监视居住将不再受到容忍。

与此同时，对于指定居所的监视居住（confinement at a designated residence），值得提出尖锐的批评，因为它引入的是逮捕和拘留以外、看起来没有必要的一种强制措施。指定居所的监视居住之目的，仅在于能将犯罪嫌疑人置于警察的绝对控制之下（under exclusive control of the police）。因此，它的正确的名称，应当是警察拘禁（police custody）。经验告诉我们，“指定”的居所，是那些只有警察知道的秘密的居所。不像在逮捕案件中，有权批准逮捕的，是检察官，而决定犯罪嫌疑人是否应当被采取指定居所的监视居住措施的，则是警察，而不是检察官。第 73 条第 4 款授权检察官对指定居所的监视居住的决定和执行是否合法有实行监督的权力，但是，这一规定，还是将指定居所的监视居住的

---

① 见本文第二部分之（二）第 1 节第 3 段的论述。

② 关于对实践中使用的法外监视居住的论述，见 Chen Guangzhong, The Reform and Improvement of Criminal Coercive Measures in China, in: Albrecht/Guangzhong eds. , Coercive Measures in a Socio - legal Comparison of the People' s Republic of China and Germany, 1, at 4 (2004)。

最初决定权（the original decision），交到警察的手上。

根据第83条第2款第1句的规定，被拘留人应当立即被送到看守所羁押。根据第91条第2款第1句的规定，被逮捕人应当立即被送到看守所羁押。2012年刑事诉讼法改革引入这些条款的理由，在于减少犯罪嫌疑人被实施拘留和逮捕的警官施以虐待的可能性，因为实施逮捕的警官，不是总能受到严格的监督。在看守所里犯罪嫌疑人受到虐待的危险，看起来似乎会减少，因为，那里有全面的监控制度。在指定的居所，是否也存在类似的监督和控制各个警官的制度，仍是一个未解的问题。

第73条第2款要求，犯罪嫌疑人被指定居所监视居住的，应通知被监视居住人的家属，但这一条款没有叙明，警察必须告知被指定的居所在哪里。根据这一条款，在“无法通知”的案件中，警察根本无须做任何告知。这一模糊的规定，使得警察在决定是否通知家属方面，拥有广泛而不受控制的裁量权。

第76条规定，可以对被监视居住的犯罪嫌疑人的通信进行监控。这条规定是否也适用于犯罪嫌疑人与辩护律师之间的通信，尚不清楚。根据第37条第4款的规定，辩护律师会见在押的犯罪嫌疑人、被告人时不被监听，但是，在刑事诉讼法典的专用术语下，监视居住不可能被看作是在押（custody）。

从比较法的角度，唯一可以明确的便是，类似于将犯罪嫌疑人置于警察指定的居所予以监视居住的官方措施（an official police confinement in a designated residence），在世界上任何其他主要国家的法律制度中，均无觅处。

（四）警察的裁量权——广泛而不受控制

由于在中国刑事司法制度中，警察所在的公安机关，独立于其他刑事司法机关，因此，不论检察官还是法官，都不能对警察在侦查活动中的活动予以控制。只有一个罕见的例外，即关于逮捕犯罪嫌疑人的法律规定，它规定由检察官决定逮捕，而不是由警察决定逮捕。但是，在中国刑事诉讼法中，很难找到任何条款，对警察裁量权的行使，予以指导或者限制。上文提及的关于搜查、扣押、技术侦查措施和指定居所的监视居住的条款，便是典型例证。①

另外，至于采取何等侦查策略，也主要留由警察的裁量权予以决定。刑事诉讼法典第 107 条和第 113 条规定，当警察发现有人实施犯罪时，应当开始立案侦查；第 161 条规定，如果警察发现犯罪嫌疑人没有实施犯罪的，应当撤销案件。但是，中国刑事诉讼法没有指明的重要问题是，警察是否必须毫无例外地将每一个他认为可能有足够的证据定罪的案件移交检察官。

对于轻微犯罪，还存在另外一个问题。中国刑法典第 13 条规定，情节显著轻微危害不大的行为，不认为是犯罪。根据刑事诉讼法典第 173 条第 2 款，对于犯罪情节轻微的，检察官有权做出终止诉讼程序的决定。但是，中国刑事诉讼法没有规定，在犯罪情节轻微的案件中，警察是否拥有撤销案件的权力。必须看到，如果没有规定这样的条款，而且也不存在任何其他的外部控制，那么，中国警察对于在何时进行侦查，在何等限度上进行侦查，以及何时撤销案件，均认为自己有权做出决定。这种情况，有导致执法不平等、滥用权力甚至腐败之危险。

此处仅能简要提及的是，今天，各国刑事司法制度通常都遵循的原则是，警察的裁量权必须受到法律规则（legal rules）的限制和指导，而且，警察的裁量权必须受到外部机构的监督。如果刑事诉讼法典中没有规定类似限制的话，其他法律、法院判决或者机构内部措施（measures of inner－office）和纪律监督（disciplinary supervision），也必须规定必要的限制。

三、结　语

对刑事诉讼法典的改革，可能是改进和发展刑事司法制度的重要一步。但是，必须看到，改革征程，路漫漫其修远兮，不可能毕其功于一

① 见本文第二部分之（一）第 2 节、本文第二部分之（二）第 2 节的论述。

役。对于2012年中国刑事诉讼法改革而言，亦复如此。正如本文力图阐释的那样，2012年中国刑事诉讼法改革，取得了令人瞩目的重要进步，但同时，明显的退步，亦复存在。而且，2012年中国刑事诉讼法改革，也遗漏了一些必要的本来应当取得的进步。在人民共和国的政治和社会生活正迅速发展的情况下，有望在不远的将来，进一步发生更多的地震，从而引入更多新的改革，尤其是，提出更多新的办法，进一步提高个人权利之保障程度，以制衡对执法效率的追求。

当修正后的刑事诉讼法典将于2013年1月1日正式实施时，并不意味着2012年中国刑事诉讼法改革，就已实现了它的目标。法院必须利用每一次机会，对新法具体条款的含义，予以一般性解释。另外，负责刑事司法的执法部门，也应当发布指导规则，以填补法典遗留的空隙。最后但并非最不重要的，乃是必须开设培训项目，让刑事司法执法人员，尤其是警官，学会如何不仅根据修改后法律的字面意义而开展工作，并且学会根据修改后法律的精神而开展工作。唯有通过这样的共同努力，才有可能以和谐一致的方式执行新法。

下　　编

刑事实体法

专题十一 联邦德国和美国刑法中的若干问题*

一、刑法的法制原则

欧洲大陆的现代刑法形成于19世纪。随着宪政主义的兴起，刑法从君主手中转移到了议会。刑法典的编纂与实行，限制了君主的权力，刑法成了犯罪人的人身保护状。从此，刑法典成了判断罪与非罪的准绳。在刑法的具体运用上，大陆法与英美法的做法不同。大陆法刑法把一切都规定在法典之中，由法官依法进行审判。英美法则把认定罪与非罪的问题留给陪审团去判断，认为罪与非罪的问题不可能在制定法中解决。然而，刑法发展的总趋势，都在于限制公共官员滥用权力，使人民享有更多的权利。

刑法的发展也限制了法官的自由裁量权。例如，联邦德国刑法规定故意杀人罪最高可判处无期徒刑或15年有期徒刑，但对故意杀人的不

---

* 这是联邦德国奥格斯堡大学法律系的赫尔曼教授和美国芝加哥大学法学院的阿苏勒教授在北京大学法律系座谈讲话的内容，是由北京大学周密教授和王世洲教授共同翻译、整理的。原文使用英文，其中文译文发表在《中外法学》1991年第1期（总第13期）。该文已收录于王世洲：《我的一点家当——王世洲刑事法译文集》，中国法制出版社2006年版第40~47页。——编者注

同情况分别作出明确规定。如激情杀人最高只能到五年有期徒刑；无期徒刑只能适用于具有恶性动机和诸如谋杀他人以掩盖其他罪行等恶劣情节的罪犯。又比如抢劫罪，联邦德国刑法对一般抢劫、使用致命武器抢劫、抢劫中过失致人死亡等不同情况，都有具体规定和不同的法定刑。如果刑法条文很简单，那么留给法官的自由裁量权很大，对维护法制就不利。

当然，不适当地限制法官和其他司法人员的权力，也不利于发挥刑法的作用和维护法制的统一，美国“判决指南系统”的实践提供了很好的经验教训。为了克服法官判决畸轻畸重和执行中滥用缓刑和假释的情况，美国成立了“判决指南委员会”，由法官、检察官、监狱和律师代表组成，负责制定“判决指南”，以指导判决的决定和执行。“判决指南”根据犯罪的严重程度，把犯罪分为43级，根据罪犯再犯的次数，把犯罪分成6级，以此规定出不同严重程度的犯罪在不同再犯次数下应判处的刑期。结果，大大缩小了罚金的适用范围，并且严格限制了缓刑和假释的适用条件。判决指南的实行虽然限制了法官的权力，但也带来了一些问题：(1) 判决指南委员会虽无权立法，但判决指南却具有法律的性质，由无权立法的人制定法律是违宪的；(2) 判决指南没有充分考虑到犯罪的复杂情况，使法官在应当对罪犯从轻或减轻处罚时，无法正确适用法律，结果，检察官在实践中只好自己先行处理，实际上行使了司法审判权；(3) 法官作出的判决在执行中不允许改变，因此，罪犯无论在狱中表现多好，都不能得到缓刑或假释，这样是不利于罪犯的改造和合法权利的保护的。

二、类推与刑法的解释

联邦德国刑法中明确规定罪刑法定原则，不允许类推。类推制度事实上赋予了法官无限的权力，违反了法治的原则。纳粹时代滥用类推残害无辜的情景绝不允许重演。

事实上，社会总是不断发展的，公民的法律权利和罪犯的犯罪手法也总是不断发展的，法制的完成总是有限的。在发展的社会面前，即使是最明确的法律条文，也会有令人感到含糊的时候。如果以此为由允许类推，法官和政府官员的权力就太大了。例如，联邦德国刑法禁止使用威胁、恐吓和暴力手段使别人行为或不行为。然而，学生和群众为抗议美军基地布置远程导弹而堵塞基地的出入口，这种行为是不是一种“恐吓”？联邦德国政府认为是，法官们不同意，认为是有宪法根据的言论自由的表示。如果允许类推，联邦德国政府的主张就可能成立。

为了解决法律适用问题，联邦德国和美国的法官们都享有司法解释权，他们可以或自由或保守地表示他们对法律的理解。例如，联邦德国法官把酸性化学物质解释为“武器”，把放狗咬人解释为“使用暴力”。他们也可以改变自己的看法。例如联邦德国上诉法院原来认为：非暴力地对他人使用安眠药的做法属于诡计而不算使用暴力，但后来又改变自己的观点，认为该做法属于暴力范畴。法官们的解释有时也会受到人们的议论和指责，但总的来说，司法解释的做法在联邦德国和美国都被普遍接受了。这反映了公众对法官行使司法权的信任。当然，这种信任与法官在社会中的独立地位是分不开的。

三、刑罚的种类与适用问题

联邦德国在宪法中规定废除死刑。无论在什么时候，包括战争时期，都不得适用死刑。在刑法中规定的刑罚有三种：无期徒刑、有期徒刑、罚金。

无期徒刑并不是真正的无期徒刑，其实际适用是监禁 15 年，再假释 5 年。联邦德国每年只判处 80 多名无期徒刑罪犯。

有期徒刑的最高刑期为 15 年。实际适用是 10 年监禁加上 5 年假释。一般来说，有期徒刑的适用都是三分之二为监禁，三分之一为假释。另外，被判处 2 年以下有期徒刑的可以适用缓刑。

罚金是联邦德国大量适用的刑种，现存每年被判刑的罪犯中，6% 是徒刑，12% 是缓刑，82% 是罚金。判处罚金运用的是依日计罚制：首先，法官根据被告的罪行确定应付罚金的天数，然后，再根据被告每日收入的情况，扣除必需的基本生活费后，确定每日应付的罚金数额。基本生活费仅包括吃、住、行的基本费用，不包括买房子或汽车等必须交纳的分期付款。罚金的缴纳可以是分期付款，确实付不起的可以申请缓付甚至免付。逃避交纳罚金的要坐牢，所欠罚金仍须交纳，但并不增加罚金数额。另外，不允许以坐牢来代替罚金。例如，有的大公司高级职员因交通违章被判罚金，因其每日薪水颇为丰厚，想利用假期坐牢抵数，但未被批准。联邦德国的罚金制，克服了富人与穷人交纳同等数额罚金的弊病，使惩罚比较公平。

联邦德国刑法中还有许多保安处分的规定。其中，剥夺自由的有：保护性监禁、强制进精神病医院治疗、强制进某种机构戒毒。不限制人身自由的有：吊销驾驶执照、禁止从事某种职业、缓刑性监护。

总的来说，欧洲国家刑罚十几年来的趋势是轻刑化。在这期间，犯罪率并没有明显变化。然而，对毒品犯罪的惩罚则是个例外。对毒品犯罪惩罚的趋势是日益重刑化，但是毒品犯罪仍有日渐严重的趋势。

四、罪的概念与法人犯罪问题

联邦德国刑法主张犯罪只能由自然人实施，并且该自然人主观上必须具有故意或者过失。从这种关于“罪”的概念出发。联邦德国刑法不同意法人犯罪的观点，认为法人没有“充满鲜血的心脏”，不可能具有犯罪故意和过失，不可能进行犯罪。当公司的经理和职员犯了罪，即使是为了公司的利益，刑法仍然认为应当由个人承担刑事责任。

然而，公司在经济活动中的违法行为的确是不可否认的事实。公司虽然不能承担刑事责任，但必须承担违反行政法规和经济法规的责任，其违法所得的利润应当没收，并且应当受到一定的经济惩罚和行政惩罚。因此，联邦德国法官在追究公司内部人员个人刑事责任的同时，还要没收公司的非法所得，并处以一定的“行政罚款”。也就是说，在实际上，联邦德国对法人的处理与追究法人刑事责任的美国做法是一样的。

美国是彻底接受法人犯罪概念的国家。公司经理和职员，只要是在其职权范围内，为了公司利益，实施了犯罪行为，就构成法人犯罪。在美国，法人可以构成任何罪。从理论上说，法人犯罪可以包括谋杀罪和强奸罪。但是在实践中，没有人会在自己的职权范围内，为了公司的利益去犯这些罪的。法人在司法实践中被指控的罪中有过失杀人罪。最著名的案例是福特汽车公司因为汽车设计不合理，容易起火烧伤、烧死人，因而被指控犯有过失杀人罪的案例。

五、经济犯罪的概念与经济刑法问题

美国学者一般称经济犯罪为“白领犯罪”。在欧洲和美国，经济犯罪的概念一直是犯罪学中激烈争论的一个问题。该问题争论了几十年，至今仍然没有形成一个统一的概念。不过学术界对经济犯罪已经有了一个比较一致的认识：

1. 经济犯罪危害的是作为社会整体的经济秩序，它可能只是危害了经济秩序的某一部分，但不能是仅仅危害了某个人的利益。

2. 对经济秩序不能作广义的理解，一般仅指国家经济管理秩序，所以经济犯罪一般都违反了某种国家经济管理法规。欧美的经济犯罪研究都不笼统地提保护经济利益，一般都不把盗窃、贿赂这些罪归入经济犯罪范畴。

3. 经济犯罪行为往往很难与正常的经济活动区分开来，并且具有很强的传染性。商人和企业家们经常仿效竞争对手的做法，以争取在竞争中取胜。

4. 经济犯罪虽然可以给人身财产造成严重的损害，但更重要的是给经济活动所必需的相互信任、商业道德以及公民对政府管理社会的信心造成极其严重的损害。

但是，经济犯罪概念对法官和律师来说并无多大意义。在实践中，人们只关心该行为是否构成犯罪，而不争论其是否属于经济犯罪。在刑事立法中，立法者们只关心经济活动的某一环节是否需要刑法保护，而不考虑这一犯罪是否属于经济犯罪。

在联邦德国，并没有一部专门规定经济犯罪的经济刑法典，经济犯罪的规定主要是分散在各个单行法规之中。台湾学者所说的单行经济犯罪法规曾在第二次世界大战后实行过一段时期。该法规主要是惩罚公司拒不储存足够的水、煤、食品等物资的行为，不遵守价格规定的行为，擅自抬高价格的行为。现在这些规定都已过时，违反了也不处罚。唯一应适用的是禁止出租房屋非法索取高额租金的行为。

联邦德国目前面临的最重要的经济犯罪是诈骗，其次是环境污染犯罪和偷逃税收犯罪。绝大多数经济犯罪都要求故意才能构成，只有极个别的犯罪可以由过失构成。近年来新规定的经济犯罪有：利用信用卡犯罪、以欺诈手段骗取银行信用罪、诈骗国家资助罪、股票诈骗罪、电脑犯罪。

美国的经济犯罪主要也是规定在单行法规中。经济犯罪的种类主要是：股票诈骗、违反反托拉斯法、银行诈骗、海关诈骗、商业贿赂、经济敲诈、经济组织腐败、违反劳动法、医疗保险诈骗、公司税收诈骗、商业间谍、违反职业安全和健康法、违反食品药品管理法、违反环境保护法、邮政与电信诈骗、对消费者诈骗、破产诈骗。

六、反不正当竞争和反托拉斯问题

为了维护商业活动中的正常秩序，保护正当商业行为，德国在19世纪末制定了第一部反不正当竞争法。最早的反不正当竞争法比较重视刑法惩罚的作用。但是，德国法官们很快发现：接受被害者的起诉、采取要求侵害者停止侵害、赔偿损失等民事程序的办法，比适用刑法更有效，因为被害人出于切身利益，积极性比公诉人高。因此，1909年颁布的德国反不正当竞争法，采取了民事程序为主，刑事惩罚为辅的办法。以后，该法虽经多次修改，但这个办法仍被沿用下来。

德国反不正当竞争法是围绕一个中心规定的，即任何人不得在商业活动中采用不正当手段进行竞争，否则应当停止侵害、赔偿损失。至于什么是不正当行为，法律没有作进一步解释，而是留给法官决定。实践中认定的不正当行为有：虚假广告、骚扰性商业活动（如往私人家里打电话推销商品）、非法仿造他人商品、倾销商品排斥他人，等等。法律中规定为犯罪的不正当竞争行为有以下四种：（1）以虚假广告欺骗公众的；（2）故意造谣破坏他人商业信誉的；（3）贿赂企业职员获取利益的；（4）出卖商业机密的。

保护市场正常秩序的另一种重要法律是反托拉斯法。德国最早是允许卡特尔存在的，因为卡特尔在经济危机中的存活率比较高。第一次世界大战后，情况变了，卡特尔搞垄断，定价高，损害消费者，破坏了市场，引起通货膨胀。20世纪20年代制定了卡特尔法，控制垄断的发展。20世纪30年代，纳粹政府组织了各种卡特尔，以完成政府的经济计划。第二次世界大战后，盟军占领德国，解散了卡特尔，并且在法律中使用刑事条款禁止卡特尔。20世纪50年代以来，限制卡特尔的政策沿用下来，但也有了一些变化。政府不再使用刑法手段来限制卡特尔，而是代之以建立专门的机构进行监督。联邦德国的卡特尔局有着与警察一样的权力，有权调查，有权进行行政处罚，有权参加诉讼，并且能与新闻机构相配合，将非法的卡特尔公诸于众。这样就有效地实施了反托拉斯法。

美国是最早制定反托拉斯法的国家。现存反托拉斯的基本法律是：谢尔曼法（1890年）、克莱顿法（1914年）、联邦贸易委员会法（1914年）、鲁滨逊－巴特曼法（1936年）。在美国，违反反托拉斯法的犯罪要求具有以下要件：（1）非法联合或者共谋进行窒息竞争的垄断性合并或者联营，包括约定价格、分割市场；歧视、抵制其他竞争者；（2）故意；（3）不符合“合理规则”，即这种限制商业贸易的行为是不利于甚至会摧毁市场竞争的。构成此罪可以判处3年以下有期徒刑，可以对个人并处10万美元以上罚金，或对公司并处100万美元以下罚金。在美国反托拉斯法的司法实践中，刑事制裁虽然不常使用，但却有效地保证了这方面法律的实施。

专题十二
论日本的死刑问题*

前　　言

法国著名作家、哲学家阿尔伯特·加缪1957年发表《断头台的反思》[①]一文，讲述他父亲的一则故事，其锋芒直指死刑。加缪没有见过父亲，这则轶闻使他了解了父亲。本文概述其要点如下。

第一次世界大战后不久，在阿尔及尔发生一起耸人听闻的案件：一个村民的全家包括父母和孩童全部被人残忍地杀死，财物也全部被掳走。凶手也是一个村民，被阿尔及尔法庭判处死刑。人们说，即使把这个恶魔斩首，也太轻饶他了。加缪的父亲也这样认为，并为那些被杀害的幼小孩童深感痛心。因此，他平生里第一次决定去亲睹处决凶手的现场。他半夜起来与众人一道步行，穿越整个城市来到法场，观看凌晨对

* 原文使用英文撰写，系约阿西姆·赫尔曼教授于日本东京庆应大学和美国布鲁克林法学院发表的演说整理而来。中文译文译自美国《布鲁克林法律评论》2002年第67卷，第827~854页。中文译文发表于《中国刑事法杂志》2003年第5期。译者为颜九红，北京政法职业学院教授，中国人民大学法学博士。编入本文集时，对原译文中日本学者名字的误译进行了勘正，并对译文个别文字进行了修改。

① ALBERT CAMUS & ARTHUR KOESTLER, RÉFLECTIONS SUR LA PEINE CAPITALE 125（1957）.

凶手的处决。

之后，父亲匆忙赶回家，表情十分困惑，未透露自己的感想，只言未发地躺在床上，又突然呕吐起来。他发现，在令人眩目的所谓公平、正义的豪言壮语背后隐藏着令人作呕的真实。他脑海中早已没有了那些被害的孩子们的身影，而尽是凶犯被放到斩板上时躯体剧烈战栗、抖动不已的情景。

与伟大的存在主义哲学家让·保罗·萨特一样，加缪在表达他的哲学观点时，以散文和小说而不是以学术论文作为武器。加缪的一个重要的哲学观点是“生活的荒诞性”。他认为，生活并不都是荒诞的，但有些事件，只有认识其荒诞性，才能正确理解。

发生在加缪父亲身上的故事，正是一个荒诞的事件。加缪的父亲有着强烈的正义感，深夜步行至凌晨，去观看正义实现的场面。但之后他却崩溃了：他曾深信不疑的正义，竟如此令他厌恶。面对这样一种毫无意义、毫无理性、暧昧不清、十分荒诞的刑罚，他无话可说。他不反对正义的实现，然而，看到正义竟以这样的方式实现，他深感震撼。

加缪还认为，“荒诞性”不仅仅表现在情感体验上。如果只是这样，那么，将凶犯秘密处决，加缪的父亲就不会有如此深切的感触了。几乎在所有执行死刑的国家，都普遍存在秘密处决罪犯的现象。在日本，处决罪犯，更加神秘。

加缪提出的“荒诞”概念，外延更为广泛，它不仅指情感上的体验，还包含更深刻的含义。仔细观察会发现，生活中的很多东西，我们不去问个究竟就当然接受了，然而其中有一些实际上是毫无意义、毫无理性、暧昧不清、十分荒诞的。“荒诞”这一哲学术语，开拓了新的视野，使我们秉备了更深刻的洞察力，并可能对很多问题提出新的解决思路。

加缪不是法学家，不关心死刑及其执行方式是否合理。但法学家却应该努力探讨规定死刑以及死刑执行的法律是否清晰、明确、合理、有意义。死刑不单是一个刑种，它更是与其他刑种有着本质区别的刑罚种类，因而要求法律给予特别的保障。研究死刑，意义重大。

本文从比较法的角度探讨日本规定死刑的法律及死刑执行，阐述为什么日本的死刑具有荒诞性。日本的刑法和刑事诉讼法主要受德国法和美国法的影响，日本学者密切关注德国和美国的法学研究，故本文将德国和美国与日本加以比较。美国和日本都是保留死刑的国家，本文重点比较美日两国。德国已废止死刑，与日本相比较，也有不少启示。德国刑法典分则规定了不同种类的杀人罪及其刑罚，使德日两国对同种犯罪的刑罚，有了可比性。

正文分两部分。第一部分，介绍日本适用死刑的几种犯罪。在德国，终身监禁是最严厉的刑罚，德日的比较，揭示两国判刑时量刑结构的差异。美国至今仍保留死刑的38个州①都已制定新刑法，为死刑的量处提供法律基础。第二部分，揭示日本死刑判处后至执行的程序，并与美国相比较，结论是：在很多方面，两国的死刑十分荒诞。

一、刑法关于死刑的规定

（一）日本

日本刑法规定死刑的罪名有17个。但据统计，在司法实践中，仅对抢劫杀人的犯罪适用死刑。② 日本刑法规定，抢劫杀人的，处死刑或者无期徒刑③。但是，该条款没有具体量刑标准的规定，法官的自由裁量权很大。④ 日本刑法还规定，杀害他人的，处死刑、无期徒刑或者3年以上有期徒刑⑤；被判处3年有期徒刑的，可以缓刑。法官的自由裁

---

① 本文完成于2002年。其时，美国尚有38个州保留死刑。至2013年5月，美国又有6个州废除了死刑，使得美国保留死刑的州减为32个。2007年，美国新泽西州和纽约州废除了死刑。2009年3月，美国新墨西哥州通过公投废除了死刑。2012年4月，肯塔基州通过公投废除了死刑。2011年，伊利诺斯州废除了死刑。2013年5月，马里兰州也废除了死刑。——编者注

② José Llompart, La Pena de Muerte en el Japan, 2 REVISTA DE DERECHO PENAL Y CRIMINOLOGIA 349, 353 (1992).

③ KEIHō［日本刑法典］，1907，第240条。

④ KEIHō［日本刑法典］，1907，第199、第240条。日本审判不采陪审制。死刑案件由3名职业法官组成的法庭审理。

⑤ 同上，第199条。

量权更大。日本刑法学家平野龙一（Ryuichi Hirano）通过实务性研究，认为日本法官在决定是否判处死刑时，严格按照一些不成文的规则和标准，其自由裁量权实际上受到很大限制①。但日本著名刑法学和犯罪学家宫泽浩一（Koichi Miyazawa）对此持异议。② 他认为，被告人被判处何等刑罚，在于运气好坏。一位经验丰富的日本著名法官曾告诉他，有两个杀人犯，一个被判处死刑，一个被判处有期徒刑。其中一个之所以被判处死刑，不是因为罪行更深重，而主要是因为审案法官都赞成死刑；依这位法官之见，被判处有期徒刑的杀人犯，罪行反而更加严重③。

显然，平野龙一所谈及的不成文规则和标准，并没有如愿发挥作用。但问题的关键不在这里，而在于：如果判决时依据的不是法律明文规定的条款，而是不成文规则和标准，那么，是否符合现代宪法以及宪法理论的要求呢？日本宪法第 31 条规定："除非根据法律规定的程序，否则，任何人不得被剥夺生命、自由或者受任何其他刑罚处罚。"④ 日本学者将这条规定解释为罪刑法定原则。日本东京大学著名学者、日本最高法院前大法官团藤重光（Shigemitsu Dando）在其著名的论日本刑法的文章中指出：这一原则要求"刑罚的种类和轻重均应由法律予以规定。"⑤

日本东京大学著名刑法学者平野龙一指出，日本刑法典在相当程度

---

① RYUICHI HIRANO, Die Japanisierung des westlichen Rechts im Japanischen und Strafprozeβrecht, in DIE JAPANISIERUNG WESTLICHEN RECHTS 387, 391 (Helmut Coing et al. eds., 1988). See also José Llompart, Die Vollstreckung der Todesstrafe in Japan, in 1 REVIEW OF COMPARATIVE LAW 155, 158 (1988).

② KOICHI MIYAZAWA, Die Todesstrafe in Japan, in Strafgerechtickeit, FESTSCHRIFT FIER ARTHUR KAUFMANN 729, 737 - 738 (Fritjof Haft et al. eds., 1993). See also PETRA SCHMIDT, DIE TODESSTRAFE IN JAPAN 485 (1996); Llompart, 前注［2］, 第 354 页（指出，大阪地区法院比东京地区法院更喜欢判处死刑）。

③ KOICHI MIYAZAWA, Die Todesstrafe in Japan, in Strafgerechtickeit, FESTSCHRIFT FIER ARTHUR KAUFMANN 729, 737 - 738 (Fritjof Haft et al. eds., 1993), 第 737 - 738 页。

④ NIHON KOKU KEMPō [Constitution of Japan], 1946, art. 31, translated in, CONSTITUTIONS OF THE COUNTRIES OF THE WORLD——JAPAN 17 (Albert P. Blaustein & Gisbert H. Flanz eds., 1990).

⑤ SHIGEMITSU DANDO, THE CRIMINAL LAW OF JAPAN: THE GENERAL PART 23 (B. J. George, trans., 1997).

上仅具有象征意义，因为许多具体法律问题被留给法官、检察官和警察去解决。① 他认为，尽管日本的法官、检察官和警察在刑事司法活动中，拥有极广泛的自由裁量权，但并非不受任何限制，而是受到约束和指导。根据现代宪法精神，象征性立法与不成文规则和标准相结合，对于处理较轻的犯罪，能起良好作用。如果立法将任何具体法律问题都规定下来，将累赘不堪，难以理解。

象征性立法能否成为处理死刑案件的依据呢？罪刑法定、法律的正当程序和法治等原则，是日本宪法规定的基本原则，要求刑事司法领域中政府机关的权力应当受到限制和制约。法律具有民主基础，可以保证刑事司法活动的可预见性和前后一致性；而不成文规则和标准根本不具有这些特性，它们由日本刑事司法部门中无形的机构订立，又随时处于变动之中，正如宫泽浩一所说，并未时时得到恪守。

法律条文是公开的、人人皆知；而不成文规则和标准是不公开的，被告人和辩护律师往往无从知悉。日本法官在审理死刑案件时，依据不成文规则和标准，使得法庭上被告人与辩护律师为不应判处死刑而据理力争时，不得不与不可知的规则和标准而争辩。这让人想起可怜的西班牙骑士堂吉诃德，他将转动的风车当成敌人来犯，而与之奋勇大战。

堂吉诃德与风车大战，正是加缪所谓“生活的荒诞性”的绝好例证。象征性立法、日本法官极广泛的自由裁量权及其审理死刑案件的实践、被告人和辩护律师反驳不可知的规则和标准等，不正表明其荒诞性吗？②

（二）德国

为此，有必要了解其他国家如何惩罚杀人罪。德国已废止死刑，对不同类型的杀人罪，德国刑法典详尽描述其罪状，并规定轻重不同的

---

① RYUICHI HIRANO, Die Japanisierung des westlichen Rechts im Japanischen und Strafprozeβrecht, in DIE JAPANISIERUNG WESTLICHEN RECHTS (Helmut Coing et al. eds., 1988), at 391.

② See generally MIGUEL DE CERVANTES, ADVENTURES OF DON QUIXOTE (J. M. Cohen, trans., reprint ed., 1988).

刑罚。

根据德国刑法，非预谋故意杀人罪，应判处5年以上15年以下有期徒刑。对于谋杀罪，只有存在加重情节时，才判处终身监禁。德国刑法典规定的谋杀罪的加重情节有：

1. 出于杀人嗜好而杀人；
2. 为了满足性欲而杀人；
3. 图财害命；
4. 出于卑劣动机而杀人；
5. 以凶狠的方式杀人；
6. 以残忍的方式杀人；
7. 以危害公共安全的方法杀人；
8. 为实施或掩盖其他犯罪行为而杀人。①

对于较轻的非预谋故意杀人罪，如激于义愤而杀人的，德国刑法典规定处1年以上10年以下有期徒刑。②

当然，德国刑法典的上述规定，有些相当抽象含糊。例如，什么是“卑劣动机”，什么样的杀人方式是“凶狠”的，都不够明确。但德国法官通过大量判例做出解释，对这些条款进行限定，从而使抽象含糊的规定变得比较具体而具有可操作性。由此，德国法院制作出判例法，供法官在判案中援引。德国法院的许多判决都公开发布，任何人如有兴趣，都可以查找到现行法律的规定，并预测法律的未来趋向。③

其他欧洲国家的刑法典中，关于杀人罪的规定与德国相似。1994年法国新刑法典规定两种类型的杀人罪：普通杀人罪处30年有期徒刑，

---

① STRAFGESETZBUCH [German Penal Code] § 211 (2) StGB, translated in Criminal Code (Strafgesetzbuch, StGB), available at http://www.iuscomp.org/gla/ - statutes/ StGB - .htm#211.

② 同上，第212~213条，available at http://www.iuscomp.org/gla/ - statutes/ StGB - .htm.

③ ADOLF SCHÖNKE ET AL., STRAFGESETZBUCH KOMMENTAR [German Penal Code Commentary], § 211, notes IV - VI (2001).

但法院有权判处1年以上有期徒刑;[①] 具有加重情节的杀人罪，处无期徒刑，但可减至2年以上有期徒刑。[②] 法国刑法典规定的属于加重情节的杀人罪有：有预谋地故意杀害他人；为实施或者准备实施其他犯罪而杀害他人；杀害未成年人、直系亲属或者身体或精神有残疾的人；杀害法官、检察官、律师、证人等。[③] 与德国一样，法国法院在司法实践中将判决制作成判例，以使刑法典的规定更为具体，更具有实际可操作性。

与日本相反，欧洲国家刑法典的规定以及判例法为法官如何判处具体案件提供了充足的依据，通过刑法典和判例的结合，限制最严厉的刑罚的适用，从而将其控制在狭小的范围内。可以说，这些法律规定和判例，发挥着路标的作用，对法官的裁量活动进行正确的引导。

（三）美国

在美国，法官或陪审团在审理死刑案件时应有多大的自由裁量权，是引起巨大争议的问题，争论的焦点在于死刑是否符合美国宪法。1972年，美国联邦最高法院在审理具有里程碑意义的福尔曼诉乔治亚州案件中认为，审理死刑案件时没有量刑标准指导的自由裁量权违背了美国宪法修正案第8条关于禁止残忍的、不人道的刑罚的规定。[④] 在五比四的判决结果中，持多数意见的五位法官中有两位认为死刑在任何情况下都违背了宪法修正案第8条;[⑤] 另外三位法官认为，审理死刑案件中没有量刑标准指导的自由裁量权使死刑判决无法预测，因而使死刑成为残忍的、不人道的刑罚。[⑥] 另外，还有一些大法官认为，有色人种、穷人、

---

① § § 132 - 18, 221 - 1 - 221 - 4 C. PÉN. [French Penal Code] 1994, translated in, THE AMERICAN SERIES OF FOREIGN PENAL CODES——31 FRANCE 66, 94 (Edward A. Tomlinson ed., 1999).

② 同上.

③ 同上.

④ Furman v. Georgia, 408 U. S. 238, 239 - 40 (1972).

⑤ 同上, at 286 (Brennan, J., concurring), 370 - 71 (Marshall, J., concurring).

⑥ 同上, at 255 - 57 (Douglas, J., concurring), 306 - 10 (Stewart, J., concurring), 311 - 15 (White, J., concurring).

未受教育的人被判处死刑的比例偏高。[①] 这些大法官着重指出，在具体死刑案件的判处中是否存在种族歧视或者其他歧视现象，不需要刻意去证明，因为没有量刑标准指导的自由裁量权本身即具有一种危险倾向，它很可能使死刑判处带有独断性和偏见性。

福尔曼案件的判决结果，对美国所有规定死刑的州的刑法都产生了震撼性的影响，因为美国每个规定死刑的州在刑法中都没有对死刑的判处规定任何量刑标准。[②] 然而，当时美国大多数州并没有想到马上废止死刑。在以后的几年里，很多州规定了新的死刑条款。[③] 其中有些州在刑法中规定，对于某些特定案件必须适用死刑或者自动适用死刑。[④] 这些州虽然希望通过这种方式解决死刑案件审理中自由裁量权过于滥用、没有标准的问题，却走向另一个极端，即排斥自由裁量权的存在。故此，1976 年，美国联邦最高法院在判决中认为：即使犯有同样的罪行，不同的罪犯，其人身危险性不同。[⑤] 规定“必须使用死刑”的刑法，对犯有同等罪行的杀人犯应受谴责性的程度一概不加区分,[⑥] 也不考虑犯罪人的品格和是否有犯罪前科，因此违背了美国宪法修正案第 8 条的规定。[⑦]

此后，大多数州的刑法典采用了新的立法形式，即规定一系列加重情节和减轻情节，要求法官或陪审团在判处死刑时必须予以考量。[⑧] 在

---

① Furman v. Georgia, 408 U.S. 238, 239 - 40 (1972), at 250 (quoting Ripery C. Koeninger, Capital Punishment in Texas, 1924 - 1968, 15 CRIME & DELINQ. 132, 141 (1969), 310 (Stewart, J., concurring).

② STEPHEN A. SALTZBURG ET AL., CRIMINAL LAW: CASES AND MATERIALS 351 (2D ED. 2000).

③ 同上.

④ 同上.

⑤ Woodson v. North Carolina, 428 U.S. 280, 304 (1976); see also Roberts v. Louisiana, 431 U.S. 633, 637 (1977).

⑥ STEPHEN A. SALTZBURG ET AL., CRIMINAL LAW: CASES AND MATERIALS 351 (2D ED. 2000), at 352.

⑦ 同上. See also Summer v. Shuman, 483 U.S. 66, 74 - 75 (1987).

⑧ STEPHEN A. SALTZBURG ET AL., CRIMINAL LAW: CASES AND MATERIALS 351 (2D ED. 2000), at 352.

美国，刑事案件既可以由陪审团审理，也可以由法官审理。尽管多数刑事案件多以辩诉交易的方式解决，或者由法官进行审理，但是，由于死刑案件的特殊性质，一般由陪审团审理。被告人被判处有罪后，应该被判处何等刑罚，则另行就量刑问题单独进行审理。关于量刑问题的审理，原来一般由法官进行，但福尔曼案件以后，大多数保留死刑的州在刑法典中规定，量刑问题由陪审团进行审理。[①] 在刑法中规定由陪审团对量刑问题进行审理，是希望为被告人进一步提供程序上的权利保障。目前只有少数几个州的刑法典在福尔曼案件以后仍然沿用原有模式，没有规定由陪审团进行死刑案件的量刑审理。[②]

在量刑审理阶段，检察官和辩护律师分别提出证据并相互进行质证。这些证据一般未在定罪审理阶段提出过。根据双方提出的各种加重情节和减轻情节，法官或者陪审团决定是判处死刑还是终身监禁。有时，法官或陪审团还会提出假释的建议。

美国联邦最高法院在几个案件的判决中认为，上述规定减轻了刑罚裁量上的独断性，故合乎美国宪法；[③] 而且，独立进行量刑审理，以及具体规定加重情节和减轻情节作为量刑标准，都为被告人提供了根本的权利保障。这非常特殊，因为在美国刑事司法制度中，法官、检察官和陪审团往往具有不受约束、不受限制的自由裁量权，例如，对死刑案件是提起公诉还是进行辩诉交易，美国检察官可以自行决定。而且，被告人无论在什么情况下被指控犯有死罪，美国法官或者陪审团都可以在法律规定中找到一项较轻罪名，无须判处被告人死刑。

美国联邦最高法院深知，普通刑事案件和死刑案件的自由裁量权应该存在不同：审理普通刑事案件，法官或陪审团可以拥有广泛的、不受限制的自由裁量权；而审理死刑案件，法官或陪审团的自由裁量权则应

---

① JOHN KAPLAN ET AL. , CRIMINAL LAW: CASES AND MATERIALS 527 (4th ed. , 2000) .

② STEPHEN A. SALTZBURG ET AL. , CRIMINAL LAW: CASES AND MATERIALS 351 (2D ED. 2000), at 528.

③ See, e. g. , Gregg v. Georgia, 428 U. S. 153, 193 - 195 (1976); Proffitt v. Florida, 428 U. S. 242, 252 - 253 (1976); Jurek v. Texas, 428 U. S. 262, 263 (1976) .

受到限制和制约。[①] 联邦最高法院指出，因死刑与其他刑罚具有本质区别，故在死刑案件中，必须规定特别严格的权利保障程序以及较高的可预见性。[②] 联邦最高法院在一个死刑案件的判决中指出，“宪法修正案第 8 条的宗旨在于给予人性以最起码的尊重”，它要求“对犯罪人的品格和犯罪记录进行考量，这是死刑裁量过程中不可或缺的宪法性要求”。[③] 法律之所以进一步强化死刑案件的程序保障，是因为“不断强化的对人格尊严的尊重，正是社会不断走向成熟的标志”。[④]

从比较法的角度来观察，我们会发现：日本宪法与美国宪法一样，也禁止残忍的、异常的刑罚。[⑤] 日本宪法还规定，人的生命和人格尊严受法律保护。[⑥] 但可以肯定的是，日本法官在解释这些条款时，从来就没有像美国法官那样不拘一格、充满魄力。他们总是采取一种静态的方式，总是竭力使解释符合日本传统价值观念。日本最高法院大法官 SHIMA 在 1948 年作出的判决中指出，“残忍的刑罚”是一个弹性的概念，它将随着时间的变化、公众情感的变化而变化。[⑦] 这种看法虽然具有一定的魄力，却只是一个附带意见，没有继续得到发展。

在福尔曼案件以后，美国各州关于死刑的立法都或多或少地列举出加重情节。[⑧] 有些加重情节与普通法传统上的杀人罪的种类一致，例如，在重罪谋杀罪的规则上，两者就是一致的。美国各州刑法典规定的加重情节

---

① 例如，在伍德森诉北卡罗莱纳州案件中，联邦最高法院认为，判处 100 年监禁与仅判处一、两年监禁是有区别的；而最终判处死刑与判处终身监禁的区别就更大了。

② 同上.

③ 同上. at 304.

④ Trop v. Dulles, 356 U. S. 86, 101 (1958) (plurality opinion).

⑤ NIHON KOKU KEMPō [Constitution of Japan], 1946, art. 31, translated in, CONSTITUTIONS OF THE COUNTRIES OF THE WORLD——JAPAN 17 (Albert P. Blaustein & Gisbert H. Flanz eds., 1990)., at art. 36.

⑥ 同上. at arts. 11, 13, 31.

⑦ Chin Kim & Gary D. Garcia, Capital Punishment in the United States and Japan: Constitutionality, Justification and Methods of Infliction, 11 LOY. L. A. INT' L & COMP. L. REV. 253, 261 (1989).

⑧ JOHN KAPLAN ET AL., CRIMINAL LAW: CASES AND MATERIALS 527 (4th ed., 2000), at 529 - 36; STEPHEN A. SALTZBURG ET AL., CRIMINAL LAW: CASES AND MATERIALS 351 (2D ED., 2000), at 374 - 376.

中，比较典型的有：

1. 在实施抢劫或其他暴力犯罪的过程中谋杀他人；

2. 为抗拒合法逮捕或为成功逃脱合法拘押所而谋杀他人；

3. 在服刑期间谋杀他人；

4. 曾犯有谋杀罪或其他暴力性重罪而又谋杀他人的；

5. 明知可能会造成导致很多人死亡的结果而谋杀他人的；

6. 谋财害命的；

7. 以极其邪恶、极其凶狠、极其残忍的方式谋杀他人的。

美国有些州还对一些普通刑事犯罪规定了特别死刑条款，[①] 例如，为了实施毒品犯罪而谋杀他人，或者开车随意扫射而杀害他人的，都可以判处死刑。[②]

比较而言，美国各州刑法典中规定的死刑条款与欧洲各国刑法典规定的加重情节具有一定的相似性。如果说美国一些州的刑法典在描述谋杀罪时使用的词语“极其邪恶、极其凶狠、极其残忍”含糊不清的话，那么，德国刑法典描述谋杀罪所使用的词语“残忍地”也一样模棱两可。德国法院通过判例对“残忍地”作出限定，同样，美国法院也对“邪恶的、凶狠的、残忍的”进行解释，对其内容进行限定，使之更加具体。[③] 立法机关与法院通过这种方式互相配合、通力合作，为规定死

---

① JOHN KAPLAN ET AL., CRIMINAL LAW: CASES AND MATERIALS 527 (4th ed., 2000), at 529 n. 11. See e.g., criminal street gangs, 18 U.S.C. § 521 (2000).

② JOHN KAPLAN ET AL., CRIMINAL LAW: CASES AND MATERIALS 527 (4th ed., 2000), at 529 n. 11. 违反联邦刑法，在贩卖毒品过程中用枪谋杀他人，可以判处死刑，见于18 U.S.C. § 924 (2000)；如果驾车开枪扫射，也可以判处死刑．见于18 U.S.C. § 36 (2000).

③ See, e.g., Maynard v. Cartwright, 486 U.S. 356 (1988)（刑法典对于“极其邪恶、极其凶狠、极其残忍”的描述，若有“限定性的说明”，就不违背宪法。但这种限定未必一定是对身体进行暴打或者毒打）；至于其他加重情节请参见 Arave v. Creech, 507 U.S. 463 (1993)（“冷酷无情的冷血杀手”之用语符合宪法要求，因为它描述了“对人生命权利的极端漠视”）；Riley v, State, 366 So. 2d 19 (Fla. 1978)（以“非常残忍、冷酷、邪恶的谋杀”描述可以适用死刑的加重情节，容易导致误用）；Levis v, State, 398 So. 2d 432 (Fla. 1981)（射击他人致死的，不属于邪恶、凶狠、残忍的谋杀，这在量刑过程中，是一个法律的问题）.

刑的条款提出清晰具体、具有实际可操作性的界定，从而有效地限制了自由裁量权在死刑审理中的滥用。

根据福尔曼案件以后制定的刑法典，美国的死刑案件在量刑审理期间，如果陪审团或法官认定被告人至少存在一个加重情节时，就可能判处被告人死刑。但如果法官或陪审团同时认定该被告人还存在一个或多个减轻情节时，往往不会判处死刑。美国各州在福尔曼案件以后制定的新刑法典中，也列举出那些最重要的减轻情节。[①] 典型的减轻情节一般有以下几种情形：

1. 具有可以减轻处罚的智力障碍或情感障碍；

2. 受胁迫或者被其他人控制；

3. 相信在当时的情况下杀人是合乎道德的，或者有可予原宥的理由；

4. 杀人行为是共同犯谋杀罪中的其他共犯人实施的，被告人在谋杀罪中所起作用较小；

5. 犯罪时为未成年人；

6. 没有犯严重犯罪的前科。

当然，上述情形有些实际上就是被告人被判有罪后减轻刑事责任或者免除刑事责任的辩护理由。但如果在定罪审理中，被告人提出了上述辩护理由，没有被采纳，被告人仍被判处犯有一级谋杀罪，那么，在量刑审理中，被告人还可以再一次提出上述理由，要求减轻处罚。

美国联邦最高法院认为，需要在量刑审理中考量的减轻情节，应不限于刑法典明文规定的法定减轻情节。[②] 在实践中，被告人常常提出刑法典中没有规定的减轻处罚情节，例如，被告人在孩提时代遭受虐待、被遗弃，或者被告人使用过量毒品或饮用过量酒精后出现异常举动等。减轻情节不必与被告人行为的应受谴责性有必然的关系，只要对减轻被告人的刑罚有帮助就足够了。例如，被告人在监所候审期间表现良好，

---

① JOHN KAPLAN ET AL., CRIMINAL LAW: CASES AND MATERIALS 527 (4th ed., 2000), at 536 - 538; STEPHEN A. SALTZBURG ET AL., CRIMINAL LAW: CASES AND MATERIALS 351 (2D ED., 2000), at 372 - 374.

② Lockett v. Ohio, 438 U.S. 586, 604 (1978).

也可以成为减轻处罚的理由。当然，法官或者陪审团认定被告人具有某种减轻情节，并不意味着一定宽恕被告人，而是需要将加重情节和减轻情节结合，统一进行权衡。这种权衡不是简单的算术加减法，比如，三个减轻情节一定胜过一个加重情节。这种权衡实际上是一种价值评判。法官或陪审团必须对加重情节和减轻情节的整体情况通盘进行考量才作出最后判断。

但有一种减轻情节，只要被告人具有，就一定不能判处死刑。美国联邦最高法院认为，美国社会的共识是，对犯罪时为15周岁以下的未成年人判处死刑，违反不断发展的死刑应尊重人格的宪法标准。[①] 究竟所谓“社会的共识”是否真正存在，仍是引起争论的问题，因为美国有9个州在刑法典中明确规定，犯谋杀罪时为15周岁的未成年人，可以判处死刑。[②] 可见，联邦最高法院所谓“社会的共识”的观点，并不是对美国社会现实的描述，而是其在作出司法解释时不拘一格、富有魄力的另一例证。

在美国，减轻情节的宽泛范围，以及在如何权衡轻重不同的情节时不规定指导规则，都使美国法官和陪审团享有较大的自由裁量权。表面看来，这与日本法官在死刑案件上拥有的自由裁量权不相上下。但是，这里却有着天壤之别：第一，美国法官和陪审团在死刑案件的审理中有权考量的加重情节均必须为刑法典明文规定；立法则必须对可能判处死刑的具体情节加以明确规定。第二，在美国，对加重情节和减轻情节进行通盘考量，是众所周知的。对于如何准确解释刑法典的具体规定，人们可以公开进行辩论；何种非法定减轻情节应当在量刑审理中予以采纳，人们也可以公开进行辩论。尽管美国各州的新刑法典还有很多不完善之处，但这些刑法典却表明美国社会正竭力使死刑判决更加理智、更加合理、更加清晰。

在美国大多数保留死刑的州中，被告人均有权要求由陪审团进行量

---

① Thompson v. Oklahoma, 487 U. S. 815, 830, 838 (1988).

② STEPHEN A. SALTZBURG ET AL., CRIMINAL LAW: CASES AND MATERIALS 351 (2D ED., 2000), at 372.

刑审理。[①] 除非被告人放弃此权利，否则，应由陪审团听取检控双方提出的证据，并以一致同意的投票方式决定对被告人判处死刑还是监禁刑。在保留死刑的多数州中，陪审团的裁决对法官具有法定拘束力；在少数州中，陪审团的裁决对法官仅具有参考作用，而不具有法定拘束力。[②] 在这些州中，若陪审团建议判处死刑，法官有权改处监禁刑；若陪审团建议判处终身监禁，法官可以改处死刑。[③] 美国只有个别州规定陪审团不能进行量刑审理，而由法官进行；这样，被告人的生杀予夺大权就完全掌握在法官手中了。[④]

对于限制或者排斥陪审团进行量刑审理的问题，美国联邦最高法院没有认定其违背宪法。[⑤] 但是，一位大法官指出，死刑案件的量刑审理，最好由陪审团进行，因为这样可以“使刑事法律制度与社会价值观随时保持一致”。[⑥] 另外，这位大法官还谈及“不断提高的尊重人格的标准”与“社会成熟的进程”。[⑦] 这些论断再一次表明，不拘一格、充满魄力的司法解释正是当今美国法律推理的典型特点。与此同时，这些论断还表明美国正努力使死刑立法更加合乎情理，更加明确清晰，而少一些荒诞性。

---

① JOHN KAPLAN ET AL., CRIMINAL LAW: CASES AND MATERIALS 527 (4th ed., 2000), at 527; STEPHEN A. SALTZBURG ET AL., CRIMINAL LAW: CASES AND MATERIALS 351 (2D ED. 2000), at 377.

② JOHN KAPLAN ET AL., CRIMINAL LAW: CASES AND MATERIALS 527 (4th ed., 2000), at 528; STEPHEN A. SALTZBURG ET AL., CRIMINAL LAW: CASES AND MATERIALS 351 (2D ED. 2000), at 377.

③ JOHN KAPLAN ET AL., CRIMINAL LAW: CASES AND MATERIALS 527 (4th ed., 2000), at 528.

④ 同上；STEPHEN A. SALTZBURG ET AL., CRIMINAL LAW: CASES AND MATERIALS 351 (2D ED. 2000), at 377.

⑤ See, e. g., Gregg v. Georgia, 428 U. S. 153, 187 (1976)（判决认为，死刑“并非永远不能量处，不管……死刑裁量的程序是否合法”）；Furman v. Georgia, 408 U. S. 238, 297－298 (1972)（指出，陪审团可以在审理死刑案件时拒绝认定被告人有罪，并且“在死刑案件中，赋予陪审团在决定被告人生死问题上不受限制的自由裁量权”并非违反宪法）(quoting McGautha v. California, 402 U. S. 183, 199, 207 (1971)).

⑥ Gregg, 428 U. S. at 190 (internal citations omitted).

⑦ 同上。

当然，实际研究表明，美国对死刑案件的审理实践，并不总是像人们期望的那样好。① 陪审团在量刑审理阶段决定是否判处死刑时，在不少情况下，没有遵循法律的规定。在案件审理过程中，他们往往容易被控方提出的有罪证据所左右。而且，只要陪审团一致认为被告人的谋杀行为具有加重情节，他们就会错误地认为，应当裁决被告人死刑。而减轻情节对陪审团裁决的影响简直就是微乎其微。②

但是，如果据此认为，在美国的死刑审理实践中，加重情节和减轻情节一点都没起到规范指导作用，那就大错特错了。陪审团审判，只是美国司法制度的特有现象。③ 当由法官来决定是否判处被告人死刑时，上述问题就不复存在了。④

另外，还有一个现象不容忽视，那就是在美国的死囚牢房中，黑人、穷人、文盲和精神有障碍者所占比例偏高。显然，在美国刑事司法制度中，影响死刑判决的因素还有很多。限于篇幅，本文不拟探讨这些因素。但可以说，美国司法实践中导致判处死刑的某些因素带有种族偏见，且具有不平等、不合理的一面，即具有荒诞性。

二、从死刑的判处到死刑的执行

在日本，从死刑判处后到死刑执行前这一过程，也可以用“荒诞性”来评价。这是一个独特的过程：司法部对于是否签发死刑执行令具有广泛的、不受限制的自由裁量权。死刑犯一般要在死囚牢房中长期处于煎熬之中。死囚牢房的监禁条件尤其恶劣，而死刑的执行则笼罩着神秘的气氛。

---

① Ursula Bentele & William J. Bowers, How Jurors Decide on Death: Guilt is Overwhelming; Aggravation Requires Death; and Mitigation is No Excuse, 66 BROOK. L. REV. 1011 (2001).

② 同上. at 1052.

③ 同上. at 1050; see also JOHN KAPLAN ET AL., CRIMINAL LAW: CASES AND MATERIALS 527 (4th ed., 2000), at 528, 544－546; STEPHEN A. SALTZBURG ET AL., CRIMINAL LAW: CASES AND MATERIALS 351 (2D ED., 2000), at 377－378.

④ 例如，在法官判处死刑时，就不会出现下列争议：是采取陪审团一致通过还是少数服从多数的投票方式；是否拒绝那些在任何情况下都会投票反对裁决死刑的人担任陪审员。

（一）日本司法部长具有广泛而不受限制的自由裁量权

日本刑事诉讼法第475条规定，执行死刑，应由司法部长签发死刑执行令；在死刑的终审判决下达后6个月以内，应当签发死刑执行令。[①]日本刑事诉讼法476条规定，在司法部长签发死刑执行令后5日以内，应当执行死刑。[②] 在这两个条款中，都使用了"应当"两个字。根据法律词汇的一般意义，"应当"意味着法律的这一规定必须得到遵守。

但是，在日本的司法实践中，只对"5日"期间认真对待。[③] 日本的司法部长们往往没有在"6个月"的期限内签发死刑执行令。[④] 当然，在其中一些案件中，因为死刑犯提出申诉或者要求赦免，所以，"6个月"的期限被延长了。[⑤] 在日本，无论任何时候，只要死刑犯提出申诉或者要求赦免，就进入相应程序，"6个月"的期间就相应延长。而在另外一些案件中，日本的司法部长可以自行决定不遵守"6个月"的法定期间。可见，法律的硬性要求就这样变成一种不痛不痒的参考条款。本来，作为司法部长，尤其应当以身作则，竭尽全力遵守法律才是。

日本的司法部长们为什么要延迟签发死刑执行令呢？真正的原因官方尚未披露。或许，司法部长们希望通过延迟签发死刑执行令而延长死刑犯的生存时间吧。如果是这样的话，那所延长的又会是怎样一种受煎

---

① KEIJI SOSHōHō［Japanese Code of Criminal Procedure］, 1948, art. 475; see also SHIGEMITSU DANDO, Japanese law of criminal procedure 471 - 472（B. J. George, trans., 1965）.

② KEIJI SOSHōHō, art. 476; see also SHIGEMITSU DANDO, Japanese law of criminal procedure 471 - 472（B. J. George, trans., 1965）, at 472.

③ José Llompart, Die Vollstreckung der Todesstrafe in Japan, in 1 REVIEW OF COMPARATIVE LAW 155, 158（1988）, at 161; José Llompart, La Pena de Muerte en el Japan, 2 REVISTA DE DERECHO PENAL Y CRIMINOLOGIA 349, 353（1992）, at 356; Daniel H. Foote, "The Door that Never Opens?": Capital Punishment and Postconviction Review of Death Sentences in the United States and Japan, 19 BROOK. J. INT' L L. 367, 413（1993）.

④ 同上。

⑤ Daniel H. Foote, "The Door that Never Opens?": Capital Punishment and Postconviction Review of Death Sentences in the United States and Japan, 19 BROOK. J. INT' L L. 367, 413（1993）, at 413 - 414.

熬的生存啊！平泽贞通（Hirasawa Sadamichi）的案件[①]说明，司法部长们不愿意签发死刑执行令，更多带有世俗功利的色彩。平泽于1987年因病死于牢中之前，在死囚牢房中被关押了32年。后来有记者问当时的司法部长，为什么没有向平泽签发死刑执行令，该司法部长回答道：既然那么多前任司法部长们都没有签发死刑执行令，我又为何要签发呢?[②]

根据日本统计部门的数字，每年被判处死刑的犯人只有几个，被执行死刑的犯人的数字就更小了。1999年，有8个犯人被判处死刑，“仅”有5人被处决；[③] 2000年，有14个犯人被判处死刑，3人被处决。[④] 在20世纪90年代初的几年中，有3年零4个月的时间，日本没有处决一个死刑犯。[⑤] 没有执行死刑，并不表明日本社会已经开始变得宽容起来。情况在1993年发生了实质性的变化，在日本长期执政的自由民主党下台，保守党和左翼政党组成的联合政府开始执政。新政府先后有两位司法部长签署了7个犯人的死刑执行令。3个犯人于1993年3

---

① 平泽贞通（1892－1987），日本帝都事件主犯，当时是位颇出名的画家，以独特的胶水调和蛋黄为颜料的画法著称。1911年加入日本水彩研究所，1913年与石井柏亭子、矶部忠一组成日本水彩画会。1921年第9回光风会展获奖今村奖励赏。1930年成为日本水彩画画家委员会委员，确立了实力派画家地位。1948年1月26日帝国银行椎名町支店事件中，一名男子下毒，造成12人死亡，同年8月21日，平泽贞通突然被警方逮捕。证据是一张名片。平泽在审讯中声称无罪。然而，在1955年，法院裁决，判处平泽贞通死刑。平泽贞通被关押多年，于1987年5月10日因年迈患肺炎病故，享年95岁。平泽贞通创造了被判处死刑后收监长达32年的世界纪录。见［日］平沢貞通著、森川哲郎解说：《遺书帝銀事件：わが亡きあとに人権は》，日本東京：現代史出版会，1979年4月；以及百度百科“平泽贞通”词条，来自 http：//baike. baidu. com。——编者注

② José Llompart, La Pena de Muerte en el Japan, 2 REVISTA DE DERECHO PENAL Y CRIMINOLOGIA 349, 353（1992）, at 362; Manako Ihaya, The Death Penalty, JAPAN TIMES WKLY., Apr. 20, 1991, at A5.

③ Nempo Shikei Haishi (Death Penalty Abolition Annual) 2000－2001, Impact Press 3, at 173 (2001).

④ 同上.

⑤ Daniel H. Foote, “The Door that Never Opens?”: Capital Punishment and Postconviction Review of Death Sentences in the United States and Japan, 19 BROOK. J. INT’L L. 367, 413 (1993), at 385; Domiková－Hashimoto, Japan and Capital Punishment, 6 HUM. AFF. 77 (1966).

月的同一日被处决；另外四个犯人于同年11月同一日被处决。[①]

对于处决杀人犯，日本的司法部长们一向拒绝发表言论。但是，有理由认为，新政府的司法部长们之所以签发死刑执行令，是为了避免像上一届政府那样受到死刑存置论者的强烈批评。[②] 可见，政治总是凌驾于法律之上，这一法则在当今的美国也不例外。

我们不应该忘记，日本司法部长们[③]一般都不是法律执业者，因此，他们不习惯以法律的思维来思考问题。在通常情况下，司法部长并不主动签发死刑执行令，而是等其下属提出建议和意见后，才据之签发。可以说，在决定死刑犯生与死的问题上，起决定作用的，往往不是司法部长，而是司法部官僚机构中某个未知级别的下属官员。[④]

不签发死刑执行令的行为，至少在一定程度上取决于政治因素，并受制于广泛的、不受限制的自由裁量权。但很难说这种情况可以避免日本死刑问题上存在的不够理性、不合情理、暧昧不清即荒诞的现象。

同样，在美国一些州，也是由行政机构，或者由州长作出处决死刑犯的决定。虽然关于死刑问题的方方面面，在美国有很多争论，但是，关于由行政机构作出执行死刑决定的问题，人们所知甚少。试想，在美国有3500多名死刑犯还在死囚牢房中备受煎熬，而且这个数字还在不断上升，[⑤] 可以想见，政治因素和其他因素对死刑犯是否最终被执行死刑有多么大的影响啊！

（二）死囚牢房中的漫长等待

日本的死刑中存在的另外一个问题是，死刑犯被处决前要在死囚牢

---

① Daniel H. Foote, "The Door that Never Opens?": Capital Punishment and Postconviction Review of Death Sentences in the United States and Japan, 19 BROOK. J. INT' L L. 367, 413 (1993), at 516; Domikovά - Hashimoto, Japan and Capital Punishment, 6 HUM. AFF. 77 (1966), at 77.

② Domikovά - Hashimoto, Japan and Capital Punishment, 6 HUM. AFF. 77 (1966), at 88; PETRA SCHMIDT, DIE TODESSTRAFE IN JAPAN 485 (1996), at 531.

③ 日本的司法部长是通过政治途径任命的。

④ PETRA SCHMIDT, DIE TODESSTRAFE IN JAPAN 485 (1996), at 310; Manako Ihaya, The Death Penalty, JAPAN TIMES WKLY., Apr. 20, 1991, at A3.

⑤ SEE Death Penalty Information Center, Size of Death Row by Year, at http://www.deathpenaltyinfo.org' DrowInfo.html#year (last visited Mar. 15, 2002).

房中度过漫长的时间。据报道，日本的死刑犯在被处决前，一般要在死囚牢房中度过5—10年的时间，但其中有相当一部分死刑犯要在死囚牢房等上20年到30年的时间才被处决。[①] 上文提到的平泽贞通在死囚牢房中度过了32年，直到最后病死牢中。免田荣（Menda Sakae）[②] 被释放前，也在死囚牢房中度过32年。免田荣案件在日本很有名，因为免田荣是日本在第二次世界大战以后第一个由死刑最后被改判无罪的。[③] 在某种意义上，可以说日本死刑犯在死囚牢房候决的时间比美国要长得多。[④]

日本刑法典第32条规定，死刑的执行时效为30年。[⑤] 尽管法律有此明文规定，平泽贞通、免田荣和其他死刑犯在30年的执行时效届满以后，并没有从死囚牢房中释放出来。平泽贞通曾提交申请，要求释放他，但被司法部驳回。司法部认为，日本刑法第32条规定的“执行”，

---

① KOICHI MIYAZAWA, Die Todesstrafe in Japan, in Strafgerechtickeit, FESTSCHRIFT FIER ARTHUR KAUFMANN 729, 737 – 738（Fritjof Haft et al. eds., 1993）, at 738; Daniel H. Foote, “The Door that Never Opens?”: Capital Punishment and Postconviction Review of Death Sentences in the United States and Japan, 19 BROOK. J. INT’L L. 367, 413（1993）, at 412; Doug Struck, Where Capital Punishment is Cloaked, INT’L HERALD TRIB., May 4, 2001, at 2.

② 1983年7月15日，日本熊本地方法院八代分院重审1950年被判处死刑的免田荣，最后宣判他无罪，立即释放。此案在日本轰动一时，成为头条社会新闻。1948年12月29日晚，人吉市发生一起谋财害命案。牧师白福角藏老两口被杀，两个女儿受重伤。免田荣被怀疑是凶手遭逮捕。在严刑拷打下，免田荣终于“供认不讳”。1950年3月23日，法院判处他死刑，把他投入死牢。但是，因案情调查的结果与被告的供认有诸多不符，对此法律界有不少争议，因此行刑不得不一再推延。后来免田荣申诉是屈打成招，要求重新调查。经一再调查证实，事件发生时被告并不在现场，法院当时竟连这一根本性的问题都没弄清，单凭逼供得出的供词就做了宣判。经证实此案纯属冤案后，法院推翻了原来的判决，改判免田荣无罪释放。对一个死刑犯，33年后改判无罪，这在日本刑事审判史上是第一次，据说在世界刑事审判史上也无先例。见柳舟：《33年前的死囚无罪获释》，载《世界知识》1983年第17期。——编者注

③ PETRA SCHMIDT, DIE TODESSTRAFE IN JAPAN 485（1996）, at 310; Manako Ihaya, The Death Penalty, JAPAN TIMES WKLY., Apr. 20, 1991, at 3.

④ Daniel H. Foote, “The Door that Never Opens?”: Capital Punishment and Postconviction Review of Death Sentences in the United States and Japan, 19 BROOK. J. INT’L L. 367, 413（1993）, at 412.

⑤ SHIGEMITSU DANDO, THE CRIMINAL LAW OF JAPAN: THE GENERAL PART 23（B. J. George, trans., 1997）, at 409.

不但包含绞刑本身，还应包含为执行死刑所采取的一切步骤。[①] 根据这一解释，死刑犯在死囚牢房候决，就是死刑执行的开始。死刑犯被绞死则是死刑执行的终止。[②] 平泽对此提出上诉，但是日本最高法院支持司法部的意见。[③]

这种法律推理，纯粹是教条法学的典型例证。因为它为了达到既定的目的，刻意曲解法律的规定。它忽视了一个至关重要的问题：法律规范保护什么人的利益？其他国家主要基于人类的刑事司法不应导致无穷无尽的报复和威慑的思想，在刑法典中规定种种限制死刑执行的条款。我们应当问，日本的刑事司法是不是对这一思想过于陌生了？

日本最高法院对刑法第 32 条的解释，导致的结果是：法院判处死刑，就是判处两种刑罚：一是判处犯人在死囚牢房中坐牢若干年；这个刑期可能长于 30 年。二是绞刑本身。难道这符合一罪不受两次刑罚惩罚的现代刑法原则吗？

实际上，在日本死囚牢房中候决的死刑犯，还要受到第三种惩罚：无时无处不忧虑自己何时被处死。死刑犯的全部生命的意义，就只是等候处决。害怕被执行官的双手活活吊死，形成无边的恐惧，永远攫取着死刑犯的心。这种精神上的酷刑，会导致严重的情感上、精神上乃至身体上的折磨。不少死刑犯变疯了，还有一些自杀了。[④] 可以肯定，如此不人道的结果，使死刑犯在死囚牢房的漫长等待不合情理、毫无意义、前途渺茫，即具有十足的荒诞性。

美国有人认为，死刑犯在死囚牢房中等待的时间漫长，是死刑犯不

---

① José Llompart, La Pena de Muerte en el Japan, 2 REVISTA DE DERECHO PENAL Y CRIMINOLOGIA 349, 353 (1992), at 278.

② 同上.

③ 同上.

④ See generally H. Bluestone & C. L. McCahee, Reaction to Extreme Stress: Impending Death by Execution, 119 AM. J. PSYCHOL. 393 (1962); Robert Johnson, Under Sentence of Death: The Psychology of Death Row Confinement, 5 LAW & PSYCHOL. REV. 141 (1979); John Kaplan, Administering Capital Punishment, 36 U. FLA. L. REV. 177 (1984)（讨论死囚牢房综合征）。

断提出申诉和申请赦免从而延迟了其死刑执行所致。[①] 这种看法显然令人难以接受。死刑犯提出申诉和申请赦免，是法律赋予他们的权利。况且，在死囚牢房中的漫长煎熬，并不因为死刑犯提出申诉和申请赦免，就显得更加人道。一些国家的法院认为，在死囚牢房生不如死的漫长等待是违法的、违宪的，于是，废止死刑，代之以终身监禁。[②]

（三）死囚牢房的恶劣条件

尽管日本监狱中死囚牢房的状况尚无官方报道，但最近几年，对这个黑暗领域的报道屡见于一些非官方媒体。[③] 以下仅撷取其中一二，当然也希望这些可怕的报道有失实之处。

在日本，死刑犯被单独囚禁在死囚牢房中。在狭小的牢房中，他们不许走动；除了午间小睡或者晚上睡眠外，不许躺下；他们只能整天坐在固定的位置上，而且不许倚靠墙壁。不论死刑犯在死囚牢房中待多少年，都不许与其他犯人交谈，甚至连看上一眼都不允许。而且，死刑犯必须遵守最严格的军纪；典狱官从来不呼死刑犯的姓名，而只以囚号相呼；死刑犯只许做最简单的工作，主要是制作纸艺；他们不许拥有自己的收音机、电视机、电脑、钟表或日历，只许听监狱部门为之选定的收音机节目；他们只许拥有少量书籍，但不能拥有法律方面、政治方面的

---

① Chessman v. Dickson, 275 F. 2d 604, 607 (1960); U. S. ex rel. Townsend v. Towomey, 322 F. Supp. 158, 174 (1971); Richmond v. Lewis, 948 F. 2d 1473, 1491 (1990). See also Daniel H. Foote, "The Door that Never Opens?": Capital Punishment and Postconviction Review of Death Sentences in the United States and Japan, 19 BROOK. J. INT' L L. 367, 413 (1993) at 412; Potts v. State, 376 S. E. 2d 851, 859 (Ga. 1989)（候决并未残忍到令人无法忍受；无辜的、但患有绝症的病人也与候决的犯人一样，等待死亡的到来）。

② E. g., India: Vatheeswaran v. State of Tamil Nadu, A. I. R. [1983] S. C. 361（在死囚牢房中待了8年）; Ahmed v. State of Maharashtra, A. I. R. [1985] S. C. 231（在死囚牢房中待了2年9个月）; Mehta v. Union of India, [1989] 3 S. C. R. 775（8年多）; Zimbabwe: Catholic Comm' n v. Attorney – General, [1993] 4 S. A. 239,（有些死刑犯在死囚牢房中待了4到6年）; Jamaica: Pratt v. Attorney General, [1993] 3 W. LR. 995（14年）.

③ Koichi Kikuta, Capital Punishment in Japan and the International Code, 7 MEIJI L. J. 1 (2000); Doug Struck, Where Capital Punishment is Cloaked, INT' L HERALD TRIB., May 4, 2001, at 2.

报刊和书籍。

有自杀倾向的死刑犯，被囚禁在特别牢房中。牢房中的灯光彻夜不息，以便使录像机昼夜不歇地予以监控。特别牢房的窗户用坚硬的铁板钉死，只留一点小缝，新鲜空气很少。另外，据报道，不光是有自杀倾向的死刑犯被关在这种特别牢房中，那些从来没有想过自杀的死刑犯，只因为认为自己的案件冤枉而提出申诉，就被关在特别牢房中，有时一关就是很长时间。

日本死刑犯在死囚牢房中的状况表明，日本执行的是完全隔离的监禁原则。死刑犯只允许与近亲属或律师（如果有的话）接触，但所有的会谈，都受到严格的监控。死刑犯根本不允许与新闻媒体、国会议员、政界人士接触。2001 年年初，欧洲理事会人权委员会有一成员访问日本时，想见死刑犯，虽然通过一死刑犯的妻子得到死刑犯的同意，日本当局却并未准许该人权委员与其会面。①

将日本死囚牢房的状况与美国进行比较，很有意思。有很多批评指责美国的死囚牢房条件恶劣、没有人性、贬损人格。② 而日本死囚牢房

---

① Anne Schneppen, Jeden Morgen kann der Henker kommen, FRANKFURTER ALLGEMEINE, Feb. 24, 2001, at 11.

② 欲阅览正式文牍，请参见欧洲人权法院在索英诉英国 Soering v. United Kingdom 案件中的判决，11Eur. H. R. Rep. 439 (1989)。索英，也译为索尔凌，具有德国国籍，精神不正常，被指控于 18 岁时杀害了其在美国弗吉尼亚州的女友的父母。索英逃到英国，后被抓获。美国要求英国引渡索英，但索英坚决反对引渡，并将案件告到欧洲人权法院。欧洲人权法院在判决中认为，若英国将索英引渡到美国，将违反《欧洲人权公约》第 3 条的规定。虽然，因为《欧洲人权公约》并未明文禁止死刑，因而欧洲人权法院不能以《欧洲人权公约》第 3 条禁止将一个人引渡到可能被判处死刑的国家作为判决理由，但欧洲人权法院认为，若索英被引渡到美国，将在美国弗吉尼亚州受到审判并面临死刑。在弗吉尼亚州，一个人被判处死刑到最终被执行死刑，平均相隔 7 年。在弗吉尼亚州警戒度极高的死囚牢房中生活 7 年，意味着索英将“有遭受《欧洲人权公约》第 3 条所设定门槛以外的待遇的真正危险”，如果引渡，“将明显违背《欧洲人权公约》第 3 条的精神与宗旨”。见约阿西姆·赫尔曼著：《德国防止酷刑的三重法律执行机制——联合国、欧洲理事会、德国》，颜九红译，载《北大国际法与比较法评论》第 5 卷（总第 8 期），北京大学出版社 2007 年 7 月版，第 17 ~ 18 页。原译文将 Soering 译为索尔凌，现据多篇法学论文的习惯译法，改译作索英。——编者注

中犯人的状况，在某种程度上，比美国要糟糕得多。

在美国以及其他许多国家，犯人有权与新闻媒体接触；新闻媒体也可以主动与犯人联系。美国宪法保护新闻自由，犯人与新闻媒体接触，不光是犯人的权利，更是新闻媒体的权利。① 新闻自由是民主制度最基本的特征，因为，没有新闻自由，政府的行为就很难受到有效的监督。日本宪法也保护新闻自由。② 然而，禁止新闻媒体与死囚牢房中的死刑犯接触，在多大程度上遵循了日本宪法保障的新闻自由呢?

美国的死刑犯一般允许与亲属、朋友和律师通电话；也允许其亲属、朋友定期探视；律师有权随时在需要时会见死刑犯。在一些监狱中，还允许“社交探视”，即犯人可以自由地由亲友同时探视或者来回探视。

日本人认为，隔离犯人很有必要，理由是与外界接触，会扰乱犯人心态的平和与头脑的冷静；③ 犯人只能等待死亡，并时时进行自我惩罚。④ 这些认识，是因循守旧、家长式作风和独裁主义的典型例证。因为，什么是平和的心态和冷静的头脑，完全由当局说了算。与亲友接触不能帮助犯人稳定情感，则是毫无事实根据的观点。况且，日本死囚牢房恶劣的条件、对死刑犯生活细节苛刻的规定，根本无法使犯人做到心态平和、头脑冷静。如果谁相信如此非人、屈辱的条件对犯人有什么帮助的话，那就太不近人情了。

---

① Thornburgh v. Abbott, 490 U. S. 401 (1989)（根据宪法修正案第1条的规定，出版商有权在取得监狱犯人同意的情况下，出版发行与犯人的会谈）；Pell v. Procunier, 417 U. S. 817, 826, 835 (1974)（“只要能保证会见方式是合理的、有效的、公开的，且会谈不存在歧视性内容”，那么，禁止监狱犯人和新闻记者面对面会谈的规定，有利于狱警采取适当措施维持监狱安全，因此是合宪的）。

② NIHON KOKU KEMPō [Constitution of Japan], 1946, art. 21, translated in, CONSTITUTIONS OF THE COUNTRIES OF THE WORLD—JAPAN 17 (Albert P. Blaustein & Gisbert H. Flanz eds., 1990).

③ Koichi Kikuta, Capital Punishment in Japan and the International Code, 7 MEIJI L. J. 1 (2000), at 1; Domiková - Hashimoto, Japan and Capital Punishment, 6 HUM. AFF. 77 (1966), at 81.

④ 同上。

（四）死刑执行的神秘

日本的死刑执行笼罩在神秘之中。处决之日，一般会提前一两日通知死刑犯。有时，处决并不提前通知，只有当狱警前来提牢处决时，死刑犯才知道自己末日已到。[①] 在这种情况下，死刑犯永远生活在恐惧之中，只要听到脚步声由远及近，他们就会惊恐万状，以为上绞刑架的时间到了。[②]

死刑执行完毕以后，才通知亲属和律师。当亲属或律师给死刑犯写信时，他们永远都不可能知道死刑犯是否能活着读到这封信。当他们去探望死刑犯时，也永远不会知道，这一次分别是否就是永诀。日本司法部门认为，秘密处决罪犯，可以避免处决前申诉的麻烦和痛哭流涕的场面，还可以保护死刑犯及其家属的隐私。[③]

这些观点，是日本在死囚牢房管理方面暴露出来的家长式作风和独裁主义。这种秘密处决，限制了律师提出申诉的权利。而且，既然处决死刑犯从不公之于众，那么，说什么罪犯及其家属的隐私需要绝对保护，不就是无稽之谈吗？

在美国，死刑执行一直是公开的，并因此常常伴之以反对死刑的游行和支持死刑的示威。有时，在执行死刑的监狱，还会有各种新闻媒体进行现场直播。2001 年春，曾炸毁俄克拉荷马城联邦大楼，炸死 168 人

① Chin Kim & Gary D. Garcia, Capital Punishment in the United States and Japan: Constitutionality, Justification and Methods of Infliction, 11 LOY. L. A. INT'L & COMP. L. REV. 253, 261 (1989), at 276; Manako Ihaya, The Death Penalty, JAPAN TIMES WKLY., Apr. 20, 1991, at 4; Anne Schneppen, Jeden Morgen kann der Henker kommen, FRANKFURTER ALLGEMEINE, Feb. 24, 2001, at 11.

② Manako Ihaya, The Death Penalty, JAPAN TIMES WKLY., Apr. 20, 1991, at 4; Anne Schneppen, Jeden Morgen kann der Henker kommen, FRANKFURTER ALLGEMEINE, Feb. 24, 2001, at 11.

③ Chin Kim & Gary D. Garcia, Capital Punishment in the United States and Japan: Constitutionality, Justification and Methods of Infliction, 11 LOY. L. A. INT'L & COMP. L. REV. 253, 261 (1989), at 275; Domiková - Hashimoto, Japan and Capital Punishment, 6 HUM. AFF. 77 (1966), at 80; Doug Struck, Where Capital Punishment is Cloaked, INT'L HERALD TRIB., May 4, 2001, at 2.

的迪默西·麦克维将被执行死刑。麦克维声称自己是美国的国家敌人，要求将自己被处决的现场直播给社会公众。对到底要不要对其处决进行现场直播，美国公众还公开进行了激烈的辩论。①

若再以加缪的视角观察此事，会得出当然的结论：将死刑犯公开处决，是再荒诞不过的了。如果是这样的话，难道将死刑执行完全笼罩在神秘之中，并给死刑犯以屈辱、非人的待遇，就不荒诞了吗？

结　语

本文的目的不仅仅在于主张死刑应当废除，而是希望通过阐述日本死刑中存在的两个症结而达到更具针对性的目标。本文对日本刑法第199条提出批评，因为该条款赋予法官无限的自由裁量权，并严格限制被告人的辩护权；同时，本文还对日本死刑犯在死囚牢房遭受的肉体和精神上的折磨提出批评。唯愿这些批评会成为日本废止死刑之路上的铺路石。

但是，又恐怕这些批评仅仅是纸上谈兵，成为纯粹的学术争鸣。在日本，总是认为公众舆论不仅赞成死刑，而且对死囚牢房的恶劣条件无动于衷。② 这一点，在最近几次进行的民意调查中，得到了证实。③ 看来，日本公众的意见，通常被政界人士看得很重。

然而，若完全听从公众的意见，就不可能存在任何充满理性的辩论。因为公众是无形的，他们对任何观点从来不需要担负责任，更不需要对其观点陈说理由。但是，当代民主社会有必要对死刑这样重大社会

---

① Anthony J. Blinken, Listen to the People, Capital Punishment is More Popular in Europe than its Politicians Admit, TIME (International), May 21, 2001, at 37; The Rights and Wrongs. Should America Kill the Oklahoma City Bomber?, THE ECONOMIST, May 12, 2001, at 11.

② SPETRA SCHMIDT, DIE TODESSTRAFE IN JAPAN 485 (1996), at 621; , MIYAZAWA supra note 7, at 733; Haruo Nishihara, Die Idee des Lebens im Japanischen Strafrechtsdenken, 32 U. AUGSBURG UNIVERSITAETSREDEN 17, 27 (1997); Manako Ihaya, The Death Penalty, JAPAN TIMES WKLY., Apr. 20, 1991, at 2.

③ PETRA SCHMIDT, DIE TODESSTRAFE IN JAPAN 485 (1996), at 621.

问题通过公开的辩论发表各方意见，陈说合乎情理的理由。

心理学家认为，提出问题的角度和方式不同，民意调查的结果就会大相径庭。在日本进行民意调查时，提出的问题往往存在片面性；调查者也往往愿意听取那些赞成死刑的意见。① 民意调查具体操作中出现的这些问题，令所谓日本人民的意愿更值得怀疑。②

在美国，常常有人争论说，美国公众强烈赞成死刑。但情况在发生变化。1994 年一项民意调查显示，80% 的美国人支持死刑；而到 2001 年初，赞成死刑的人只占 65% 。③ 在美国伊利诺斯州，鉴于有些死刑犯的案件存在重大冤情，州长雷恩决定将该州所有死刑执行全部暂停。此事并未引起公众任何谴责。④

公众意见永远是难以捉摸的，它变化的速度比人们的想象还要快。至于日本公众的意见将发生什么样的变化，我们拭目以待。

---

① Domiková - Hashimoto, Japan and Capital Punishment, 6 HUM. AFF. 77 (1966), at 83; Manako Ihaya, The Death Penalty, JAPAN TIMES WKLY., Apr. 20, 1991, at 5.

② 同上。

③ Mark Hansen, Death Knell for the Death Penalty, 86 A. B. A. J. 40, 41 (2000).

④ 同上, at 41; Anthony J. Blinken, Listen to the People, Capital Punishment is More Popular in Europe than its Politicians Admit, TIME (International), May 21, 2001, at 37. See also John Harwood, Death Reconsidered ——Despite McVeigh Case, Curbs on Executions are Gaining Support, WALL ST. J., May 22, 2001, at A1.

专题十三
论社区矫正与其他非拘禁措施
——问题与解决思路*

一、刑事司法制度框架内的社区矫正与其他非拘禁措施
——社区矫正必须恪守的原则

社区矫正制度与其他非拘禁措施①，自现行刑事司法制度发展而来，因此，必须遵循与适用执行刑事法律时必须恪守的基本原则。一般而言，与社区矫正制度及其他非拘禁措施直接相关的基本原则，主要有：

（一）刑罚原则：是惩罚（retribution）还是矫正（rehabilitation）

若刑罚的唯一目的或主要目的是对犯罪人予以报应和惩罚，那么，

---

* 原文使用英文撰写，系约阿西姆·赫尔曼教授根据他在2006年5月8日在北京向北京市司法行政机关社区矫正管理官员所做同名演讲修改而成。译者为颜九红，北京政法职业学院教授，中国人民大学法学博士。中文译文发表于《中国刑事法杂志》2007年第2期。

① Non - custodial measures，有译为“非监禁措施”，有译为“非监禁刑措施”。监禁意同监禁刑，属于刑罚种类，而 Non - custodial measures 还包含由警察与检察官决定的多种措施，此非刑罚种类，故采《联合国1990年非拘禁措施最低限度标准规则》中译本之译，译做“非拘禁措施”。——译者注

刑罚个别化便难有存在空间；社区矫正制度与非拘禁措施也难以在特定案件中代替广为适用的监禁刑。因为，严格的报应与惩罚原则，要求量刑时将罪行的严重程度与犯罪人的罪过心理作为确定刑罚的决定性因素。只有在犯罪人罪过极其微小、罪行极其轻微的刑事案件中，才有可能判处非拘禁措施；除此之外，都将判处监禁刑。

若刑罚的主要目的是矫正犯罪人，那么，犯罪人的人格及其社会背景，将对量刑起重要作用。重视矫正理念的刑事司法制度，在确定刑罚时，可以在刑罚个别化方面有更大、更灵活的空间。如果犯罪人个人情况不同，同样的犯罪，量刑可能有所不同。在以矫正为主要目的的刑事司法制度中，不仅对轻微犯罪可以判处非拘禁措施；对那些具有中度危害程度的犯罪，也可以判处非拘禁措施；但对于那些实施严重暴力犯罪的犯罪人，任何时候都应当判处监禁刑①。

以矫正理念为主要导向的刑事司法制度，为社区矫正与其他非拘禁措施的引入和发展，提供了理想的沃土。对监禁刑尤其是短期监禁刑能否达到预期目的，人们提出了广泛质疑②。囚犯所处的监狱环境，一向糟糕透顶；服刑者又往往因为服刑而失去工作；家人和亲友与之离散，犯罪人与其原有的社会环境完全隔离，这些都使服刑者刑满释放后很难适应普通社会生活，并成为令人头痛的社会问题。

而替代短期监禁刑的非拘禁措施，则可以使刑罚适应具体犯罪人的不同需要，使刑罚的效果更加显著。社区矫正制度与其他非拘禁措施，还可因其积极肯定的功能而使犯罪人对社会产生责任感，并降低国家和

---

① 有的国家，如荷兰规定，可以对任何类型的犯罪判处社区刑（community sanctions），包括谋杀罪；但同时规定，判处社区刑的犯罪，其宣告刑最高不可超过6年监禁。对于实施严重暴力犯罪的未成年犯，荷兰人认为，判处他们进行具有针对性的培训，是最有效的处罚方法。John Blad：Community Sanctions and Restorative Justice—A view from the Netherlands on promoting safer communities，a presentation in The First International Conference on China Law Application，December 2006，Beijing. ——译者注

② 欧洲人普遍认为，监禁不可能使犯罪人有任何向善的改变，也不可能使其社会处境有任何改善；却可能使被监禁的人在心理与行为上发生更加消极的变化，变得更坏。尤其是短期监禁刑更备受诟厉，例如德国学者李斯特认为，短期自由刑不具有威慑作用，也不具有矫正功能，而只能使犯罪人互相交叉感染。

社会在刑罚执行方面的巨额开支①。

在少年刑事司法中，对未成年犯罪人给予教育与矫正，一直是很多国家最为核心的目标。对于未成年人犯罪，人们普遍认为，只有在极个别特别严重的罪案中，才适宜判处监禁刑。因此，正是基于如何避免将未成年犯罪人判刑入狱的考虑，才有大量非拘禁措施的问世与广泛适用。

（二）强制公诉（obligatory prosecution）与起诉裁量权（prosecutorial discretion）

现行刑事司法制度有一项重要原则即犯罪必须由国家提起公诉，也可称强制公诉原则，只要某人实施犯罪的证据确凿，检察官就必须依法对该人提起公诉。检察官一般不能无条件撤销案件，也不能因为犯罪嫌疑人参加社区矫正项目而终止案件程序。可以说，在一定程度上，强制公诉原则与刑事实体法中刑罚的惩罚原则互相支持，紧密相关。

强制公诉原则与刑罚的矫正理念很难联系在一起。如果检察官已经意识到法官可能在审判中驳回起诉，却仍旧必须根据强制公诉原则的要求而提起公诉，那么，刑事司法活动就将烦琐不堪、耗时费力。为避免这种问题的出现，迄今，在以矫正为刑罚之主要目的的国家，已经普遍接受以下规则，即检察官应享有在一定条件下撤销案件的自由裁量权；至于警察，在符合更为严格的条件后，也有权撤销案件。《联合国1990年非拘禁刑措施最低限度标准规则》（The United Nations Standard Mini－mum Rules for Non－Custodial Measures of 1990）即“东京规则”明确规定，检察官享有起诉裁量权，在一定条件下可以撤销案件、释放犯罪嫌疑人②。

---

① 如瑞典1997年的统计结果表明，在最低警戒度监狱，一名犯人执行监禁刑的年度费用等于一名缓刑犯人执行非监禁刑的年度费用的13倍多；在最高警戒度监狱，一名犯人执行监禁刑的年度费用则相当于缓刑犯执行费用的16倍多。又如，在加拿大，2001年至2002年度，一个被监禁的囚犯平均花费80780美元，而一个在社区中矫正的犯罪人平均仅花费18678美元。——译者注

② 《联合国1990年非拘禁刑措施最低限度标准规则》第二部分“审前阶段”第5条“审前处置”。

（三）合法性原则（the Principle of Legality）

我们必须看到，社区矫正与其他非拘禁措施也有可能侵犯公民的人权和自由。合法性原则有多重含义，其中一项要求便是，任何规定有可能侵犯人权措施的法律规定，都必须得到立法机关的批准。因此，社区矫正与非拘禁措施必须由立法机关通过法律予以规定。而且，立法必须明确规定，可以判处的非拘禁措施有哪些种类、判处非拘禁措施需要通过哪些法律程序、法律保障措施都有哪些等等。

因此，仅仅依据行政命令或行政法规来规定社区矫正与其他非拘禁措施并建立社区矫正制度，隐含着一个危险，即行政机关考虑问题的角度往往是行政效率，而以简化程序、追求效率为导向发展起来的社区矫正制度，必然对人权保障重视不够，实际中很难行得通。

二、审前阶段的非拘禁措施

——警察与检察官只享有有限的非拘禁措施决定权

（一）警察的权力

是否应当赋予警察撤销案件的权利呢？如果允许警察撤销刑事案件，将有助于尽早解决案件、结束刑事诉讼程序。但我们必须看到，警察与检察官不同，在解决法律问题方面，他们不如检察官那样专业、训练有素；而且警察最容易暴露在行贿者面前、容易接受贿赂。有鉴于此，欧陆各国的法律一般规定警察不能撤销刑事案件、终止刑事诉讼程序；是否撤销案件的决定，由检察官做出。

但在其他国家，如美国和英国，警察有权撤销案件。联合国“东京规则”也规定，警察有权终止刑事诉讼程序。这主要是因为，对于特定种类的犯罪人，主要指未成年犯罪人，尽早结束刑事诉讼程序，更加有利。当然，若法律授权警察可以撤销案件，那么，警察应只有权决定较轻缓的非拘禁措施，例如警告或申斥。

（二）检察官的权力

在美国和法国等国，检察官享有撤销案件的自由决定权。但若检察官的自由裁量权不受制约，便会产生执法有失公允或者随意性大的危险。为避免这种问题的出现，美国通过检察系统内部纪律与规则制约检察官滥用权力；其他国家则通过法律来限制和约束检察官权力。一般而言，主要有三种途径制约检察官权力：第一，检察官权力应受到限制；第二，合理组织使用检察官权力；第三，检察官权力应受到监督。

第一，检察官权力应受到限制是指，若涉及严重罪案，则不允许检察官撤销案件，例如，暴力犯罪便不允许检察官撤销案件，因为，对暴力犯罪不进行审判是不适当的。

第二，合理组织使用检察官权力的目的，在于避免做出随意武断的决定。在这方面，联合国"东京规则"规定了指导性意见：若检察官认为，"从保护社会、预防犯罪或促进对法律及被害人权利的尊重方面，没有必要对案件提起公诉时，可以撤销对该犯罪嫌疑人的诉讼"①。在检察官认为必要且适当时，可以决定对犯罪嫌疑人施以一些种类的非拘禁措施，如社区服务、赔偿被害人、参加培训项目、戒除毒品或酒精成瘾治疗。而且，检察官决定施以非拘禁措施时，必须征得犯罪嫌疑人同意，另外，犯罪嫌疑人还必须确实实施了被指控之罪。

第三，检察官权力应受到监督，是指检察官撤销案件、决定施以非拘禁措施的权力，必须由更高位阶的检察官予以制约，或由法官予以制约。由法官予以制约，可能更加有效。检察官应将案卷移交法官，并在得到法官准许后撤销案件或决定施以非拘禁措施。这些制约措施有助于使检察官的决定具有统一性和可预测性，有助于防止法律执行中出现不公平现象，提高刑事司法的公正性。

---

① 《联合国1990年非拘禁刑措施最低限度标准规则》第二部分"审前阶段"第5条"审前处置"。

三、审判阶段的非拘禁措施

通过审判被判处有罪的被告人，法官可以判处的非拘禁措施种类非常多，有支付罚金、社区服务、赔偿被害人、暂缓执行、缓刑、参加戒除毒品或酒精成瘾矫正中心、参加驾校培训或上述几类措施合并判处。法官在决定判处何种非拘禁措施时，应从矫正犯罪人、保护社会、保护被害人权益的角度进行考虑。

各国判处非拘禁措施的司法活动差异很大。例如在德国，所有被判处有罪的刑事案件，80%以上科处罚金刑。但罚金刑仅被视为普通刑罚，不属于非拘禁措施。为消除只有富人才交得起罚金的弊端，德国引入日罚金制度，即犯罪人将其每日收入的一定比例用来交纳罚金。这样，犯同样的罪，富有者交纳的罚金数额就比清贫者交纳的数额高。另外，因为罚金可以分期缴纳，因此，犯罪人应缴纳的罚金数额便与犯罪人可支付的收入水平联系在一起。在德国，以日罚金制取代监禁刑之初，很多人担心，这样做，刑罚将不再具有严肃性，犯罪数量必定激增。但实际情况并非如此。犯罪统计数字表明，犯罪数量未见增长，人们的担忧没有根据。这一现象告诉我们，经过周密设计、统筹均衡的日罚金制，可以成为监禁刑的重要替代措施。至于罚金刑究竟被列为非拘禁措施还是普通刑罚，并不重要。

至于社区服务，其作用似乎很小。社区服务的理念，不在于令犯罪人对社区有贡献，而是通过使犯罪人不去监狱服刑而培养其对其他公民的积极态度。但必须看到，建立运行完好的社区服务体系，花费不菲；还往往会遇到组织和监督上的种种问题。在英国、法国以及美国很多州，社区服务被视为独立刑种，如果犯罪人被判有罪，法官可以判处犯罪人到一社会机构无偿工作若干时数。但如果社会失业率高，为犯罪人寻找公益劳动的机会就非常困难。若找不到犯罪人可以提供劳动的处所，或者被判社区服务的犯罪人不好好工作，那么，案件就得交回法官那里，法官再重新判处其他刑罚。

为避免出现此类问题，德国等国采取以下方法：德国法官对未成年犯罪人判处监禁刑的同时宣告暂缓执行，暂缓执行的条件是犯罪人从事某类社区服务。若犯罪人拒绝提供社区服务，就必须根据法官的判决执行原判监禁刑。当然，犯罪人如果认为令其从事所要求的社区服务没有可能，也有权提出申告。

四、缩短服刑期间的非拘禁措施

——由监狱还是由法官决定

犯罪人服刑过程中也可以适用非拘禁措施。通过缩短犯罪人服刑期限，可以减少或避免犯罪人受监狱服刑的不良影响；犯罪人有机会尽早重返社会。应该说，伴以非拘禁措施的提早释放，很有助益。

措施之一是日间工作制，也称工作释放，即允许服刑人日间出狱工作，夜间再回到监狱。措施之二是“中途之家”（half - way house），犯罪人在日间和夜间均享有“准自由”（semi - freedom）。此两种措施均可使犯罪人调整自己，以便重新适应狱外社会生活，与此同时，犯罪人又需要服从监狱管理机构的一定监管。措施之三是假释，使犯罪人得到释放。但因假释决定关乎紧要，因此应由法官做出。假释决定应根据假释官进行的各种形式的监督措施而做出，但不应由监狱管理机构做出；如果犯罪人被判监禁刑但暂缓执行或被判缓刑释放，假释官也可以是负责监督非拘禁措施机构的成员。

五、非拘禁措施的执行

——必须建立在信赖的基础之上

（一）执行机构

非拘禁措施的执行，大多需要认真组织策划并拥有一定资金来源。

根据具体判处的非拘禁措施的不同，应指定专业人员指导与监督犯罪人。从社区中选出的志愿者也可以提供帮助，但重要决定还必须交给专业人员处理。

在中国，根据中国刑法规定，由公安机关负责组织和监督非拘禁措施的执行①。公安机关虽然组织完善、专业人员很多，但是，公安机关的首要职责是打击犯罪以及对刑事案件进行刑事侦查，他们的工作性质就是抓获犯罪人，行使警察执法权。若将非拘禁措施的执行权交给警察，就意味着，警察抓了人以后又要放了他，从而使警察的这两项职责陷于互相矛盾、难以两全的境地，因此，由公安机关执行非拘禁措施恐非最妥。中国近期试点将缓刑、假释等纳入社区矫正工作范围，由司法行政机关执行，是一个好的尝试。只有在信任的基础上才能对犯罪人进行有效指导和监督，才能树立人们对社区矫正和非拘禁措施的信心。而由负责抓捕犯罪人、行使执法权的警察监督和执行非拘禁措施，犯罪人不大情愿与之真正进行合作，更谈不上建立私人友谊。

在其他国家，非拘禁措施由地方行政机构或司法机构执行，而由非政府组织或社区志愿团体指导和监督犯罪人。尽管各国在非拘禁措施的执行方面，存在很多差异，但有一点是共通的，即只有组织有序、资金充足、人员专业且富有经验，才能使非拘禁措施在执行中发挥良好作用。

（二）成功例证——德国未成年人犯的社区服务

约25年以前，一种叫作“桥”的项目（Bridge Projects）在德国各

① 本文完成于2006年。当其时，《中华人民共和国刑法》第1编第4章第5节“缓刑”第76条规定：“被宣告缓刑的犯罪分子，在缓刑考验期限内，由公安机关考察”；第7节“假释”第85条规定：“被假释的犯罪分子，在假释考验期限内，由公安机关予以监督。”中国自2003年开始进行社区矫正的试点工作和全面试行，将被判处或者决定管制、缓刑、假释、监外执行、剥夺政治权利的社区矫正对象交给司法行政机关作为工作机构和执行机构。2011年《刑法修正案（八）》以及2012年《中华人民共和国刑事诉讼法》以立法形式固定社区矫正试点、试行工作取得的成绩，例如《中华人民共和国刑事诉讼法》第258条规定：“对被判处管制、宣告缓刑、假释或者暂予监外执行的罪犯，依法实行社区矫正，由社区矫正机构负责执行。”同时，该法第259条则规定：“对被判处剥夺政治权利的罪犯，由公安机关执行。”被判处剥夺政治权利的犯罪人，又重新归由公安机关执行，这一法律现状表明，本文作者的理性论证对于未来进一步改革仍有意义。——编者注

城市推开，目的是为14～21周岁的犯罪人寻找可以提供社区服务的处所，同时在他们需要时为其提供咨询。“桥”项目由私人发起，私人组织与政府同时为其提供资金支持；由专业人员承担各种工作，其中多数是在社会工作方面经验丰富的人，也有不少志愿者加入其中。

老年人之家、医院、青少年中心、幼儿园、体育俱乐部、公园、公墓以及其他社会机构，成为社会服务的主要处所。通过法官的判决或检察官的决定，犯罪人被送到德国各地“桥”项目办公室。在“桥”项目办公室，他们首先要接受面试，并通过面试决定犯罪人应到哪里从事社区服务以及在何时进行。犯罪人需要领取一张表格，上面写有工作时间和地点。接受他们工作的处所，必须在这张表格上填上并确认犯罪人已经完成的工作时数。为避免欺诈，接受他们工作的处所，还必须直接向“桥”项目办公室汇报犯罪人是否认真履行工作职责。

若一切进展顺利，犯罪人圆满完成了工作，“桥”项目办公室就会告知法官或检察官，案件就全部执行完毕。如果犯罪人根本没有去工作或者在规定时间内工作只完成了一部分，“桥”项目办公室会安排犯罪人进行第二次面试，重新分配一份工作；也可以将案件交回给法官或检察官。如果犯罪人屡次拒绝工作，法官可以判令对其进行短期逮捕（a short－term arrest），逮捕的目的是教育犯罪人必须履行其应尽的社区服务职责，而不是代替社区服务。

“桥”项目在德国的成功运作表明，社区服务需要进行大量组织工作与行政工作才能良好运行；犯罪人在社会机构中从事社区服务时，由专业人员给予指导、提供咨询，并进行有效监督，也都十分重要。

六、法律保障

为切实避免非拘禁措施不当侵犯公民人权的情况出现，有必要规定法律保障措施。这里仅列举最重要的几个法律保障措施：

（一）由法官判处刑罚

现今各国刑事司法制度普遍遵循一项基本原则，即刑罚只能由法官判处。法官与检察官不同，法官不是政府机构成员，也不像检察官那样承担控制犯罪、保护公众、执行法律的职责，法官是法律的代言人，是正义的化身。因此，在刑事审判中，对于检察官的犯罪指控，法官不受任何干预、独立做出刑罚判处。当然，对于非拘禁措施，一般认为，既可由法官判处，也可由检察官决定。

但是，必须注意到，有些非拘禁措施与普通刑罚的界限并不清晰，例如罚金。前文已提到，在一些国家，罚金刑被视为普通刑罚，而在另一些国家，罚金刑则被视为非拘禁措施。社区服务也存在同样问题。若将刑罚界定为非拘禁措施，就可由检察官做出决定。这会导致如果将一些刑罚种类重新界定为非拘禁措施，很可能出现规避法官判决的问题。有鉴于此，有必要在司法实践基础上，依据广泛接受的刑罚的严重程度进行区分。高额罚金和较多时数的社区服务，应视为普通刑罚，只能由法官判处；低额罚金和较少时数的社区服务，可视为非拘禁措施，法官与检察官均有权决定。

检察官在处理具体案件时，也有可能独断地认为刑罚轻缓，不需要法官介入。为了避免出现这类问题，普通刑罚与非拘禁措施之间的界限，应当由立法予以总体规定。

（二）无罪推定

在一些国家，当证据不足，难以向法院提起公诉时，检察官就对犯罪嫌疑人施以非拘禁措施。这种现象广受苛责。刑事司法制度的另一重要原则无罪推定原则要求，任何被指控犯罪的人，只有在不存在任何合理怀疑、确实实施了被指控之罪的前提下才可定罪判刑。法官与检察官在决定施以非拘禁措施时，也必须遵循无罪推定原则。非拘禁措施虽与普通刑罚有别，但也由刑事司法机关裁断，会影响犯罪人的人权，因此，必须与判处普通刑罚一样，遵循无罪推定原则。

另外，为了保护犯罪嫌疑人的合法权益，必须在征得其同意后，方能判处非拘禁措施。但还必须看到，犯罪嫌疑人面对刑事侦查，往往有很大的心理压力，因此，很难期待他理智行事；而更糟糕的情况可能是，犯罪嫌疑人因受到若想审判就会被判重刑的威胁，被迫同意接受非拘禁措施。因此，必须赋予犯罪嫌疑人以提出申告的权利，且其申告法院必须受理。

（三）平等适用法律

在决定判处监禁刑还是非拘禁措施时，必须遵守平等适用法律原则。量刑时确乎必须考虑被告人的人格（personality）和社会背景（social background），但不应当蜕变成：将无权、无钱者判处监禁刑，而有权、有钱者例如高级干部和政府公务人员，就判处非拘禁措施。平等适用法律原则要求，对于同样犯罪，判处同样刑罚。

（四）隐私权保护

在犯罪人从事社区服务时，例如在老年人之家、幼儿园等工作时，他们将与普通人一起工作。社区服务项目的组织管理者以及老年人之家、幼儿园等的管理者应当谨记，不可让其他人知道犯罪人的身份，以避免他人歧视从事社区服务的犯罪人[①]。

（五）申告与上诉权

无论在哪个阶段决定判处非拘禁措施，都必须赋予犯罪人申告与上诉权；如果因为非拘禁措施的执行方式或在执行过程有侵犯犯罪人人权的情况，他也应有权提出申告。同意判处非拘禁措施的犯罪人，也可能抱怨其工作处所的管理者太过武断或施以不公正待遇，因此，也应当赋予他对此提出申告的权利。对犯罪人的申告，应当由法官或非拘禁措施执行机构以外的具有独立性的机构进行审理。犯罪人很可能不知道自己拥有申告与上诉权，因此，必须告知他们。

---

① 在美国有的州，参加社区服务项目的犯罪人被要求穿上特殊而醒目的制服，在公开场合受公众公开指责甚至谩骂，据说目的在于通过公众批评促使犯罪人对自己的罪过进行悔悟。但在欧洲，这种贬损犯罪人人格的方式，广受批评，难以接受。

七、结　　语

引入社区矫正和非拘禁措施，并不意味着它将取代所有监禁刑。要使社区矫正和非拘禁措施取得良好效果，还必须认真考虑针对不同社会情况，采取具有针对性的措施，建立适合本国或本地区社会需要的制度。社区矫正和非拘禁措施还特别需要受到严格训练的专业人员来进行开发和管理。最后，对社区矫正和非拘禁措施的运行情况，应不断进行评估；评估其有利的一面，同时也评估其问题和不足，以推动社区矫正和非拘禁措施向着正确方向不断发展。

约阿西姆·赫尔曼教授年谱简编

·1933 年 1 月 30 日　出生于德国柏林。

·1953—1957 年　先后就读于海德堡大学、瑞士巴塞尔大学以及德国弗莱堡大学，攻读法学和哲学专业。

·1957 年　第一次国家法律考试（德文为 Referendarexamen，英文为 first state examination in law）[①] 通过。

·1959 年　获德国弗莱堡大学法学院法学博士学位（Doctor juris）。

·1959—1960 年　至美国位于路易斯安那州新奥尔良市的杜兰大学学习。

·1960 年　获美国杜兰大学普通法法学硕士学位（Master of Common Law）。

·1960—1970 年　担任德国弗莱堡马克斯普朗克研究所外国刑法与

---

① 德国大学法律系的学生在大学基础教育阶段学习了几年（通常为四年或四年以上）法律，取得必要的学分以后，必须经过考试，来检验自己是否具备了足够的法律知识以及是否具备了从事法律职业的资格。这种考试，不是学生自己所读大学的教授命题的毕业考试，而是由该大学所在州的法官、高级行政官员、大学教师主持和参加的国家考试。实际上，德国的国家考试并非由作为联邦的国家统一组织，而是由各个州组织进行的。各州一般在州司法行政机关内部设立州法律考试局。考试局的主席和副主席由职业法官和高级行政官员担任，其他成员包括法官、检察官、律师、公证人、行政官员、大学教授和高校教师等。一般来说，国家考试分笔试和口试两种形式。其中笔试又分当场闭卷考试和家庭论文两种方式。前者须在规定的地点和时间内完成，后者则可带回家去在规定的时间内撰写。笔试的内容涉及民商法、劳动法、刑法、国家法以及诉讼法。笔试及格后，考生才能申请参加口试。口试当场进行，旨在考查学生的理解能力、应变能力和口头表达能力。在权重方面，笔试约占 70%，口试约占 30%。综合分数及格以上的考生，即可获得州法律考试局颁发的第一次国家考试合格证书。至此，第一阶段即大学基础阶段的学习就顺利结束了。从整个德国的情况来看，第一次国家考试的通过率相当低。据统计，在报名参加第一次国家考试的所有考生中，有三分之一的人考试不及格。第一次国家法学考试原则上只能重考一次。如果一个考生两次考试都没有通过，他就永远丧失了从事法律职业的机会。参见邵建东：《德国法学教育制度及其对我们的启示》，载《法学论坛》2002 年第 1 期。

国际刑法助理研究员。

·1963 年　第二次国家法律考试（德文为 Assessorexamen，英文为 second state examination in law）[①] 通过。

·1970 年　在弗莱堡大学通过德国国家教授资格考试（Habilitation）[②]，

① 通过第一次国家考试意味着大学基础阶段学习的终结，表明学生具备了从事法律职业所需要的理论知识即具备了从事法律职业的资格。但要想成为法官、检察官、高级行政官员或大学法学教授则还必须经过见习期并通过第二次国家法学考试。经过两年的见习期，在见习期的最后一个阶段结束前进行第二次国家法学考试，主要考核考生是否真的具备担任法官、检察官、高级行政官员等法律从业人员所要求的法律知识、综合能力和道德品质。第二次国家考试同样采用笔试和口试两种方式，但笔试的内容较第一次国家考试更加专业化，即更多考核相关部门法的内容，特别是在实习必经站点所学到的实际知识，而且州法的内容在考试中占有较重的分量。口试的内容涉及整个法律知识。第二次国家考试也只能重考一次。通过第二次国家考试者，被称为完全法律人（Volljurist）。参见邵建东：《德国法学教育制度及其对我们的启示》，载《法学论坛》2002 年第 1 期。

② 德国国家教授资格考试，是在大学某一教学科研领域里通过特定的学术考核程序对某人能否被“赋予授课权”的鉴定形式。已通过第一次和第二次国家法律考试的人，可申请担任法官、检察官和高级行政官员职务，但是，要成为德国大学教授，还必须通过德国国家教授资格考试。教授资格申请者都是优秀的博士毕业生，只有他们才能获准或敢于选择参加教授资格考试。教授资格考试，为期三年到五年。教授资格申请者必须撰写一篇高水平的教授资格论文。论文通过后，方能获得教授资格，以证明其在某一学科领域具有独立从事科研和教学的能力。

德国实行教授终身制，教授拥有公务员身份，而且，教授席位少，教授地位非常尊崇。德国的教授在平等的多元意识、理性的科学态度、自由的个性发展以及非功利的价值追求方面，对德国大学的高水平发展，起到巨大而深刻的作用。教授职位公开登报招聘，应聘者除上述基本条件之外，必须提供学术上有重要贡献的一流专著与著名专业杂志发表的论文。对论文的评议不采取核心刊物或者 SSCI 或 SCI 的快捷方法管理，而是采用国际通用的同行评议、匿名评审等手段，使判断更加接近客观和真实。在本校取得教授资格的，原则上不得在本校升任专职正教授，以消除不正当竞争。教授资格考试制度有助于保证获得聘任的大学教授都是各自专业领域的精英人才，而且对其工作有着高度的、内在的认同。可以说，德国大学教授符合德国社会学家马克斯·韦伯所描述的那种“发自内心地献身于学科”、“以学术为业”的人，也表明德国大学教授代表了极高的学术水准和那种“为学术而学术”的近乎宗教般的学术情怀。

德国在 2002 年实行的高校人事制度改革中，取消了教授资格考试作为受聘为教授的必要前提。与此同时，仿效美国的助理教授制度（Assistant Professorship）引入了青年教授（Juniorprofessor）制度。不过，2004 年有三个联邦州向联邦宪法法院提起控诉，后来法院判定这一取缔的决定是违法的，所以教授资格考试制度又得到了恢复。

以上参见范剑虹：《现代德国大学法学院的教与学一瞥》，2006 年澳门大学法学教育国际研讨会论文。来自北大法律网 - 法学在线：http：//article. chinalawinfo. com，2013 年 11 月 16 日访问。又见孙进：《选拔以学术为业的精英人才——德国大学教授资格考试制度评述》，载《中国人民大学教育学刊》2013 年第 2 期。

同时获任弗莱堡大学无俸讲师（Privatdozent）①，获得讲授德国刑法和刑事诉讼法学、比较刑法学和比较刑事诉讼法学课程的教学许可（Venia legendi）②。

·1970—1972 年　任弗莱堡大学高级讲师（Universitätsdozent）。

·1971 年　春季学期：任美国弗吉尼亚州夏洛特斯维尔法学院客座教授。

·1972 年　夏季学期：任德国慕尼黑大学高级讲师（Universitä tsdozent）。

·1972—2001 年　任德国奥格斯堡大学刑法与刑事诉讼法学教授。

·1974 年　春季学期：在美国芝加哥大学法学院任客座教授。

·1975 年　秋季学期：在日本东京大学法学院任客座教授。任日本刑法学会荣誉会员。在韩国首尔国立大学以及韩国其他大学举办讲座。

·1975—1977 年　任德国奥格斯堡大学法学院院长。

·1977 年 8 月　在南非共和国比勒陀利亚南非大学法学院担任客座教授。

·1977 年 10—12 月　在位于日本东京的联合国远东犯罪预防与罪犯处遇研究所（United Nations Far East Institute for the Prevention of Crime and Treatment of Offenders）工作。

---

① 也译为“私立讲师”、“私人讲师”或“编外讲师”，简写为 PD 或者 Priv. -Doz.。这是一个比博士头衔更高一级的学术头衔，也有人视之为德国大学所能颁发的最高级别的学位。通过国家教授资格考试以后，需要再花费两三年时间才能成为无俸讲师。无俸讲师不是正式教师，既没薪水也无规定的教学任务，除了学生的听课费之外没有其他工资收入。无俸讲师由学院赋予其教学权利，可以开设其研究范围内的课程，可以使用大学的建筑物、研究所设施和实验室设备，可以宣讲自己的学说，满足学生的求知欲。听课学生人数是检测社会对无俸讲师学说接受程度的标志。无俸讲师形成了一个学术摇篮，为德国高级学术职位提供了优秀的后备人才，德国大学可以随时根据教学能力和学术成就从中选拔所需的教授。

② 通过教授资格考试以后，获颁教学能力证书。之后，申请者便有权向该学院申请“教学许可”（拉丁文为 venia legendi）。院务委员会根据申请者的资质，考虑他的教学活动是否能够对现有的课程提供有益的补充。如果是的话，便会决定授予其“教学许可”。在获得教学许可之后，申请者便可以使用“私立讲师”的头衔。教授资格考试的程序至此结束。参见孙进：《选拔以学术为业的精英人才——德国大学教授资格考试制度评述》，载《中国人民大学教育学刊》2013 年第 2 期。

·1977 年　在韩国首尔国立大学以及韩国其他大学开设讲座。

·1978 年 12 月　由德国歌德基金会安排，在印度多所大学开设讲座。

·1979 年 4 月　由德国歌德基金会安排，在美国多所大学开设讲座。

·1979 年 8 月　在南非共和国比勒陀利亚大学法学院开设讲座。

·1983 年 2 月　在日本东京大学以及其他日本大学开设讲座。

·1983 年 10—12 月　任美国密歇根大学安娜堡分校（也称安阿伯分校，University of Michigan，School of Law，Ann Arbor）法学院客座教授。

·1985—1987 年　奥格斯堡大学副校长。

·1985 年 8 月　在波兰华沙大学、卡拉科夫大学（University of Krakow）、弗罗茨瓦夫（University of Wroclaw）大学、波兹南大学（University of Poznan）开设讲座。

·1989 年 8 月　在波兰华沙大学、卡拉科夫大学、格但斯克大学（University of Gdansk）以及波兹南大学开设讲座。

·1989 年 8—10 月　在美国美国宾夕法尼亚州匹兹堡大学担任客座教授。

·1990 年 8 月　在中国北京大学法律系开设讲座；在中国人民大会堂开设讲座。

·1990 年 8—10 月　在美国宾夕法尼亚州匹兹堡大学法学院担任客座教授。

自 1990 年起——在由欧洲委员会（the Council of Europe）、美国司法部（the U. S. Department of Justice）、美国律师公会（the American Bar Association）、隶属于美国律师公会的中欧和东欧法律协会（American Bar Association's Central and East European Law Initiative）、总部位于英国伦敦的国际律师协会（the International Bar Association）以及德国学术交流中心（DAAD）和其他非政府组织（NGO）组织的法律改革访问之旅中担任法律咨询专家。其中：

·1990 年、1993 年、1994 年、2006 年、2007 年、2009 年，到访中华

人民共和国，担任中国刑法改革和刑事诉讼法改革咨询的专家；

·1990 年、1992 年，到访捷克斯洛伐克，担任捷克斯洛伐克刑法、刑事诉讼法、警察法、警察组织法改革以及法院和监狱改革的咨询专家；

·1991 年、1997 年、1998 年、2003 年、2005 年、2008 年、2009 年，到访保加利亚，担任保加利亚刑法、刑事诉讼法、警察法、警察组织法改革以及法院和监狱改革的咨询专家；

·1992 年、1997 年、2004 年，到访罗马尼亚，担任罗马尼亚刑法、刑事诉讼法、警察法、警察组织法改革以及法院和监狱改革的咨询专家；

·1992 年、1993 年、1994 年，到访阿尔巴尼亚，担任阿尔巴尼亚刑法、刑事诉讼法、警察法、警察组织法改革以及法院和监狱改革的咨询专家；

·1992 年、1994 年，到访匈牙利，担任匈牙利刑法、刑事诉讼法、警察法、警察组织法改革以及法院和监狱改革的咨询专家；

·1993 年、1995 年、1997 年、1999 年、2000 年，到访捷克共和国，担任捷克刑法、刑事诉讼法、警察法、警察组织法改革以及法院和监狱改革的咨询专家；

·1998 年，到访斯洛伐克共和国，担任斯洛伐克刑法、刑事诉讼法、警察法、警察组织法改革以及法院和监狱改革的咨询专家；

·1997 年、1998 年，到访克罗地亚，担任克罗地亚刑法、刑事诉讼法、警察法、警察组织法改革以及法院和监狱改革的咨询专家；

·1997 年、2002 年，到访亚美尼亚共和国，担任亚美尼亚刑法、刑事诉讼法、警察法、警察组织法改革以及法院和监狱改革的咨询专家；

·2002 年，到访摩洛哥共和国，担任摩洛哥刑法、刑事诉讼法、警察法、警察组织法改革以及法院和监狱改革的咨询专家；

·2002 年、2003 年、2004 年、2005 年、2006 年，到访格鲁吉亚共和国，担任格鲁吉亚刑法、刑事诉讼法、警察法、警察组织法改革以及法院和监狱改革的咨询专家；

·2002 年、2003 年、2006 年，到访吉尔吉斯斯坦共和国，担任吉尔吉斯斯坦刑法、刑事诉讼法、警察法、警察组织法改革以及法院和监狱改革的咨询专家；

·2004 年，到访安哥拉，担任安哥拉刑法、刑事诉讼法、警察法、警察组织法改革以及法院和监狱改革的咨询专家；

·2004 年，到访喀麦隆，担任喀麦隆刑法、刑事诉讼法、警察法、警察组织法改革以及法院和监狱改革的咨询专家。

·1993 年 6 月　在韩国犯罪学研究所和首尔国立大学，开设讲座。

·1993 年 8 月　在南非共和国比勒陀利亚大学法学院担任客座教授。分别在位于南非首都比勒陀利亚的南非人权中心、位于开普敦的南非西开普大学（University of the Western Cape）、位于布隆方丹的南非自由州大学（University of the Free State, Bloemfontein）以及位于彼得斯堡的南非北方大学（University of the North, Pietersburg），开设讲座。

·1993 年 9 月　担任中国政法大学客座教授。

·1993 年 10 月　担任土耳其伊兹密尔省多库兹爱吕尔大学客座教授。

·1994 年 4 月　担任美国弗吉尼亚大学法学院美国法官研修项目（Graduate Program for American Judges）客座教授。

·1994 年 8—10 月　在美国宾夕法尼亚州匹兹堡大学法学院担任客座教授。

·1995 年 8—10 月　在美国加利福尼亚大学戴维斯分校法学院担任客座教授。

·1998 年 6 月　在美国印第安纳州法官中心（Indiana Judicial Center）担任法官研修项目（Graduate Program for Judges）客座教授。

·1998 年 8—10 月　在美国加利福尼亚大学戴维斯分校法学院担任客座教授。

·自 2001 年，在德国奥格斯堡任执业律师。

·2001 年 6 月　在日本东京早稻田大学（Waseda University）担任客座教授。

·2001 年 8—10 月　在美国加利福尼亚大学戴维斯分校法学院担任

客座教授。

·2003 年 6 月　在位于吉尔吉斯斯坦首都比什凯克的美国中亚大学法学院（American University in Central Asia, Faculty of Law, Bishkek）担任客座教授。

·2003 年 8—10 月　在美国宾夕法尼亚州匹兹堡大学法学院担任客座教授。

·2005 年 12 月　担任北京政法职业学院客座教授。

·2006 年 5 月　参加北京大学法学院人权研究中心举办的《联合国禁止酷刑公约》的执行与中国刑事司法改革国际学术研讨会。

·2006 年 6 月　在吉尔吉斯斯坦首都比什凯克担任客座教授，为吉尔吉斯斯坦政府法官与检察制度改革委员会担任修法咨询专家。

·2009 年 10 月　在北京北京大学法学院参加“传统社会主义刑法理论与现代德国刑法理论比较”研讨会；并在北京大学法学院和中国青年政治学院法律系开设讲座。

主要学术撰述集中在以下领域：刑法学和刑事诉讼法学；法律制度比较法学。尤其是，对欧洲大陆各国法律制度、英美法律制度、前社会主义国家法律制度、伊斯兰教国家法律制度以及中国法律制度，开展比较法学领域的研究。

约阿西姆·赫尔曼教授著述目录

一、专著与合著（Books）

1. Die Anwendbarkeit des politischen Strafrechts auf Deutsche im Verhältnis zwischen der Bundesrepublik Deutschland und der Deutschen Demokratischen Republik. Bonn 1960. 117 p.

2. Some Problems of Mens Rea in American and German Criminal Law. A Comparative Study. Thesis submitted in partial fulfillment of the requirements for the degree of the "Master of Common Law". Tulane University. School of Law. New Orleans 1960. VII and 99 p. (not published)

3. Die Reform der deutschen Hauptverhandlung nach dem Vorbild des anglo – amerikanischen Strafverfahrens. Bonn 1972, 491 p.

4. and Floyd Feeney, One Case – Two Systems, A Comparative View of American and German Criminal Justice, Ardsley, New York 2005, 463 p.

5. and Morikazu Taguchi, Katsuyoshi Kato, Strafjustiz in der Bürgergesellschaft, Festgabe für Joachim Herrmann zum 80. Geburtstag (published in Japanese) Tokyo 2012, 289 p.

二、参著（Contributions to Books）

1. Bibliography: Vereinigte Staaten von Amerika. In: Quellen und

Schrifttum des Strafrechts, H. – H. Jescheck and K. Löffler eds. Part II: Auβereuropäische Staaten, No. 1 Nordamerika und Australien. München 1974, 6 –23.

2. Die Wiederaufnahme des Strafverfahrens in den Vereinigten Staaten von Amerika. In: Die Wiederaufnahme des Strafverfahrens im deutschen und ausländischen Recht, H. – H. Jescheck and J. Meyer eds. Bonn 1974, 673 –712.

3. Strafrechtsreform in den Vereinigten Staaten. In: Kolloquium im Max – Planck – Institut für ausländisches und internationales Strafrecht, Freiburg, anläβlich des 60. Geburtstages des Direktors, Professor Dr. Hans – Heinrich Jescheck. Freiburg 1975. 25 –36.

4. Verfassungsrecht und Strafjustiz in den Vereinigten Staaten. In: 200 Jahre USA. Augsburger Universitätsvorträge. München 1977, 103 –121.

5. Major Reforms in the Law of Sanctions: United States, Germany, Austria, and France. In: United Nations Far East Institute for the Prevention of Crime and Treatment of Offenders, Tokyo. Report for 1978 and Resource Material No. 16, 146 - 168 (1979). Also published in Indian Journal of Criminology 7 (1979), 99 - 124; Comparative Law Review (India) 2 (1980), 21 - 62.

6. Das japanische Strafverfahrensrecht. In: Das japanische Rechtss ystem, P. Eubel ed., Frankfurt 1979, 255 –277.

7. The Criminal Justice System of the Federal Republic of Germany. In: Foreign Criminal Justice Systems, Cole, Frankowski and Gertz eds., 1981, 86 –106.

8. The German Criminal Justice System: The Trial Phase – Appellate and Review Proceedings. In: Criminal Justice System of the Federal Republic of Germany, Toulouse 1981, 65 –95.

9. The Independence of the Judge in the Federal Republic of Germany. In: Contemporary Problems in Criminal Justice, Essays in Honour of Professor Shigemitsu Dando, Tokyo 1983, 61 –82.

10. Aufgaben und Grenzen der Beweisverwertungsverbote. Rechtsvergleichende Überlegungen zum deutschen und amerikanischen Recht. In: Festschrift für Jescheck, 1985, 1291 - 1310.

11. The Federal Republic of Germany, in: Major Criminal Justice Systems. A Comparative Survey, Cole, Frankowski and Gertz eds., 2nd ed. 1987, 106 - 133.

12. La prottección de los derechos humanos en los sistemas de justicia penal de los paises europeos y de los Estados Unidos, in: Protección de los derechos humanos en derecho penal internacional y Espanio, Beristain and de la Cuesta eds., San Sebastian 1988, 37 - 48.

13. Der amerikanische Strafprozeβ, in: Der Strafprozeβ im Spiegel ausländischer Verfahrensordnungen, Jung ed., 1990, 133 - 160.

14. Die Japanisierung des westlichen Rechts im Strafrecht und Strafprozeβrecht, in: Die Japanisierung des westlichen Rechts, Coing ed. 1989, 397 - 420. - Japanese Translation in: Kinkidaigaku Hogaku 97 (1990), 123 - 159.

15. A felelsség problémája a fasiszta és a kommunista diktatúrákban állampolitikai okokból elkövetett bencselekményekért. Meddig érnek a jogállam lehet ségei? A visszamen hatály tilalmának alapvet jelent sége (Das Problem der Verantwortung für Verbrechen aus staatspolitischen Gründen in faschistischen und kommunistischen Diktaturen. Wie weit reichen die Möglichkeiten des Rechtsstaates? Die grundsätzliche Bedeutung des Rückwirkungsverbots), in: A múlt feldolgozása a jogállam eszközeivel, Erhard von der Bank ed., 1992, 46 - 52 (Budapest).

16. Models for the Reform of Criminal Procedure in Eastern Europe: Comparative Remarks on Changes in the Trial Structure and European Alternatives to Plea Bargaining, in: Criminal Science in a Global Society: Essays in Honor of Gerhard O. W. Mueller, Wise ed. 1994, pp. 61 - 83 - Japanese translation in Hokei Ronshu, vol. 139 (1995), 211 - 237.

17. Models for the Reform of the Criminal Trial in the People's Republic of

China – Comparative Remarks from a German Perspective, in: Festschrift für Koichi Miyazawa, Kühne ed., 1995, 611 – 634.

18. Introduction to German Criminal Procedure, in: Chinese Translation of the German Code of Criminal Procedure, ed. by China University of Political Science and Law, Beijing 1995, 1 – 19.

19. Die Rechtssstellung des Beschuldigten bei der Vernehmung durch die Polizei – Eine fast unendliche Geschichte, in: Festschrift für Reinhard Moos zum 65. Geburtstag, Huber, Jesionek and Miklau eds., 1997, 229 – 238.

20. Gedanken zur Todesstrafe in Japan – Eine Antwort auf Nishihara in: Festschrift für Haruo Nishihara, Max Planck – Institut für ausländisches und internationales Strafrecht ed., 1997, 401 – 418. Japanese translation in: Hokei Ronshu, The Journal of the Faculty of Law, Aichi University, 154 (2000), 1 – 21.

21. Criminal Justice Policy and Comparativism. A European Perspective, in: Comparative Criminal Justice Systems: From Diversity to Rapprochement, Nouvelle Etudes Pénales, 17 (1998), 129 – 145.

22. Strafprozeβreform in der Volksrepublik China, in: Festschrift für Ernst – Walter Hanack, Ebert, Roxin, Riess and Wahle eds., 1999, 423 – 440.

23. Harmonization of Criminal Justice in Europe. Perspectives and Problems, in: Rozwazania o Prawie Karnym, Szwarc ed., (Poland) 1999, 129 – 144.

24. Models for the Reform of the Criminal Trial in the People's Republic of China – A Never – Ending Task, in: Collection of Papers Celebrating Professor Chen Guangzhong's 70th birthday, Beijing, 2000, 834 – 866.

25. Forms and Functions of the Sources of Law from a Comparative Perspective, in: Neighbours in Law – Are Common Law and Civil Law Moving Closer Together? Eser, Rabenstein eds., 2001, 45 – 64.

26. Legalitäts – und Opportunitätsprinzip aus deutscher Sicht, in: Krise des Strafrechts und der Kriminalwissenschaften, Hirsch ed., 2001, 305 – 310.

27. Die Entwicklung des Opferschutzes im deutschen Strafrecht und Strafprozessrecht – Eine unendliche Geschichte, in: Straftheorie und

Strafgerechtigkeit - Deutsch - Japanischer Strafrechtsdialog, Rosenau and Kim eds., 89 - 108 (2010). Japanese Translation in: Japanisch - Deutsches Symposium, Straftheorie und Strafgerechtigkeit, Kim and Rosenau eds., 111 - 133 (2012). Chinese Translation in: Nankei Law Review 2010, 37 - 57.

三、法学论文（Articles in Law Reviews）

1. Literaturbericht: Vereinigte Staaten von Amerika. Zeitschrift für die gesamte Strafrechtswissenschaft 78 (1966), 333 - 367.

2. Grundzüge des japanischen Strafprozeβrechts. Zugleich Besprechung von: Dando, Japanese Criminal Procedure. South Hackensack 1966. Zeitschrift für die gesamte Strafrechtswissenschaft 79 (1967), 702 - 712.

3. Beweisaufnahme durch die Parteien und Kreuzverhör im anglo - amerikanischen Strafverfahren. Zeitschrift für die gesamte Strafrechtsw issenschaft 80 (1968), p. 775 - 814. Abridged version in: Mitteilungen aus der Max - Planck - Gesellschaft 1968, 111 - 143.

4. Der Supreme Court der Vereinigten Staaten erklärt die Todesstrafe für verfassungswidrig. Juristenzeitung 1972, 615 - 618.

5. and Dick F. Marty, Vers l'abolition de la peine de mort aux Etats - Unis? Revue de Droit Pénal et de Criminologie 1973, 831 - 844.

6. Das Versagen des überlieferten Strafprozeβrechts in Monstreve rfahren. Zeitschrift für die gesamte Strafrechtswissenschaft 85 (1973), 255 - 287.

7. Die Liberalisierung der Schwangerschaftsunterbrechung durch den Supreme Court der Vereinigten Staaten. Juristenzeitung 1973, 490 - 494.

8. and Dick F. Marty, L'avortement aux Etats - Unis: un crime de moins? Revue Internationale de Criminologie et de Police Technique 26 (1973), 379 - 387.

9. The Rule of Compulsory Prosecution and the Scope of Prosecutorial Discretion in Germany. The University of Chicago Law Review 41 (1974), p.

468 - 505. Reprinted in: Discretionary Justice in Europe and America, Kenneth C. Davis ed. , Urbana, Ill. 1976, 423 - 454.

10. Der Drogenmiβbrauch und seine Bekämpfung. Zeitschrift für die gesamte Strafrechtswissenschaft 86 (1974), 423 - 454.

11. Drug Abuse and its Prevention inWest Germany. National Report to the Eleventh International Congress of the International Association of Penal Law. Budapest 1974. Revue Internationale de Droit Pénal 44 (1973), 235 - 256.

12. La Suprema Corte degli Stati Uniti e la liberalizzazione dell' aborto. Rivista Italiana di Diritto e Procedura Penale 1974, 377 - 385.

13. Report on: Die Verhandlungen der 2. Sektion des XI. Kongresses der Internationalen Strafrechtsvereinigung in Budapest über das Thema: "Der Drogenmiβbrauch und seine Bekämpfung". Zeitschrift für die gesamte Strafrechtswissenschaft 87 (1975), 466 - 471.

14. Die Hauptverhandlung im deutschen Strafverfahren und ihre Reformbedürftigkeit. In: Institute of Comparative Law, Waseda University, Tokyo, Japan, Comparative Law Review vol. 10, No. 2 (1975), 145 - 173.

15. Die Strafprozeβreform Vom 1. Januar 1975 – Ein kritischer Rückblick. Juristische Schulung 1976, 413 - 420.

16. Beweisverbote im deutschen Strafverfahren. Keiho Zasshi (Journal of Criminal Law, Japan) 21 (1976), 247 - 261.

17. Reform of the German Penal Code. Sanctions – The German Law and Theory. American Journal of Comparative Law 24 (1976), 718 - 736.

18. The Role of the Prosecutor in Japanese, American and German Law – Prosecutorial Discretion and the Principle of Legality. Hanrei – Times, Japan, 1977.

19. Geschworene und Schöffen im Strafverfahren. University of Hokkaido Law Review, Japan, 1978, 471 - 485.

20. Teaching and Research in Comparative and International Criminal Law. Revue Internationale de Droit Pénal 48 (1977), 297 - 314.

21. Various Models of Criminal Proceedings. South African Journal of Criminal Law and Criminology 2 (1978), 3 – 19.

22. Development and Reform of Criminal Procedure in the Federal Republic of Germany. The Comparative and International Law Journal of Southern Africa 11 (1978), 183 – 197.

23. The Protection of Environment through Penal Law in the Federal Republic of Germany. Revue Internationale de Droit Pénal 49 (1978), 243 – 260.

24. Die Rolle des Strafrechts beim Umweltschutz in der Bundesrepublik Deutschland. Zeitschrift für die gesamte Strafrechtswissenschaft 91 (1979), 281 – 308. Japanese Translation in Hogaku Kenkyu (Aichi Gakuin Law Review) 25, Nr. 1 (1981), 61 – 100.

25. Entwicklung und Reform des Strafprozesses in der Bundesrepublik Deutschland (in Japanese). Hogaku Kenkyu (Aichi Gakuin Law Review, Japan) 22, No. 2/3 (1979), 89 – 117. Abbreviated version in Hanrei Times 375 (1979), 42 – 44.

26. Compensation for Victims of Crimes in Western Germany – Its Historical Development, Present Status and Unresolved Problems (in Japanese). Keisatsugaku Ronshu (The Journal of Police Science, Japan), 32 No. 2 (1979), 88 – 105. Abbreviated version in Hanrei Times 373 (1979), 28 – 30.

27. Report on: Die Verhandlungen des XII. Kongresses der Internationalen Strafrechtsvereinigung in Hamburg über das Thema: "Die Rolle des Strafrechts beim Umweltschutz". Zeitschrift für die Gesamte Strafrechtswissenschaft 92 (1980), 1054 – 1058.

28. Die Notwehr im amerikanischen Strafrecht. Zeitschrift für die gesamte Strafrechtswissenschaft 93 (1981), 615 – 656.

29. The Anglo – American as Opposed to the Continental Approach to Criminal Law. "De Jure", ed. by the University of Pretoria, South Africa, Vol. 14 (1981), 39 – 67.

30. The Philosophy of Criminal Justice and the Administration of Criminal Justice. Revue Internationale de Droit Pénal 53 (1982), 841 – 862.

31. Die Unabhängigkeit des Richters? Deutsche Richterzeitung 1982, 286 – 294.

32. Diversion and Mediation in the Federal Republic of Germany. Revue Internationale de Droit Pénal 54 (1983), 1043 – 1058.

Diversion und Schlichtung in der Bundesrepublik Deutschland. Zeitschrift für die gesamte Strafrechtswissenschaft 96 (1984), 455 – 484.

33. Neuere Entwicklungen in der amerikanischen Strafrechtspflege, Juristenzeitung 1985, 602 – 609.

34. Report on: Die Verhandlungen des XIII. Internationalen Strafrechtskongresses der Association Internationale de Droit Pénal in Cairo, on the subject "Diversion und Schlichtung". Zeitschrift für die gesamte Strafrechtswissenschaft 97 (1985), 721 – 724.

35. Rechtstheoretische und rechtspolitische Grundlagen der Strafjustiz im kontinental – europäischen und anglo – amerikanischen Rechtskreis (Japanese). In: Hogaku Kenkyu (Aichi Gakuin Law Review) 28, No. 3/4 (1985), 109 – 127.

36. Causing the Conditions of One's Own Defense: The Multifaceted Approach of German Law. Brigham Young University Law Review 1986, 747 – 767.

37. Nuevas Orientaciones en la Administracion de Justicia Penal Norteamericana, Justicia 1987, 693 – 715 (Barcelona).

38. Soll ein Krebspatient über seine Diagnose aufgeklärt werden? Medizinrecht 1988, 1 – 8. Reprinted in: Studia Iuridica (Poland) 19 (1991), 89 – 102.

39. Ein neues Hauptverhandlungsmodell. Zum Alternativ – Entwurf, Novelle zur Strafprozeβordnung, Reform der Hauptverhandlung, publ. by Arbeitskreis deutscher und schweizerischer Strafrechtslehrer, Tübingen 1985. Zeitschrift für die gesamte Strafrechtswissenschaft 100 (1988),

41 -80.

40. Obrona Konieczna w prawie RFN. (Self - Defense in German Law). Studia Prawnicze 93 (1988), 77 -93 (Warszawa).

41. Die Hauptverhandlung im schwedischen Strafverfahren, Zeitschrift für die gesamte Strafrechtswissenschaft 102 (1990), 457 -475.

42. Ochrona praw czlowieka w dziedzinie wymiaru sprawiedliwosci (Protection of Human Rights in Criminal Justice Administration), in: Studia prawniczePoland) 106 (1990), No. 4, 3 -18.

43. Nezávislos súdnictva v nemecku (The Independence of the Judiciary - The German Example), in: Justicna Revue 1991 (Slovak Republic), No. 6 -7, 32 -37.

44. Ùloha štatneho zástupcu v demokratickej spolo nosti - nemecko (The Role of the Prosecutor in a Democratic Society - Federal Republic of Germany), in: Justicna Revue 1991 (Slovak Republic), No. 10, 42 -47.

45. Bargaining Justice - A Bargain for German Criminal Justice? 53University of Pittsburgh Law Review 755 - 776 (1992). Japanese translation in: Hokei Ronshu, The Journal of the Faculty of Law, Aichi University, Japan, vol. 133 (1993), 89 - 119. Chinese translation in: Criminal Science (China), 2004, Vol. 2, 116 -126.

46. Menschenrechtsfeindliche und menschenrechtsfreundliche Auslegung von § 27 des Grenzgesetzes der DDR - Zum Mauerschützenurteil des BGH vom 3. 11. 1992. Neue Zeitschrift für Strafrecht 1993, 118 -121.

47. The Protection of Human Rights in the Administration of Criminal Justice in Central and Eastern Europe and the former Soviet Union - The Role of the Prosecutor or Procurator: Synthesis Report. Revue Internationale de Droit Pénal 63 (1992), 533 -555.

48. Kriminalpolitik im vereinten Deutschland - Bilanz, Gegenwartsprobleme und Perspektiven (published in Korean), Korean Criminological Review 1993, 189 -219.

49. Deutsche haben auf Deutsche geschossen. Zum Mauerschützenurteil

des Bundesgerichtshofs vom 3. 11. 1992 (published in Korean) . Seoul Law Journal 34 (1993), No. 3/4, 301 -312.

50. The German Criminal Justice System, published in Chinese in: "The Criminal Justice Systems of theUnited States, Canada and Germany" ed. by China University of Political Science and Law, Beijing 1993, 15 -45.

51. Capital Punishment - Why It Needs to Be Abolished. "De Jure" published by the University of Pretoria, South Africa, Vol. 26 (1993), 384 -393.

52. Najnoviji razvoj njemazkoga kaznenog postupka. (Recent Developments in German Criminal Procedure), in: Hrvatski ljetopis za kazneno pravo i praksu (Croatia), 2 (1995), 461 -470.

53. Überlegungen zur Reform der notwendigen Verteidigung. Strafverteidiger 1996, 396 -405. Japanese translation in Hokei Ronshu, 146 (1998), 21 - 56. Turkish translation in: Selahâttin Sulhi Tekinay' in Hatrasima Armagan, Istanbul 1999, 729 ff.

54. Models for the Reform of the Criminal Trial in Eastern Europe: A Comparative Perspective, 1996 St. Louis - Warsaw Transatl. L. J. 127 - 151. Croatian translation in: Hrvatski ljetopis za kazneno pravo I praksu 4 (1997), 255 -278.

55. Das Recht des Beschuldigten, vor der polizeilichen Vernehmung einen Verteidiger zu befragen - Der Bundesgerichtshof spricht mit gespaltener Zunge, Neue Zeitschrift für Strafrecht 1997, 209 -212.

56. Rechtliche Strukturen für Absprachen in der Hauptverhandlung. Die Richtlinien - Entscheidung des Bundesgerichtshofs - BGHSt 43, 195, in: Juristische Schulung 1999, 1162 -1167.

57. Absprachen im deutschen Strafverfahren, Archivum Iuridicum Cracoviense (Poland), 31/32 (2000), 55 - 80. Japanese Translation in Hokei Ronshu, The Journal of the Faculty of Law, Aichi University, 156 (2001), 1 - 31. Chinese translation in: Global Law Review (Beijing), 23 (2001), 411 - 422.

58. Die polizeiliche Vernehmung des Beschuldigten – Ein Machtkampf: Deutschland – Vereinigte Staaten – Japan, in Kinkidaigaku Hogaku, The Law Review of Kinki University, 49 (2002), 169 – 205.

59. The Death Penalty in Japan: An "Absurd" Punishment, Brooklyn Law Review, 67, 827 – 854 (2002). Japanese translation in: The Waseda Law Review 78 (2002), No. 1, 191 – 219. Chinese translation in: Criminal Science (Beijing) 2003, Vol. 5, 119 – 126. French translation in: Politeia – Revue semestrielle de Droit constitutionnel comparé, vol. 3, 283 – 298 (2003).

60. Police Interrogation of the Accused – A Power Play: Germany – United States – Croatia, Hrvatski ljetopis za kazneno pravi I praksu (Croatia) 11 No. 1 (2004), 259 – 276.

61. Criminal Justice and the Protection of Individual Rights – Developments in Europe as a Model for the Reform in the People's Republic of China?, published in Chinese in Journal of Beijing College of Politics and Law, 48 (2006), No. 4, 7 – 14.

62. Implementing the Prohibition of Torture on Three Levels – United Nations, Council of Europe – Germany, published in Chinese, in Peking University International and Comparative Law Review, 5 (2007), 3 – 23.

63. Community Corrections and Other Non – Custodial Measures—Problems and Possible Solutions, published in Chinese in: Criminal Science Beijing) 2007, No. 2, 121 – 126.

64. Reforma na pretkotnata postanka wo spordbenoto prawo (Reform of Pre – Trial Procedure under Comparative Law Aspects), Macedonian Review of Criminal Law and Criminology 2008, No. 1, 57 – 76.

65. Report on the Draft of Amendments to the Criminal Procedure Code of the People's Republic of China (published in Chinese), Procedural Law and Judicial System (Beijing) 2012 No. 5, 66 – 70, and Journal of Comparative Law (Beijing), 119 (2012), 155 – 160.

66. Shigemitsu Dando – ein Titan der Strafrechtswissenschaft und

Rechtsvergleichung - Erinnerungen aus der Ferne (published in Japanese), Quarterly Jurist (Tokyo) 2013, No. 4, 72 - 73.

67. Chinese Criminal Procedure Reform of 2012 - How Much Reform Did it Bring? Peking University Law Journal, Vol. 1, No. 1, 163 - 179 (2013); Chinese translation in: Journal of Comparative Law (Beijing), 128 (2013), 135 - 146.

四、(法院判决评论) Notes and Comments on Court Decisions

1. Einsicht in die bei einem Rechtsanwalt beschlagnahmten Unterlagen; Entbindung von der Schweigepflicht, Comment on Beschluβ des OLG Koblenz v. 22. 2. 1985. In: Neue Zeitschrift für Strafrecht 1985, 565 - 566.

2. Comment on Urteil des Bundesgerichtshofs v. 25. 3. 1993 (Zweites Mauerschützenurteil). Neue Zeitschrift für Strafrecht 1993, 427 - 488.

3. Review of Decision of the European Court of Human Rights (Grand Chamber) of Nov. 27, 2008 - Nr. 36391/02, Salduz v. Turkey, in: Strafrechtsreport 2009, 97 - 99.

五、书评 (Book Reviews)

1. Review of Brigitte Schmidthals, Die Neugestaltung des strafrechtlichen Staatsschutzes in der Sowjetischen Besatzungszone. Köln 1962. In: Goltdammer's Archiv für Strafrecht 1964, 63.

2. Review of Jerome Hall, General Principles of Criminal Law. 2nd ed. Indianapolis - New York 1960. In: Goltdammer's Archiv für Strafrecht 1964, 63 - 64.

3. Review of Egon Schneider and Karl Josef Flatten, Strafrechtliche Klausuren und Hausarbeiten in den Übungen und im Referendarexamen. 2nd ed. Berlin 1963. In: Goltdammer's Archiv für Strafrecht 1964, 191.

4. Review of D. J. West, The Habitual Prisoner. An Enquiry by the Cmbridge Institute of Criminology. London 1963. In: Goltdammer's Archiv für Strafrecht 1964, 224.

5. Review of Jerome Hall, Comparative Law and Social Theory. Baton Rouge 1963. In: Der Staat 4 (1965), 514 -516.

6. Review of Karl Hagel, Der einfache Diebstahl im englischen Recht. Berlin 1964. In: Goltdammer's Archiv für Strafrecht 1966, 95 -96.

7. Review of Roland Grassberger, Die Unzucht mit Tieren. Wien 1968. In: Zeitschrift für die gesamte Strafrechtswissenschaft 81 (1969), 533 -535.

8. Review of Walter Richter, Zur soziologischen Struktur der deutschen Richterschaft. Stuttgart 1968. In: Goltdammer's Archiv für Strafrecht 1970, 126.

9. Review of Volker Krey, Zum innerdeutschen Strafrechtsanwen dungsrecht de lege lata und de lege ferenda. Hamburg 1969. In: Gotdammer's Archiv für Strafrecht 1972, 217 -218.

10. Review of Gerhard Grebing, Die Untersuchungshaft in Frankreich. Entwicklung, Praxis und Reform. Bonn 1974. Juristenzeitung 1975, 712.

11. Review of Arthur Kreuzer, Drogen und Delinquenz. Eine jugendk riminologisch - empirische Untersuchung der Erscheinungen und Zusammen hänge. Wiesbaden 1975. Neue Juristische Wochenschrift 1976, 362.

12. Review of Karl Peters, Der neue Strafprozeβ. Darstellung und Wür digung. Karlsruhe 1975. Zeitschrift für die Gesamte Strafrechtswissenschaft 89 (1977), 164 -169.

13. Review of Probleme der Strafprozeβreform. Berliner Gastvorträge von Hans - Heinrich Jescheck, Hans Dünnebier, Claus Roxin, Herbert Tröndle, Karl Peters. Berlin, New York 1975. Zeitschrift für die Gesamte Strafrecht swissenschaft 89 (1977), 169 -177.

14. Review of Hinrich Rüping, Der Grundsatz des rechtlichen Gehörs und seine Bedeutung im Strafverfahren. Berlin 1976. Zeitschrift für die Gesamte Strafrechtswissenschaft 89 (1977), 177 -183.

15. Review of Eduard Kern, Strafverfahrensrecht. Ein Studienbuch. 14. , revised ed. , München 1976. Zeitschrift für die Gesamte Strafrechtswiss enschaft 89 (1977), 737 -741.

16. Review of Heinz Zipf, Strafprozeβrecht. 2. , revised ed. , Berlin, New York 1977. Zeitschrift für die Gesamte Strafrechtswissenschaft 89 (1977), 741 – 742.

17. Review of Ewald Löwe und Werner Rosenberg, Die Strafproze βordnung und das Gerichtsverfassungsgesetz. 23. , revised ed. by Hans Dünnebier (u. a.) . Vol. 1. Karl Schäfer. Strafprozeβrecht. Eine Einführung. Berlin, New York 1976. Zeitschrift für die Gesamte Strafrechtswissenschaft 89 (1977), 743 – 754.

18. Review of Strafprozeβordnung, Gerichtsverfassungsgesetz, Nebengesetze und ergänzende Bestimmungen. Erläutert von Theodor Kleinknecht. 33. , revised ed. , München 1977. Zeitschrift für die Gesamte Strafrechtswissenschaft 89 (1977), 754 – 758.

19. Review of Manfred Hahn, Die notwendige Verteidigung im Strafverfahren. Berlin 1975. Revue de Science Criminelle et de Droit Pénal 1978, 977 – 978.

20. Review of John H. Langbein, Comparative Criminal Procedure: Germany. St. Paul, Minn. 1977. Zeitschrift für Vergleichende Rechtswissenschaft 79 (1980), 239 – 240.

21. Review of Werner Beulke, Der Verteidiger im Strafverfahren. Funktionen und Rechtsstellung. Frankfurt am Main 1980. In: Zeitschrift für die gesamte Strafrechtswissenschaft 95 (1983), 104 – 111.

22. Review of Friedrich Dencker, Verwertungsverbote im Strafprozeβ. Ein Beitrag zur Lehre von den Beweisverboten. Köln etc. 1977. In: Zeitschrift für die Gesamte Strafrechtswissenschaft 95 (1983), 111 – 117.

23. Review of Klaus Geppert, Der Grundsatz der Unmittelbarkeit im deutschen Strafverfahren. Berlin, New York 1979. In: Zeitschrift für die Gesamte Strafrechtswissenschaft 95 (1983), 117 – 122.

24. Review of Jörg Tenckhoff, Die Wahrunterstellung im Strafprozeβ. Berlin 1980. In: Zeitschrift für die Gesamte Strafrechtswissenschaft 95 (1983), 122 – 126.

25. Review of Klaus Volk, Prozeβvoraussetzungen im Strafrecht. Zum Verhältnis von materiellem Recht und Prozeβrecht. Ebelsbach 1978. In: Zeitschrift für die Gesamte Strafrechtswissenschaft 95 (1983), 126 - 132.

26. Review of Dieter Dölling, Die Zweiteilung der Hauptverhandlung. Eine Erprobung vor Einzelrichtern und Schöffengerichten. Göttingen 19 In: Zeitschrift für die Gesamte Strafrechtswissenschaft 95 (1983), 132 - 136.

27. Review of Bernd Schunk, Die Zweiteilung der Hauptverhandlung. Eine Erprobung des informellen Tatinterlokuts bei Strafkammern. Göttingen 1982. In: Zeitschrift für die Gesamte Strafrechtswissenschaft 95 (1983), 132 - 136.

28. Review of Bernd Kuckuck, Zur Zulässigkeit von Vorhalten aus Schriftstücken in der Hauptverhandlung des Strafverfahrens. Berlin 1977. In: Zeitschrift für die Gesamte Strafrechtswissenschaft 95 (1983), 137 - 139.

29. Review of Ursula Nelles, Kompetenzen und Ausnahmekompetenzen in der Strafprozeβordnung. Zur organisationsrechtlichen Funktion des Begriffs "Gefahr im Verzug" im Strafverfahrensrecht. Berlin 1980. In: Zeitschrift für die Gesamte Strafrechtswissenschaft 95 (1983), 139 - 142.

30. Review of Rudolf Rengier, Die Zeugnisverweigerungsrechte im geltenden und künftigen Strafverfahrensrecht. Grundlagen, Reformfragen und Stellung im System der Beweisverbote und im Revisionsrecht. Paderborn etc. 1979. In: Zeitschrift für die Gesamte Strafrechtswissenschaft 95 (1983), 142 - 144.

31. and David Herrmann, Review of: Detlef Burhoff Hrsg., Handbuch für das straβenverkehrsrechtliche Ordungswirdrigkeitenverfahren, 2005, in: Neue Juristische Wochenschrift 2006, 194 - 195.

图书在版编目（CIP）数据

跨文化视域下的刑事法学：约阿西姆·赫尔曼八秩华诞纪念文集/颜九红主编.
—北京：中国检察出版社，2013.12
ISBN 978-7-5102-1101-0

Ⅰ.①跨…　Ⅱ.①颜…　Ⅲ.①刑法-中国-文集②刑事诉讼法-中国-文集
Ⅳ.①D924.04-53②D925.204-53

中国版本图书馆CIP数据核字（2013）第298723号

跨文化视域下的刑事法学

约阿西姆·赫尔曼八秩华诞纪念文集

颜九红　主编

出版发行：中国检察出版社
社　　址：北京市石景山区香山南路111号（100144）
网　　址：中国检察出版社（www.zgjccbs.com）
电　　话：(010)68630384(编辑)　68650015(发行)　68636518(门市)
经　　销：新华书店
印　　刷：保定市中画美凯印刷有限公司
开　　本：720 mm×960 mm　16开
印　　张：20印张　　插页4
字　　数：298千字
版　　次：2013年12月第一版　　2013年12月第一次印刷
书　　号：ISBN 978-7-5102-1101-0
定　　价：48.00元